헤겔에 이르는 길

헤겔에 이르는 길

미타 세키스케
見田石介
지음

권융
옮김

ヘーゲル哲学への道

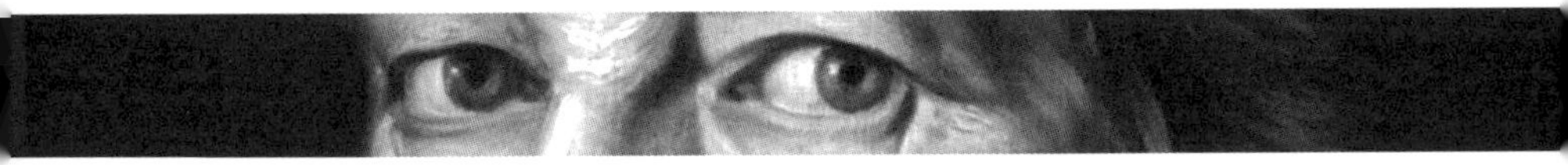

회화나무

세이와쇼텐清和書店판 재판에 부쳐

이 책의 초판을 내가 가장 신뢰하는 대학생과 고등학생 여러분이 맞이해준 것은 더할 나위 없이 기쁜 일이었다.

이번에 두 번째 판이 나오면서 감사 인사를 쓸 수 있게 된 것은 생각지 못한 행복이다. 만약 다음 기회를 얻는다면 지금 불만을 느끼고 있는 부분을 정정하고 싶다.

1936년 3월

미타 세키스케

가이호샤解放社판 출간에 부쳐

오늘날 다시 변증법적 유물론이 요구되고 있으며. 입문서도 몇 권 나와 있다. 그러나 이를 참으로 이해하기 위해서는 헤겔 철학에 대한 이해가 반드시 필요하다. 이 책은 철학을 완전히 처음 배우는 사람을 위한 헤겔 철학의 입문서로서 달리 같은 부류의 책이 없으므로, 지금 보면 불충분한 점도 있지만 오늘날 여전히 도움이 될 것이다.

이 책을 읽은 뒤에는 마츠무라 가즈토松村一人의 『헤겔 논리학 연구ヘーゲル論理学研究』와 헤겔이 쓴 책 중 『역사철학』과 『철학사』 등을 읽는 게 좋을 것이다. 또한 내가 번역한 쿠노 피셔Kuno Fischer의 『헤겔 전기Hegels Leben, Werke und Lehre』도 괜찮을 것이다.

오늘날의 변증법적 유물론은 프롤레타리아트의 일상생활과 정치적 실천 그리고 철학사 연구와도 밀접하게 결부되어 있으며 자연과학자, 특히 물리학자들에 의해 단단히 지지되어 이번에야말로 확실한, 되돌리기 어려운 걸음을 걷기 시작했다. 나도 이 대열에 들어가 더욱 전진할 생각이다.

1946년 12월 11일

미타 세키스케

차례

3장 논리학

4장 자연철학

5장 법철학

6장 역사철학

7장 미학

8장 한 사람으로서의 헤겔

일러두기

1. 이 책은 일본 코부시쇼보(こぶし書房)에서 출간한 『ヘーゲル哲学への道』(1996)를 우리말로 옮긴 것이다.
2. 미타 세키스케見田石介는 저자의 개명으로 본명은 아마카스 세키스케甘粕石介이다. 일본에서는 개명 후에도 본명으로 책이 출간되었으나 한국에서는 미타 세키스케로 알려져 있어 한국어판은 저자의 개명으로 출간했다.
3. 본문에 인용되어 있는 헤겔 저작의 인용문들은 일본어판을 우리말로 옮긴 것이다. 독자의 이해를 돕기 위해 한국어판 『청년 헤겔의 신학론집』(정대성 옮김, 그린비, 2018), 『정신현상학1·2』(임석진 옮김, 한길사, 2005), 『대논리학 Ⅰ·Ⅱ·Ⅲ』(임석진 옮김, 벽호, 1994), 『논리학』(전원배 옮김, 서문당, 2018), 『철학강요』(서동익 옮김, 을유문화사, 1998), 『법철학』(임석진 옮김, 한길사, 2008), 『역사철학강의』(권기철 옮김, 동서문화사, 2008), 『헤겔의 미학강의1·2·3』(두행숙 옮김, 은행나무, 2010)에서 이해 해당하는 문구들을 찾아 각주로 달았다.
4. 외국어의 우리말 표기는 국립국어원의 외래어 표기법에 따랐다.
5. 본문과 각주에 나오는 주요 인물과 저작의 원어는 원서에 따라 병기하되, 국내에서 단행본으로 출간된 저작의 원어는 병기하지 않았다.
6. 원서의 각주는 미주로 옮기고, 독자의 이해를 돕기 위해 옮긴이가 단 각주는 본문에 •로 표시했다.
7. 본문에서 저자가 강조한 부분은 고딕체로 표시했다.
8. 단행본과 잡지는 『 』로 표시하고, 논문 등은 「 」로 표시했다.

헤겔에게서 무엇을 배워야 하는가

1

지금 헤겔Georg Willhelm Friedrich Hegel은 다양한 비속화와 왜곡을 통해 보급되어 있다. 헤겔로부터 무언가를 배우려 하는 우리에게는 일단 헤겔에게서 이런 비속화와 왜곡을 씻어내어 어느 정도 역사적으로 바른 모습을 아는 것이 가장 먼저 필요하다.

현재 우리나라에서 지극히 일반화되어 있는 헤겔에 대한 가장 천박한 이해는 그의 변증법을 정반합正反合의 법칙으로 보는 것이다. 변증법을 정반합이라고 보는 사람은 이 말을 통해 어떤 생각을 하는 것일까. 예컨대 철학의 역사에서 어떤 하나의 학설이 나타나면 자연스럽게 이어서 반대하는 학설이 나타나고 그러다 한층 더 높은 학설이 나타나서 이 둘을 종합한다. 이 세 번째 종합설이 그 자체로 다시 하나의 '정'이 된다는 게 이른바 거리의 철학자들이 무책임하게 유포하는 헤겔 철학과 변증법의 뜻이다. 그러나 이런 변증법은 가장 안 좋은 헤겔과도 무관하다. 여기서 변증법은 단지 철학사 혹은 이데올로기의 역사, 아니면 기껏해야 정치사(민족과 국가의 정반합적 '흥망')의 영역에만 해당하는 법칙으로 이해되고 있을 뿐이다. 그러나 헤겔의 변증법은 그런 한정된 세계만의 법칙이 아니라 사유·역사·자연의 모든 것에 통하는 일반적인 법칙이다. 그러나 무엇보다 안 좋은 것은 정반합이라는 이해가 갖는 외면성과 '합'에서 나타나는 느슨한 절충주의와 무비판적인 실증주의이다. 정반합은 언뜻 보면 헤겔 변증법의 법칙 중 한 가지인 '부정의 부정 법칙'을 닮았다. 그러나 이 밑단 풀린 '변증법'에는 부정의 부정 법칙이 갖는 세 번째 것의 첫 번째 것으로의 귀환도 없으며, 변증법이 갖는 부정적이며 비판적인 정신은 쏙 빼놓은 채 '합'을 '정'과 '반'의 단순한 합산이나 무난한 중간물로 이해한다. 이런 점에서 보면 정반합은 어떤 다른 사람에 대한 해석일 수는 있어도 결코 헤겔에 대한 해석일 수는 없다. 다만 '합'에 무게 중심을 둔 이 정반합 사상은 현실을 무차별적으로 합리화한다는 점에서 헤겔의 나쁜 면 중 하나인 무비판적 실증주의와 공통점이 있다. 그러나 이 현실에 대한 무비판적 긍정은 헤겔이 갖는 가장 변증법적이지 않은 측면이며, 현실에 대한 비판과 부정을 핵심으로 삼는 참된 헤겔 변증법의 반대점에 있다. '거리의 철학자'는 의식적 혹은 무의식적으로 헤겔의 가장 변증법적이지 않은 일면을 부끄러움도 없이 헤겔의 변증법이라는 이름으로 이해하고 유포하는 것이다.

또한 헤겔 철학은 생철학生哲學, 더 심하게는 비합리주의 철학으로 해석된다. 이른바 신헤겔주의 일부가 보이는 헤겔에 대한 이해이다. 신칸트주의가 보인 단순한 방법론적 철학에 대립해 신헤겔주의는 세계관과 형이상학을 추구하여 이를 헤겔에게서 발견했다. 그런 한에서는 틀리지 않았다. 헤겔 철학은 칸트 철학보다 훨씬 더 세계관적이고 형이상학적이기 때문이다. 그러나 세계관과 형이상학의 내용 자체에 이르면 양자는 정반대이다. 생철학은 신칸트주의의 형식주의와 더불어 어느 정도 있었던 합리주의까지 내버리고 비합리주의를 세운다. 생철학에 따르면 세계의 본질은 비합리적 생명이므로 사유를 통한 합리적인 인식은 불가능하고 단지 직관과 체험, 본능으로만 느끼고 얻을 수 있을 뿐이다. 그러나 헤겔은 어느 시기에도 그런 비합리에 가담하지 않았다. 오히려 정신현상학에서 공공연히 낭만주의에 전쟁을 선포한 이래 모든 시기에 걸쳐 비합리주의와 싸운다. '생철학'적 직관과 체험에 대해 합리적인 사변의 우월을, '생철학'적 도취와 방자함에 대해 엄정한 질서와 체계의 필연을, 더욱이 '생철학'적 소시민성 혹은 귀족주의에 대해 건전한 시민성을 헤겔만큼 강하고 올바르게 주장한 사람은 그때까지 없었다. 따라서 헤겔을 생의 철학자로 해석하는 것은 물론이고 그와 연결 지으려는 것조차 황당무계하다.

다시 헤겔은 단적으로 국가주의 철학자로 이해된다. 이때는 말할 것도 없이 법철학의 헤겔이 본질적인 헤겔로 인용된다. 이는 앞의 경우처럼 헤겔과 무관한 것을 그에게 들이밀고 있지는 않다. 법철학에서 헤겔은 무비판적 실증주의를 가장 노골적으로 나타내며 적극적으로 프로이센적 현실을 합리화 및 신성화하고, 유기체설은 개인주의에 대비해 국가주의를 설파한다. 그러나 그런 뜻을 지닌 『법철학』은 우리가 이 책에서 보게 되듯 헤겔 반동기의 기념비와 같은 것이며 그때까지 볼 수 있었던 진보성이 남김없이 사라지고, 변증법은 동일한 대상 안에서 대립과 투쟁을 적발하는 방법이 아니라 반대로 발견한 대립과 투쟁을 조정하고 말살하는 방법이 되어 있다. 물론 이러한 반동적인 일면을 보지 않고 헤겔을 단순히 진보적인 철학자로 보는 것은 옳지 않지만, 『논리학』과 『정신현상학』에서 나타난 본질적인 헤겔을 잊은 채 단지 이 반동기의 저작만을 대표로 삼아 헤겔을 국수주의적인 국가철학자로 만드는 것은 심히 부적절하다.

우리는 지금까지 언급한 것과 그 밖의 많은 비속화와 왜곡으로부터 헤겔을 정화하여 역사적으로 올바른 헤겔을 이해할 필요가 있다. 그러나 역사적인 헤겔에 대한 올바른 이해는 어디까지나 일단 필요한 것에 지나지 않는다. 우리는 헤겔을 위해 헤겔을 이해하는 것이 아니라 우리의 전진을 위해서 헤겔을 이해하는 것이다. 헤겔을 그 자체로 이해하는 것을 주된 목적으로 삼는다면 스콜라 철학이 된다. 예를 들어 정신현상학과 논리학이 어떤 관계에 있는지에 대해 '우리에 대한 헤겔'이라는 관점을 거의 떠나 헤겔 자신의 입장에서 탐구하는 데 몰두하는 사람들이 있다. 일반적으로 칸트Immanuel Kant와 헤겔에 대한 그런 작업이 현재 일부 철학자들의 거의 유일한 임무가 되고 있다. 그런 의미에서의 이해는 칸트 혹은 헤겔의 체계에서 찾을 수 있는 모순을 그 내부에서 제거하여 정합적인 것으로 만들려는 시도인데, 이는 불가능할 것이며 가령 가능하다고 하더라도 무익하다. 왜냐하면 하나의 철학 체계가 갖는 모순은 오히려 자신을 넘어서라는 미끼이기 때문이다. 헤겔에 대한 역사적으로 올바른 이해도 헤겔을 비판하고 넘어섬으로써 참으로 이루어질 것이다.

아무튼 우리는 헤겔을 단순히 이해하는 게 아니라 우리의 인식을 진전시키기 위해 헤겔에게서 좋은 것을 섭취해야 한다. 이를 위해 헤겔 철학은 고금을 통해서 드물게 보는 보물창고이다. 좋은 것이 무엇인지는 이 책의 내용 전체로 나타내야 하겠으나 독자의 편의를 위해 먼저 간단히 요약하여 제시하려 한다. 그러나 주의해야 할 점은 헤겔 철학의 좋은 것과 나쁜 것은 자루 속의 흰 공과 빨간 공처럼 구별되는 것이 아니며, 좋은 것은 항상 나쁜 것으로 싸여 있다는 것이다. 따라서 헤겔에게서 무엇을 배워야 하는지는 헤겔에게서 어떻게 배워야 하는지와 결합되어 있어야 한다. 이 점은 불완전하게나마 본문 속에 제시했으므로 여기서는 편의상 헤겔에게서 배워야 할 좋은 점만을 나열하려 한다.

2

헤겔에게서 배워야 할 것은 변증법이다. 오직 변증법이 전부라고 해도 된다. 그러나 변증법은 완성된 것으로 주어지거나 헤겔 철학의 모든 장면에서 단 하나의 형식으로 존재하는 것이 아니라 서술 과정에서 다양한 형식으로 존재한다.

헤겔은 자신의 변증법적 방법을 실로 온 곳에서 칸트의 오성적• 방법과 대비해 밝히고 있는데 그 경우 오성적 방법은 대립물을 절대적으로 대립시키는 것으로, 변증법은 그런 대립물의 동일•• 혹은 상호침투의 법칙으로 나타난다. 이러한 뜻의 변증법은 철학의 근본적인 문제인 인식론에서 가장 위력을 발휘하며 헤겔이 칸트보다 우월한 결정적인 이유이다. 따라서 우리는 헤겔에게서 무엇보다 먼저 이 변증법의 구체적인 적용을 배워야 한다. 칸트의 인식론에서는 감성과 오성, 소재와 형식, 물 자체와 현상 등이 절대적으로 나뉘는 까닭에 칸트는 여러 어려움에 빠졌다. 헤겔은 이들의 분리가 단순한 추상적 사유에 지나지 않으며 현실에서 대립항은 그것만으로 존재할 수 없다는 것을 명백히 밝혀 인식론의 원리적인 문제를 해결했다. 또한 칸트적인 오성적 사유에서는 구체적인 인식과 인식의 이론, 즉 인식의 역사와

• 오성으로 번역되어온 Verstand는 칸트 철학에서 대상을 인식하고 그 표상을 구성해내는 능력을 말한다. 현재는 대안적인 번역어로 지성이 통용되고 있으나 논란의 여지가 있어 이 책에서는 오성으로 번역했다.

•• '대립물의 통일'을 말한다. 헤겔은 『논리학』에서 대립물의 통일에 대해 다음과 같이 지적했다. "그러므로 사변적 내용은 또 일면적인 명제 중에 표명되지 않는 것이다. 가령 예를 들면, 절대자를 주관적인 것과 객관적인 것과의 통일이라고 하는 말은 물론 옳지 않은 게 아닌가. 그러나 이 명제는 오직 통일만을 표명하고 강조하는 한 역시 일면적이다. 왜냐하면 사실에 있어서는 주관적인 것과 객관적인 것은 동일할 뿐만 아니라 또한 구별되는 것이기 때문이다."(『논리학』, 전원배 옮김, 서문당, 2018, 258쪽)

이론 혹은 실천과 이론이 상호 절대적으로 구별되어야 할 대립물이다. 그러나 헤겔은 이 대립물이 본래 동일물에 지나지 않으며, 각각은 그 자신으로 존립할 수 없다는 것을 완전히 전면적이며 철저하게는 아니었지만 천재적으로 밝혀냈다. 그중에서도 헤겔이 처음으로 한 이론과 실천의 통일은 주목할 만한 것이다. 이로써 헤겔은 인식론사認識論史·철학사상에서 획기적인 업적을 이룩했다.

대립물 동일의 법칙은 논리학 내부에서도 훌륭하게 적용된다. 보통 절대적으로 구별되는 모든 대립적 범주들은 서로 침투한다. 존재와 무, 질과 양 혹은 내부와 외부, 본질과 현상, 물物과 성질 또는 가능과 현실, 우연과 필연, 원인과 결과 등은 각각 서로 침투한다는 사실이 제시되어 그 본질이 철저하게 밝혀진다.

대립물 동일의 법칙은 각각의 모든 대립이 동일하다는 것을 나타내는 동시에, 헤겔에게는 반대로 모든 구체적인 동일물은 대립물이며 대립을 내포하고 있기 때문에 구체적이고 움직인다는 것을 나타낸다. 즉 헤겔은 모순이 모든 현실적인 것의 혼魂이라는 것을 발견한 것이다. 이것이 변증법과 형식논리학이 본질적으로 다른 지점이다. 형식논리학에 따르면 모순은 주관적인 오류이다. 그러나 헤겔에게 모순은 객관적인 것이며 물은 모순하기 때문에 운동한다. 헤겔은 모든 물의 발생과 소멸, 다른 물로의 전화를 일관하여 그 자체의 내적 모순으로 설명한다. 하나의 물은 어떤 경우에도 외부적인 이유나 외부 간섭을 통해 다른 물로 바뀌지 않는다. 온 우주는 자기운동의 체계이다. 그의 철학 전체 또한 자기운동의 체계이다. 이는 오직 모든 물이 대립물이자 모순물이기 때문에 가능한 것이며, 이를 밝히는 것이 헤겔 철학의 목적이었다고도 할 수 있다. 따라서 우리가 헤겔에게서 가장 철저하게 배워야 할 것 중 하나가 이 부분이다.

다음으로 변증법은 역사의 법칙, 특히 발전을 제시한다. 헤겔은 이를 역사철학과 철학사에서 제시했다. 현재를 영속화하는 보수적인 역사관에 대해 역사에 발전이라는 개념을 의식적으로 도입한 것은 혁명적인 일이었다. 더욱이 헤겔이 단순한 양적 증대는 발전이 아니라는 것, 즉 점진성의 중단과 비약을 통한 발전이 진정한 발전임을 나타낸 것은 그 이전의 역사적 발전에 대한 이해와 구별해야 할 극히 중요한 점이다. 우리는 헤겔에게서 앞에서의 대립물 동일의 법칙 못지않게 이 발전 개념에 대해 무한히 배워야 한다. 다만 헤겔에게 발전 개념은 정신의 역사에서만 발견되며 자연은 시간적인 발전을 하지 않는 것으로 되어 있다. 이는 의심할 바 없는 헤겔의 결함이지만, 자연의 경우에도 이행(이것도 변증법의 직접적인 형식 중 하나이다)을 통해 자연의 여러 현상들 간의, 자연과학 상호 및 내부 각 영역 간의 필연적인 연관성을 제시하려는 시도로 자연이 유기적인 전체라는 것, 따라서 자연에 대한 인식 또한 통일적인 전체여야 함을 제시하고 있다. 헤겔이 살던 시대의 불충분한 화학 지식으로도 이미 원소가 우연적인 서열로 방치될 것이 아니라 각각의 양적 관계에 따라 규칙적으로 배열되어야 한다는 것, 또한 원소는 절대로 영원불변하지 않으며 실제로 다른 것으로 변화한다는 것을 통찰하여 이후 발견을 예견한 것은 자연철학 영역에서 헤겔 변증법의 빛나는 승리 중 하나이다.

변증법은 또한 부정의 부정 법칙이며, 이는 헤겔의 모든 철학과 철학적 과학을 구성하는 기둥이다. 헤겔 전체 체계의 논리-자연-정신, 논리학의 존재-본질-개념, 정신현상학의 의식-자기의식-이성, 미학의 상징적 예술-고전적 예술-낭만적 예술 등은 두 번째가 첫 번째의 부정이고 세 번째는 두 번째의 부정이며 첫 번째 것으로 복귀한다. 부정의 부정 법칙을 통해 헤겔 철학의 모든 부분은 '필연적'으로 정연히 조직되어 있다. 이 삼분법은 많은 경우 도식화되어 이른바 '헤겔 체계'로서 내용을 왜곡한다. 그런 한에서 이는 배우지 말아야 할 것이다. 그러나 헤겔에게 부정의 부정 법칙은 과학을 단순히 논리적으로 구분하는 원리가 아니며 동시에 내용을 현상학적·역사적으로 발전시키는 원리이다. '역사적인 것'과 '논리적인 것'의 동일이라는 헤겔의 가장 중요한 사상은 실로 부정의 부정 법칙을 매개로 성립하고 있다. 그렇다면 이는 우리가 철저하게 연구해야 할 대상이다.

변증법은 객관적 세계의 법칙이다. 따라서 변증법적이라는 것은 객관적인 사태 그 자체의 법칙을 따르려는 것이다. 헤겔의 철학 전체를 통해서 볼 수 있는 한 가지 특색은 그것이 어디까지나 객관적이라는 것이다. 그러므로 헤겔은 주관적인 필연성도, 외면적인 필연성도 아닌 사태 그 자체의 필연성에 따라야 한다고 말한다. 그의 철학에서 존재는 결국 사유이며, 자연은 이념의 타재이다. 그러나 이는 결코 자연 및 역사가 인간(유한 정신)에게서 독립하여 존재한다는 것을 부정하지 않는다. 또한 자연 및 역사가 논리적 이념의 구체화라고 할 때 이 신비화된 이념도 자연 및 역사에게는 낯선 것이 아니며, 또한 제멋대로 행동을 할 수 있는 것도 아니다. 이는 자연 및 역사가 갖는 객관적 법칙 그 자체일 뿐이다. 모든 관념론자 중에서 헤겔만큼 객관적이었던 자는 없다고 할 수 있다. 그는 여러 유물론자들보다 더 유물론적이었다. 그는 『역사철학』, 『미학』 등에서 구체적인 사실의 원인에 대해 말할 때 때때로 자신의 관념론적인 전제를 잊고 완전히 현실적이며 유물론적으로 된다. 예를 들어 역사에서 그가 주관적인 개인을 원리로 삼지 않고 객관적인 민족을 원리로 삼은 점, 『법철학』에서 법률에 대한 프리스Jakob Friedrich Fries•의 낭만적 이해에 반대하여 개인에 대한 법의 객관성·소여성을 주장한 점, 『미학』에서 낭만파의 미에 관한 관념적 이해에 대해 극히 현실적·객관적인 미학을 세운 점, 또한 단순히 주관적인 사유형식의 학學인 형식논리학을 객관적인 세계관으로의 논리학으로까지 높인 점, 단순한 방법론으로서의 인식론을 인식사認識史 그 자체인 인식론으로 만든 점 등에서 헤겔의 치열한 객관적 경향을 볼 수 있다. 이것 또한 우리가 헤겔에 대해 배워야 할 점이다.

우리가 '초기 종교 연구' 장에서 살펴볼 것처럼 헤겔은 청년 시절에 강한 계몽합리주의의 영향을 받았다. 이는 헤겔의 생애 전체를 통해 지양되긴 했으나 결코 사라지지 않은 영향이었다. 그는 모든 시기

• 야코프 프리드리히 프리스(1773~1843). 독일의 신칸트주의 철학자. 예나 대학 교수로서 낭만주의 개혁운동을 펼쳤고, 반동정치를 반대한 자유주의 운동과 부르셴샤프트 학생운동에 가담했다. 헤겔은 그가 '직접적인 인식과 우연의 상상력'에 의존하며, 이성적이지 않고 감정적이라고 비판했다. 또한 그의 방법론이 과학적이지 못하며 비논리적이라고 비판했다.

에 걸쳐 학문의 합리적인 방법을 직관과 감정으로 대치하려는 낭만주의와 싸웠다. 그는 완전히 합리주의자였다. 따라서 헤겔은 감각을 합리적인 개념으로 환원하여 독립적인 의의를 빼앗고 예술 또한 철학으로 환원하여 독립적인 의의를 인정하지 않았다. 이 부분은 합리주의가 너무 과도한 지점이며 헤겔의 부정적인 측면인 것은 확실하다. 그러나 헤겔이 셸링Friedrich Wilhelm Joseph Schelling•, 야코비Friedrich Heinrich Jacobi••, 슐라이어마허Friedrich Daniel Ernst Schleiermacher•••에 맞서 어디까지나 학문의 독립성을 지켰던 점, 칸트가 인간이 합리적으로 인식 가능한 범위를 단순히 현상계로 제한한 데에 반대하여 물 자체와 종교의 불가침한 신 자체를 모두 개념적으로 인식할 수 있다고 한 대담함은 과한 합리주의를 보상하고도 남는다. 헤겔의 그러한 합리주의는 생철학·비합리주의 철학·무無의 철학·기타 모든 형태의 신비적 관념론이 발호하는 오늘날의 시대에 특히 강조되어야 할 점이다.

• 프리드리히 빌헬름 요제프 셸링(1775~1854). 독일 고전철학의 대표자 가운데 한 명. 피히테의 자아를 바탕으로 한 주관적 관념론에 반대해 근원적인 '절대자'를 인정하는 객관적 관념론을 주장했다. 주요 저서로 『선험적 관념론의 체계』, 『인간적 자유의 본질』 등이 있다.

•• 프리드리히 하인리히 야코비(1743~1819). 독일의 철학자. 합리주의를 비판하고 모든 것을 신적 인격이 존재한다는 직접적 확신 속에서 찾는 이른바 '신앙철학'을 주장했다.

••• 프리드리히 다니엘 에른스트 슐라이어마허(1768~1834). 독일의 신학자이자 철학자. 신학을 합리주의에서 해방하여 근대 프로테스탄트 신학의 시조로 불린다. 또한 문법적 측면과 심리적 측면 등을 포함하는 '보편적 해석학'의 기초를 쌓았다. 저서로는 『종교론』, 『기독교 신앙』 등이 있다.

이상이 헤겔 철학 안에서 우리가 섭취해야 할 주된 점이다. 되풀이 하지만 헤겔의 이러한 좋은 것은 우리가 주워 가도록 방치되어 있지 않다. 이는 신비적인 관념론, 삼분법적인 도식, 완결적인 체계 등의 나쁜 것에 파묻히고 얽혀 있다. 이 점들을 나는 여기에서 일부러 다루지 않았다. 따라서 우리는 이를 발굴하여 정련해야 한다. 말하자면 헤겔의 나쁜 것의 기본은 객관적 세계의 법칙이 인간 두뇌에 단순히 반영되었을 뿐인 논리적인 것이 거꾸로 절대화되어 객관적 세계의 원형이자 기초·산출자가 되었다는 데 있다. 따라서 헤겔 철학에서 좋은 것을 발굴하는 비결은 헤겔의 사유와 존재, 논리적인 것과 현실적인 것의 관계를 뒤집는 데 있을 것이다.

헤겔 철학을 위한 이 입문서가 많은 점에서 불완전하다는 사실은 아마 누구보다도 필자 자신이 가장 크게 인정하는 바이다. 그런데도 이 책을 세상에 내보내는 데에는 몇 가지 이유가 없지 않다. 한 가지는 친절하다는 면에서 지금까지 일본에서 나온 해설서들에 비해 다소간 나을 것이라는 점이다. 기존 해설서에서는 곧바로 헤겔 사상이 소개되며 그 사회적인 배경이나 헤겔의 주관적인 상태는 서술되지 않았다. 또한 서술됐다 하더라도 그것과 헤겔 철학 간의 유기적인 관련은 서술되지 않았다. 따라서 헤겔이 왜 그런 사상을 품었는지, 왜 헤겔의 사상이 그렇게 바뀌었는지가 불명료하며, 그 점이 독자들에게 어떤 불안을 안겨주었던 것 같다. 따라서 나는 '초기 종교 연구', '논리학', '법철학' 등의 장에서 특별히 당시 유럽 사회의 정세를 다루었으며 이와 헤겔 사상의 연관성을 제시했는데, 헤겔과 마찬가지로 '철학은 사상 안에서 파악된 시대'라는 입장을 취하는 나는 그 밖의 모든 장에서도 헤겔 철학을 시대와의 관련 속에서 설명하는 데 유념했다.

다른 한 가지로 지금까지 볼 수 있었던 해설서들은 헤겔 철학의 각 부문을 그대로 압축하여 간략화한 것이었다. 헤겔이 이미 충분히 압축해서 설명한 것을 부연하는 게 아니라 거꾸로 더욱 압축함으로써 더 쉽게 만들 수 있는지에 대해 나는 상당한 의문을 가지고 있었다. 더욱이 그 자체에 모순을 포함하는 헤겔 사상을 그대로 이해하려는 것은 이미 말했듯 무익할뿐더러 불가능하기도 하다. 그리하여 나는 헤겔보다 현대에 있는 우리가 배워야 할 것과 그 반대로 버려야 할 것이라는 앞서 서술한 표준에 따라 헤겔의 사상에 강약을 붙여서 해설하기로 했다. 말하자면 비판적 해설이다. 이 책은 몹시 불완전하지만 일반적으로 비판적인 해설은 재현적인 해설보다 나으며 오히려 비판을 통해 원래 사상에 대한 진정한 이해도 달성할 수 있는 것이다. 해설이란 본디 비판적 해설을 말한다. 이 점이 이 입문서가 기존의 책들에 비해 지녔으리라 생각하는 얼마간의 다른 점이다.

그러나 나와 같은 태도는 아마 일부 독자들로부터 헤겔에 충실하지 않은 해설이라는 비난을 받을 것이다. 나는 그런 비판을 조금도 신경 쓰지 않는다. 그런 사람들은 전진함으로써 나중에는 내 태도를 시인해주리라 생각하기 때문이다. 한편 이 정도의 헤겔에 대한 비판적인 견지는 아마 반대로 일부 사람들로부터 철저함이 부족하다는 이유로 공격을 받을 것이다. 그런 공격에 대해서는 어느 정도 이 책의 불충분함을 인정해야 할 것이다. 그러나 입문서는 그 성질상 독자들에게 곧바로 '높은' 견지를 제시하는 것이 아니라 '현상학적'일 것을 요구한다. 아울러 현재 우리나라에 왜곡된 헤겔이 보급되어 있다는 점을 생각하면 이런 입문서가 존재할 의의도 있을 것이다. 물론 독자가 이 단계에 머무르지 않고 참으로 헤겔을 극복하여 다시 비판적 견지로까지 한층 더 전진해주는 것은, 내가 가장 바라는 바이다.

1장

초기 종교 연구

▲

1. 계몽의 영향

일찍이 딜타이Wilhelm Dilthey•가 그 특유의 의의를 상당 부분 밝혀낸 것을 제외하면 헤겔 청년 시절의 종교 연구(동시에 철학이기도 한), 반종교적·반구체제적 경향을 띤 격렬한 초기 논문들의 중요성은 헤겔 학자들 사이에서 대체로 주목받지 못했다.

그러나 초기 저작에서 나타나는 강한 계몽합리주의의 영향은 이후 헤겔 철학의 발전 전체에서 하나의 기조를 이루며, 더욱이 이 시절 헤겔이 가진 혁명적 열정은 이후에 완성되는 변증법의 혼이 되므

• 빌헬름 딜타이(1833~1911). 독일의 대표적인 생철학자 가운데 한 명. 정신과학의 기초를 쌓으려 했다. 철학사와 문학사에 관한 저작이 많다. 주요 저서로는 『정신과학 입문』 등이 있다.

로 헤겔의 청년 시절은 중요한 의의를 갖는다. 어떻게 보면 이 시절의 사상을 간과하면 헤겔 전체를 바르게 이해할 수 없다고도 할 수 있다.

변증법을 '정반합'이라는 팔방미인이나 김빠진 맥주 같은 절충적인 형태로 이해하면서 헤겔 학자 행세를 하는 자들은 청년 헤겔의 정치와 종교에 대한 격렬한 비판 정신이 바로 변증법의 핵심을 이룬다는 것을 꿈에도 모르는 사람들이다. 그런 점에서 헤겔의 청년 시절 사상에서부터 이 헤겔 철학 입문서를 시작하는 게 적절할 것이다.

헤겔의 전체 사상은 독일에 반영된 프랑스 혁명이라고 이야기되는데, 특히 청년 헤겔 사상은 프랑스 혁명 시대가 그에게 직접 준 생생한 영향을 통해 형성되었다. 지금 그 영향을 일단 계몽사상·프랑스 혁명·칸트 철학이라는 세 가지로 나누어 헤겔이 각각 어떻게 받아들였는지 먼저 보도록 하자.

헤겔은 1770년 농노제 전제 공국인 뷔르템베르크에 있는 보수적인 관료의 집에서 태어났다. 그러나 그는 계몽사상을 일찍부터 접할 수 있었고 거기서 깊이 영향을 받았다. 그는 태어난 도시인 슈투트가르트의 김나지움에서 먼저 이 사상의 세례를 받았다. 당시 김나지움의 교육 방침은 거의 종교적인 색채가 없는 인문주의였다고 할 수 있으며 주요 학과는 라틴어와 그리스어 및 이를 통해 고대 역사가·시인·철학자의 저작을 읽는 것이었다.[1] 그는 특히 소포클레스Sophocles•와 에우리피데스Euripides•• 등의 비극을 즐겼던 모양이다. 학교 분위기가 이런 식이어서 소년 헤겔은 자연스레 당시 독일 지식계급을 휩쓸었던 계몽 작가들을 가까이하게 되었는데 그중에서도 레싱Gotthold Ephraim Lessing•••은 가장 친한 친구였다.[2]

당시 헤겔이 받은 계몽의 영향이 얼마나 강력했는지는 김나지움 상급생이 매년 한 번 수사법 연습을 위해 썼던 독일어 작문을 보면 잘 알 수 있다. 「삼두 정치에 관한 안토니우스, 옥타비우스, 레피투스의 회담Unterredung zwischen Dreien」, 「그리스와 로마의 종교에 대해Von der Religion der Griechen und Römer」, 「고대 시인과 근대 시인의 23가지 특성적인 차이über einige charakteristische Unterschiede der alten Dichter」, 「터키 예술과 과학의 위축den verkümmerten Zustand der Künste und Wissenschaften unter Türken」이 그가 쓴 네 개의 글인데 여기에서 헤겔은 그리스와 로마 고전을 완전히 계몽정신을 통해서 읽고 있다. 예를 들어 「그리스와 로마의 종교에 대해」를 보면 고대 종교는 자연법칙에 대한 고대인의 무지와 사회의 전제적 상태, 승려의 지배 등 비계몽적인 바탕에 뿌리를 내렸다고 썼다. 이는 종교를 완전히 계몽적으로 이해한 것이다. 또 「고대 시인과 근대 시인의 23가지 특성적인 차이」에서는

• 기원전 497~406. 고대 그리스의 시인. 그리스 비극 예술의 완성자로 꼽힌다. 대표작으로 『안티고네』, 『오이디푸스 왕』 등이 있다.

•• 기원전 약 480~406. 소포클레스와 함께 가장 뛰어난 그리스 비극 시인. 대표작으로 『포이니케 여인들』, 『메데이아』, 『히폴리토스』 등이 있다.

••• 고트홀트 에프라임 레싱(1729~1781). 독일 계몽주의 작가이자 비평가. 독일 근대문학의 기초를 닦았다. 대표작으로 희곡 『현자 나탄』, 『미나 폰 바른헬름』, 『에밀리아 갈로티』 등이 있다.

그리스 시인이 국민 전체를 대상으로 했지만 근대 시인은 가장 현명한 클롭슈토크Friedrich Gottlieb Klopstock•조차 국민 중에서 기독교적 관념을 가진 교양 있는 부분만을 대상으로 할 뿐이라고 말한다. 여기에서도 시인은 국민 전체를 대상으로 삼아야 한다는 계몽사상이 나타나 있다.[3]

한편 헤겔의 일기에서도 볼테르Voltaire••와 몽테스키외Montesquieu•••의 영향을 받았음을 볼 수 있다.[4]

김나지움 졸업 후에도 역시 계몽 저작들을 가까이하며 베른에서는 특히 기번Edward Gibbon••••과 몽테스키외를 연구한 듯 보이지만, 대학 시절에는 주로 실제적인 기독교 역사를 연구했고 베른 시절에 칸트 철학이라는 형태로 계몽을 연구했기 때문에 참으로 클롭슈토크나 레싱의 계몽 문학에 영향을 받은 건 김나지움 시절이었다고 해도 좋을 것이다.

• 프리드리히 고틀리프 클롭슈토크(1724~1803). 독일의 시인. 18세기 독일 서정시를 혁신했다. 서사시 「구세주」, 「송시」 등 많은 시를 발표했다.

•• 프랑수아 마리 아루에François-Marie Arouet(1694~1778). 볼테르는 필명이다. 프랑스의 계몽주의 작가이자 철학자. 이성과 자유를 내세우며 반가톨릭·반봉건 사상을 펼쳤다. 대표작으로 『철학사전』, 『관용론』, 『캉디드』 등이 있다.

••• 본명은 샤를루이 드 세콩다Charles-Louis de Secondat(1689-1755). 몽테스키외는 직위명이다. 프랑스의 계몽주의 정치사상가. 대표작 『법의 정신』을 통해 자유주의 입장에서 권력 분립에 따른 법치주의를 제창하였고 프랑스 혁명에 영향을 주었다.

•••• 에드워드 기번(1737~1794). 영국의 역사가. 『로마제국 쇠망사』가 대표작이다.

2. 프랑스 혁명

헤겔이 튀빙겐 신학연구실 학생이던 19살에 모든 유럽을 뒤흔든 프랑스 혁명이 일어났다.

프랑스 혁명의 소식은 독일 지식계급 사이에 지대한 충격을 주었다. 클롭슈토크, 칸트, 피히테Johann Gottlieb Fichte•, 헤르더Johann Gottfried Herder••, 괴테Johann Wolfgang von Goethe•••, 실러Friedrich von Schiller•••• 등 독일 지식계급의 대표자들은 환희로 이를 맞이했다.[5] 프랑스 혁명은 실로 그들이 품은 계몽사상이 바로 지상에서 현실이 된 것이었다. 그러나 그들이 환희 속에서 혁명을 맞이했다 하더라도 물론 현실 정치의 영역에서까지 이를 받아들이려 한 것은 아니었다. 부르주아지

• 요한 고틀리프 피히테(1762~1814). 대표적인 독일 관념론 철학자 가운데 한 명. 물 자체를 불가지不可知로 삼은 칸트 철학의 이원론적 분열을 주관적 관념론의 관철로 극복하려 했다. 주요 저서로는 『전체 지식론의 기초』가 있으며 연설집인 『독일 국민에게 고함』이 유명하다.

•• 요한 고트프리트 헤르더(1744~1803). 독일의 사상가이자 문학가. 괴테와 더불어 고전주의·낭만주의적 문학운동인 '질풍노도Sturm und Drang'에 영향을 주었다. 저서로는 『인류의 역사철학에 대한 이념』 등이 있다.

••• 요한 볼프강 폰 괴테(1749~1832). 독일의 시인이자 작가. 『젊은 베르테르의 슬픔』으로 주목을 받아 '질풍노도'의 대표 작가가 되었다. 이후 고전주의로 전환하고 문학계의 대부로서 많은 사람에게 영향을 주었다. 주요 작품으로는 『파우스트』와 『빌헬름 마이스터의 수업시대』 등이 있다.

•••• 프리드리히 폰 실러(1759~1805). 독일의 고전주의 작가. 『군도』, 『돈 카를로스』, 『빌헬름 텔』 등 다수의 작품을 남겼다. 시 「환희의 송가」는 베토벤 「교향곡 9번」에 사용된 것으로 유명하다.

가 현실적인 힘을 지니지 못한 독일의 봉건적인 정세는 이를 허용하지 않았다. 따라서 그들은 혁명을 관념의 세계에 반영하는 데 그쳐야 했다. 문학의 독일 낭만주의 운동, 철학의 독일 관념론 운동은 그렇게 프랑스 혁명이 독일적인 지반에 반영된 것이었다. 특히 독일 관념론의 총결산인 헤겔 철학과 그 핵심인 변증법, 절대적 존재를 부정하고 모든 것이 필연적으로 소멸한다는 이 이론은 프랑스 혁명이 독일에서 철학적으로 반영된 것이라고 설명할 수밖에 없다.

다만 이 프랑스 혁명의 효과는 베른 시절의 연구와 나중의 성숙한 철학에서 다소 다르다는 점에 주의해야 한다. 즉 정신현상학과 논리학의 변증법에서 프랑스 혁명의 진리는 모든 것의 필연적 소멸이라는 세계의 법칙으로서 객관적·전면적·학적으로 반영되어 있다. 이에 대해 청년 시절의 종교 연구에 나타난 프랑스 혁명의 영향은 봉건적 정치 형태 및 이와 연결된 기성종교를 향한 불타는 증오로서 주관적이거나 도리어 심정적으로 나타난다.

대학생이던 헤겔이 프랑스 혁명의 소식에 열광했다는 사실은 여럿 전해지고 있다. 튀빙겐 대학 학생들은 정치클럽을 만들고 앞다투어 프랑스 신문을 읽었으며 혁명 연설과 시위운동을 펼쳤다. 또한 그들은 열광 속에서 화창한 일요일에는 근교 들판으로 나가 프랑스의 모범을 따라 자유의 나무를 세우기도 했는데 셸링, 횔덜린Friedrich Hölderlin•과 더불어 헤겔은 이 정치클럽에서 가장 열성적인 회원

• 프리드리히 횔덜린(1770~1843). 독일의 시인. 고대 그리스를 동경하여 범신론적인 시

중 한 명이었고 가장 열렬히 혁명을 옹호했다. 당시 그가 적은 기념장을 보면 실제로 행동을 일으킬 법한 혁명적인 말이 가득하다. 한 곳에는 '폭군에 저항하라!'는 실러의 말이, 다른 쪽에는 '자유 만세!', 또 한쪽에는 루소Jean Jacques Rousseau•를 찬양하며 '장 자크 만세!'라고 적혀 있다.[6]

그렇게 헤겔은 프랑스 혁명이 발발했다는 소식에 큰 감명을 받았고 열렬한 옹호자가 되었다. 이후에 혁명이 나폴레옹 전쟁이라는 형태로 그가 사는 봉건적인 독일 지반 위에 나타났을 때에도 그는 역시나 열렬히 지지했고, 나폴레옹을 독일의 봉건적 잔재를 분쇄해줄 유일한 희망으로 우러러보았다. 다만 혁명 진행 과정의 자코뱅당 독재에만은 호의를 품을 수 없었다. 헤겔은 당시 셸링에게 보낸 편지에서 자코뱅당의 테러리스트인 카리에Jean-Baptiste Carrier••가 단죄되었음을 알리며 다음과 같이 썼다. "카리에가 단두대에 올라간 걸 알고 있는지 모르겠군. 혹은 아직 프랑스 신문을 읽지 못했나? 내 기억이 틀렸을지 모르겠지만 뷔르템베르크에서는 프랑스 신문이 금지되었다고 들은 것 같군. 이 사건은 극히 중요하다네. 이는 로베스피에르Maximi-

---

를 지었다. 그 밖에 소설 『히페리온』 등의 작품이 있다.

• 장 자크 루소(1712~1778). 프랑스의 작가이자 계몽사상가. 『인간 불평등 기원론』, 『사회계약론』 등에서 민주주의 이론을 제창하여 프랑스 혁명에 사상적 바탕을 제공했다. 또한 낭만주의의 아버지로도 불리며 『에밀』 등에서 자유주의 교육을 논했다.

•• 장 밥티스트 카리에(1756~1794). 프랑스의 정치가이자 혁명가. 국민회의 의원으로 자코뱅당 소속이었다. 낭트에서 수천 명의 포로를 익사시킨 것으로 파면, 처형되었다.

lien de Robespierre•가 취하는 공포수단의 파렴치한 전모를 양지에 드러내는 것이었네."[7]

헤겔은 『정신현상학』에서도 자코뱅당의 공포수단에 대해 비판한다. 같은 곳에서 로베스피에르의 지도 이론인 루소의 자유평등설도 비난하고 있는데, 로베스피에르는 소시민 당의 정치가이며 루소 역시 소시민의 이데올로그였으므로 헤겔이 대부르주아지의 이데올로그로서 프랑스 부르주아 혁명의 승리자들과 마찬가지로 반대를 표하고 거기서 자신의 혁명성의 한계를 찾아야 했음은 당연하다고 하겠다.[8]

그러나 베른 시절의 헤겔은 때때로 이 한계를 돌파하여 봉건적 세력에 대해 자코뱅적인 증오까지도 품는다. 이것이 후년에 완성된 그 본성에서 비판적인 변증법의 참된 핵심이었다.

3. 칸트 철학

칸트 철학이 내용상 헤겔 철학과 어떤 관계에 있는지 여기서 문제 삼을 수는 없다. 말하자면 헤겔 철학, 즉 변증법 철학 전체는 칸트 철학, 즉 오성 철학에 대한 비판 그 자체였다고 할 수 있다. 헤겔도

• 막시밀리앙 드 로베스피에르(1758~1794). 프랑스 혁명의 가장 대표적인 혁명가. 자코뱅당을 이끌고 공포정치를 실행했으나 테르미도르 반동으로 실각, 처형되었다.

체계 안의 온 곳에서 자기 철학을 칸트 철학의 지양이라고 말한다. 따라서 둘의 철학적인 관계는 각 장에서 더 상세히 논하도록 하고, 여기에서는 다만 청년 시절에 헤겔이 받은 칸트 철학의 영향을 외면적인 관계에서 서술하는 데 그치려 한다.

칸트가 가장 활발하게 활동한 시기는 바로 헤겔이 튀빙겐 대학교 학생이던 기간이다. 헤겔은 18세인 1788년 튀빙겐 신학연구실에 들어갔는데 그해 『실천이성비판』이 나왔다. 2년의 철학 과정을 마치고 석사가 된 1790년에는 『판단력비판』이 나왔으며 졸업하던 1793년에는 『이성의 한계 안에서의 종교』가 출간되었다. 『순수이성비판』은 1781년에 이미 출간됐으나 1787년에 제2판이 출간되었다.

헤겔의 대학 시절은 이렇듯 칸트가 가장 활발하게 활동한 시기에 해당하지만 이 시절 헤겔은 칸트의 영향을 거의 받지 않았다. 학생들이 모두 이성과 신앙에 대한 이 새로운 이론을 다투어 수용하던 시절에도 헤겔은 지극히 수수하게 사람들이 살피지 않는 기독교 역사 연구에 몰두했다.

헤겔은 기독교의 역사를 연구하면서 국민 전체를 위한다는 계몽적 이상에서 나타난 '국민종교'와 기성종교와의 관계를 문제 삼지 않을 수 없었다. 그에 따르면 국민종교는 인류가 가장 단순한 주물主物 신앙에서 이성종교로 이르기 위한 마지막 단계이다. 지금까지 기성종교로서의 기독교는 국민종교가 아니라 개인종교였다. 그 결과 신자에 대한 거짓된 비하와 신에 대한 맹목적 복종, 교회의 위압적 지배 등이 발생했는데, 기독교를 국민종교로 바꿈으로써 이를 바로잡을 수 있으며 비로소 기독교는 건전한 도덕의 지지자가 될 수 있다는 것이다. 즉 여기에서는 오히려 칸트를 기성종교(현실)와 국민종교 혹은 이성종교(이상)를 칼같이 나누는 이원론이라는 점에서 반대하고 있다.

그러나 대학을 졸업하고 베른으로 간 헤겔은 칸트를 철저히 연구했고 깊은 영향을 받았다. 헤겔은 특히 『실천이성비판』과 『이성의 한계 안에서의 종교』를 읽었다. 그 후 헤겔은 칸트 철학의 오성적인 이원론이 아니라 '인격의 존엄'을 주장하는 한편, 이에 대한 필연적인 연관으로 종교를 봉건적이며 초월적인 이해가 아닌 인간 측의 '도덕적인 요청'으로서 기초 지으려 하는 새로운 부르주아적 입장에 영향을 받았다. 1795년 4월 16일 베른에서 친구 셸링에게 보낸 편지에는 칸트의 『실천이성비판』을 읽은 감상이 적혀 있다.

> 사람들이 그토록 높은 곳에 올라가게 되면 눈이 다 부시겠지. 하지만 사람들이 인간의 존엄을 알고, 정신으로서 인간을 평등하게 하는 자기 자신의 자유라는 능력을 인식하는 건 왜 그리 늦었던 것일까. 인간 그 자체가 그토록 존엄하다고 여겨지게 된 일보다 더 좋은 시대의 징조는 없다고 나는 생각하네. 이는 압제하는 군주들과 지상의 신이 지고 있던 후광이 사라졌다는 증거일세. 철학자들은 이 인간의 존엄을 증명하고, 민중은 인간의 존엄을 알게 되며, 이제는 유린된 권리가 주어지는 것이 아니라 스스로 이 권리를 손에 잡아 자기 것으로 삼게 될 것일세. 종교와 정치가 공모하여 종교는 전제

정치가 원하는 것을 가르쳤지. 즉 종교가 가르친 것은 인간성의 멸시이며, 인간의 가치를 빼앗고 그 몸을 바쳐 무언가로 되는 하나의 재화로 만드는 것이네. 모든 존재를 실로 그래야 할 모습으로 보는 관념이 보급됨과 더불어 모든 존재를 영원히 있는 그대로 보는 절도 있는 민중의 무감각은 사라질 것일세. 만물을 살리는 이념의 힘은 인간의 심정을 드높일 것이네. 그리고 인간의 심정은 이념을 위해 몸을 바치기에 이를 것이네. 현대에 헌법 정신은 사욕과 결합되어 그 위에 자기의 왕국을 건설하고 있기 때문일세.[9]

이를 보면 헤겔이 칸트 철학에서 얼마나 계몽적이고 혁명적인 결론을 도출하고 있는지 알 수 있다. 전제정치와 기성종교에 대한 25살 헤겔이 젊디젊게 분노하는 모습이 생생하게 보이지 않는가.

대학 시절부터 이어져온 베른 시절의 기독교 연구는 그러한 칸트 철학의 입장에서 진행되었다. 그런 칸트 철학이란 프랑스 혁명의 혼이 주어진 계몽철학으로서의 칸트 철학이다. 즉 이 시절의 기독교 연구는 청년 헤겔이 받은 세 가지 큰 영향인 계몽과 프랑스 혁명, 칸트 철학의 성과였다.

4. 베른 시절의 기독교 연구[10]

베른 시절의 기독교 연구는 『예수의 생애』와 『실정종교로서의 기독교』•라는 두 성과로 정리되어 있다.

『예수의 생애』는 1795년 5월 9일부터 7월 24일 사이에 쓰였다.[11] 헤겔은 이 책에서 예수를 성서 속에 나타난 신비로운 모습에서 철저히 해방하여 근대적인 계몽사상가로 지극히 대담하게 그려냈다. 따라서 그의 생애에 따른 모든 기적은 제거되어 있다.

예수는 기존의 모든 비합리적인 신앙에 대한 투쟁자로 태어났다. 그의 임무는 인간의 타락한 규범을 개선하고 인간이 진정한 도덕성과 순수한 신 숭배에 대한 인식을 갖도록 하는 것이다. 여기에서 "인간에게는 법칙이 그의 이성을 통해 주어진다. 하늘에서도 무덤에서도 인간은 가르침을 얻을 수 없다"••라는 아브라함의 말이나 "사랑하는 것을 사랑한다고 해도 아무 이익이 없다. 악인도 그렇게 한다. 바로 의무를 위해서 해야 한다"•••라는 예수의 말 등은 완전히 칸트 철학의 용어 그대로이며 당시 헤겔이 칸트에게 강한 감명을 받았다는 것을 알 수 있다.[12]

그러나 또한 예수가 바리새인에게 "만약 그대가 교회의 규칙을 인

• 한국에서는 『청년 헤겔의 신학론집』(정대성 옮김, 그린비, 2018)에 「기독교의 실정성」이라는 제목으로 수록되었다.

•• "인간에게 자기의 이성의 법이 주어져 있고, 하늘로부터나 무덤으로부터도 인간에게 다른 가르침이 주어지지 않는다."(『청년 헤겔의 신학론집』, 209쪽)

••• "왜냐하면 여러분을 사랑하는 자를 사랑하고, 여러분에게 선을 행하는 자에게 좋을 것을 행할 경우, 또는 차용한 것을 동등한 가치가 있는 것으로 되갚는다면, 여기서 여러분의 공적은 아무 곳에도 없기 때문입니다. 이것은 악한 자들에 의해서도 부정되지 않는 자연의 감응입니다. 이 경우 의무를 위해서 여러분이 행한 것은 아무것도 없습니다."(『청년 헤겔의 신학론집』, 167쪽)

간에게 주어진 최고의 법칙이라고 생각한다면 그대들은 인간의 가치, 즉 인간이 스스로 신의 개념과 신의 의지를 인식한다는 능력을 인정하지 않는 것이다"라고 한 말은 기성종교의 신조를 하늘에서 내려온 듯이 인간 최상의 법칙으로 생각하지 않고 오히려 종교를 인간의 이성 측에서 기초 지으려는 신흥 시민계급의 이데올로기인 칸트 철학의 입장을 보여주는 한편, 한발 더 나아가 신은 합리적으로 인식되지 않는다는 칸트의 입장에 반대하여 신이라는 개념과 그 의지를 인간의 이론적 이성으로 인식할 수 있다는 자신의 입장을 일찍이 제시하고 있는 것이다. 그러나 여기에서는 전체적으로 아직 칸트의 입장에 서 있다.

『예수의 생애』에 이어 『실정종교로서의 기독교』가 쓰였다. 헤겔은 이 대부분을 같은 해인 1795년 11월 2일까지 썼다.[13]

『예수의 생애』에서는 바리새인의 맹목적 신앙종교에 대립하는 이성종교가 태어났다. 그러나 예수 사후의 기독교는 역사가 명시하듯 전혀 이성종교가 아니었으며 역사적인 실정종교가 되어 극히 비이성적인 교회의 종교로까지 전락했다. 왜 예수의 이성종교가 그런 실정종교로 바뀌었는지를 살피는 게 이 『실정종교로서의 기독교』의 과제이다(헤겔은 앞의 논문에서도 거의 종교의 본질을 말살하고 종교를 '이성적', 즉

• "여러분이 교회의 규약과 실정적 계율을 인간에게 부여된 최고의 법으로 여긴다면 여러분은 인간의 존엄을 오인한 것입니다. 그리고 또한 여러분은 신 개념과 신의 의지의 인식을 산출할 수 있는 인간의 능력을 오인한 것입니다."(『청년 헤겔의 신학론집』, 175쪽)

합리적으로 해석했는데 여기에서는 한발 더 나아가 종교를 도리어 반종교적으로 이해한다).

이는 예수의 제자들이 소크라테스의 제자들과 달리 무지하고 비이성적이었기 때문이며 더욱이 전도의 방편으로 비이성적인 방법을 사용했기 때문이다. 이것이 헤겔의 답이었는데 대체로 예수의 종교를 이성적이라고 한 처음 전제가 역사적인 사실에 반하므로(그런 해석이 갖는 계몽적인 의의는 별도로 하고) 이 답에는 무리가 있다. 오히려 더 중요한 문제는 이성종교가 계몽사상과 프랑스 혁명으로 갱신되어야 할(그리고 지금 되어가고 있는) 새로운 시대에 합리적인 이성종교로 어떻게 전화할 것인가라는 반대되는 과정이어야 했다. 그러나 이는 레싱이나 칸트처럼 이성종교를 이상으로 삼고 현실에 있는 실정종교와 완전히 떨어뜨려 생각하는 입장에서는 답할 수 없는 문제이며, 또 처음부터 제출할 필요가 없는 문제이다. 거의 완전히 칸트 철학의 입장에 서 있던 이 시기의 헤겔 또한 이 문제를 제출하는 데 이르지 못했다.

그러나 헤겔은 앞에서도 서술했듯 대학 시절에는 종교의 발전이 극히 원시적인 주물 숭배에서 국민종교를 거쳐 마침내 이성종교에 이르러야 한다고 불충분하게나마 생각했으므로, 이 문제를 언제까지나 자신의 전면적인 과제로 삼지 않은 채로 두지는 않을 것이다.

이상 두 가지가 스위스 시절 헤겔의 정리된 논문인데, 딜타이는 이후에 쓰인 것으로 추정되는 이 시절을 넘어선 단편들을 종합하여 이후에 일어난 헤겔 사상의 발전을 밝혀냈다. 이에 따르면 헤겔은 더욱 전진하여 이전의 칸트적인 입장에서 벗어나 있다. 딜타이는 그 단편들이 헤르더의 영향을 짙게 드러내며 문체조차 이전의 레싱에서 헤르더에 가깝게 바뀌었다고 말한다.[14] 칸트적인 사상에 대항하여 강력한 역사적 사유를 구사한 헤르더의 영향을 받았다는 건 어떤 뜻일까. 이는 발전이라는 개념을 아는 것이며 '있는 것'과 '있어야 하는 것', 현실과 이상에 대한 칸트적인 칼 같은 구별을 바로 이 발전이라는 개념으로 매개하는 방법을 아는 것이다.

이 단편들에서 헤겔은 이성종교에 대한 기존의 입장(있어야 하는 것)•을 버리고 반대로 역사적·사회적 지반을 통해 기독교를 본다. 그는 이런 관점을 통해 역사적인 기독교는 요컨대 예속적인 사회의 산물이며 사회의 예속성이 지양됨으로써 기독교 또한 지양될 수 있다(그리고 예속된 종교가 아닌 이성종교가 된다. 그러나 예속적이지 않은 합리적인 종교란 무엇인가. 이는 비종교, 단순한 합리적인 사유에 지나지 않는다)는 극히 급진적인 결론에 이른다. 헤겔이 그런 입장에 서고 그런 결과에 도달했다는 것은 참으로 주목해야 할 일이다. 이후의 종교와 기독교에 대한 생각도 독일의 봉건적 현실과 타협하기 위해 후퇴하고 편향되었을지언정 이보다 나아가지는 않았다.

헤겔에 따르면 그리스와 로마의 종교는 예속자의 종교가 아니라 자유민의 자유로운 종교였다. 거기서 조국과 그 구성원인 개인은 별개가 아닌 일체였기 때문에 개인은 자기 바깥에 외적 권위로서 자신을 억압하는 국가권력을 갖지 않았다. 그런데 그리스와 로마의 정치

• 있어야 하지만 지금은 존재하지 않는, 당위적인 종교이다.

가 자유로운 공화정에서 귀족정으로 이행함과 더불어 개인은 자율성을 상실하고 자기 밖에서 자신을 강제로 따르게 만드는 권리를 보게 된다. 그런 사회 상태에서 개인은 타의 의지에 따르는 데 길든다. 자기의 이성이 아니라 외부의 신적 권위에 의존하게 된다. 여기에 예속자의 종교가 발생한다. 이 예속자의 종교가 바로 예수의 이성종교에서 타락한 실정기독교이다. 여기서는 놀랍도록 정확하게 종교의 본질이 폭로되어 있다!

예속자의 종교인 기독교는 자기의 본성에 걸맞은 세 가지 특성을 갖는다. 첫째는 구세주에 대한 게으른 기대, 둘째는 인간 자신에 대한 경멸과 선善은 어디 저편의 세계에 있다는 생각, 셋째는 완전한 개념 혹은 무한자에 대해 생성·창조·산출 등 경험적인 개념을 적용하거나 삼위일체라는 수의 개념 및 차별과 반성을 더하는 일 등이다.

그리고 타락한 실정기독교는 헤겔이 분노를 참지 못하는 신의 이름 아래 살육·비방·사기·강탈 등 온갖 해악을 저지른다(헤겔은 교회사를 실증적으로 연구하면서 이들을 음미했다). 더욱이 이 기만과 살육은 오직 전제정치를 위해 민중에게 행해진다고 헤겔은 말한다.[15]

이것이 예속적인 사회에 상응하는 예속적 종교인 기독교의 양상이었다. 그러나 헤겔에 따르면 지금 새로운 시대가 도래하고 있다. 계몽 철학자는 개인의 가치와 자유를 가르치고 민중도 점차 자기 자신의 가치와 자유를 알며, 사회는 타율과 예속 상태에서 자율과 자유라는 그리스적 상태로 돌아가려 하고 있다. 그리하여 기존에 있던 기독교의 지반은 상실되고 그 최고의 덕이 비하卑下였던 종교는 사라져 합리적인 종교가 태어나게 된다.

이것이 실정종교에서 이성종교로의 전환에 대한 설명이다. 여기서는 헤겔이 이미 이들을 칼같이 둘로 나누는 칸트의 입장에서 벗어나 통일을 시도하고 있음을 볼 수 있다. 더욱이 보았던 대로 그 방법은 사회적 조건으로 설명되는 유물론적인 것이다.

이상이 베른 시절 헤겔이 기독교를 대한 태도이다. 다음은 청년 헤겔이 베른 다음으로 27세부터 29세(1797~1799)를 보낸 프랑크푸르트 시절의 연구를 보도록 하자. 이 시절은 헤겔이 계몽의 입장에서 변증법의 입장으로 이행을 보인 극히 흥미로운 시기이다.

5. 프랑크푸르트에서의 종교 연구[16]

프랑크푸르트 시절 헤겔 사상이 갖는 특색은 계몽에서 벗어난 것이라고 할 수 있다. 그런데 계몽에서 벗어났다는 것은 계몽이 갖는 두 가지 의의에 따라 다시 두 가지 의의를 지닌다. 즉 한편으로 그는 스위스 시절의 반종교적인 열렬한 계몽적 정신을 잃고 반대로 기독교를 적극적으로 용인했다. 계몽은 이제 종교와 대립한다는 이유로 부정된다. 이후에 헤겔은 『정신현상학』 속에서 계몽은 종교와 대립하고 이를 부정하기 때문에 '추상적'이라고 하며,[17] 『역사철학』에서는 "이 원리는 형식적이다. 왜냐하면 이는 추상적 사유이다. 오성에서 출발하고 있기 때문이다. 이는 순수이성의 자기의식이지만 직접적이며 추상적이다. 아직 이는 자기 이상으로 발전하지 않았다. 왜냐하면 종교 일반, 즉 구체적이며 절대적인 내용과 아직 대립 관계에 있기 때문이다"•[18]라고 말하고 있다. 확실히 독일에서 반종교적이라는 것은 '형식적'이다. 독일에서는 종교를 — 스위스 시절의 헤겔이 말하는 대로 사회의 예속적 상태와 깊이 엮여 있는 — 철폐하기 위한 현실적인 조건이 아직 보이지 않았기 때문이다. 그러나 이렇게 비판적·반종교적인 계몽정신을 잃고 기독교를 허용한 것은 의심할 바 없이 독일적 현실에 대한 헤겔의 타협이며 후퇴였다.

그러나 다른 한편으로 헤겔은 전진해서 계몽을 벗어났다. 즉 추상적인 오성적 방법에서 벗어나 비판적 변증법으로까지 전화하려 한다. '있는 것'에 '있어야 할 것'을 대치하는 계몽의 비판적 방법은 앞선 것의 필연적 소멸이 뒤따르는 것의 필연적 탄생인 변증법적 비판의 방법이 되어가고 있으며, 그와 더불어 부정의 부정이라는 변증법의 중요한 법칙 중 하나도 나타나고 있다. 따라서 한쪽에서 보면 헤겔은 기독교를 단순히 용인한 것이 아니라 발전적·역사적으로 용인한 것이다. 예를 들어 기독교의 한 계기인 가톨릭은 단순히 폐기되어야 할 것이 아니라 하나의 필연적인 단계인데 다시 이는 필연적으로 프로

• "이 원리가 형식적인 것에 그치는 것은, 그것이 추상적이고도 분석적인 사고에 의해서 태어난 것이기 때문이고, 그와 같은 사고가 맨 먼저 순수이성을 스스로 의식하는 것인데 이제 막 의식된 이성은 추상적이지 않을 수 없는 것이다. 추상적인 원리로부터의 발전이 없는 것은 그것이 구체적 내용을 절대적으로 부여해주는 종교와 아직도 대립하는 관계에 있기 때문이다."(『역사철학강의』, 권기철 옮김, 동서문화사, 2008, 423쪽)

테스탄트로 전화한다. 프로테스탄트도 필연적인 단계이긴 하나 이 역시 다시 필연적으로 철학으로 전화한다. 계몽의 부정적 정신은 이 변증법 속에서 결국 살려지고 있다. 그뿐만 아니라 부정적 정신이 곧 변증법의 핵심이며 계몽의 주관적, 차라리 우연적이라고 할 부정적 정신은 변증법에서 객관적 세계의 운동 원리로까지 고양된다. 명백히 이는 헤겔의 전진이며 동시에 독일 관념론 자체의 전진이기도 하다. 헤겔의 그런 프랑크푸르트 시절 종교 연구를 대략 소개하려 한다.

헤겔에 따르면 종교는 바로 인간적 생명과 신적 생명의 관계이다. 그런데 이 관계 방식은 민족정신(및 그 사회적인 구체화)으로 제약되며 필연적으로 각 역사적 형태를 취한다. 이 역사적인 형태는 세 가지 주요 형식으로 나뉘며 인간의 정신은 이 세 단계를 잇달아 체험하고 편력한다. 첫 번째 형태는 신적 생명과 인간적 생명이 분리하고 대립하기 전의 자연적 통일 형태이다. 이는 '자연 안에 있는 신'의 종교이다. 두 번째 형태는 이 자연적 통일이 분리·대립하여 신이 온갖 자연을 고고히 초월하는 초월적 신의 종교이며, 세 번째 형태는 이 대립이 다시 합일하는 화해의 종교, 즉 대립을 전제하는 합일의 종교이다. 이 부정의 부정으로 나타나는 최후의 종교는 모든 이전 종교의 목표이다. 목표이므로 이는 다시 모든 종교의 본질이기도 하다.

역사적으로 말하면 첫 번째 종교는 자연종교인데, 이 자연종교가 개화하여 결실을 본 최고의 단계가 그리스 신화이다. 두 번째는 유태 율법의 종교로 이 종교에서 여호와는 모든 인간을 초월하여 가차 없이 인간과 대립한다. 세 번째는 그리스도라는 신적 인간으로 신과 인간 사이가 매개된 화해의 종교인 기독교이다. 헤겔에 따르면 바로 이 화해의 종교가 모든 종교의 목표이자 본질이며, 이미 한 민족의 종교가 아닌 세계의 민족종교이다. 즉 앞에서 예속자의 종교였던 것이 여기에서는 최고의 것으로 높여진 것이다.

그런데 헤겔은 이 마지막의 기독교와 관련하여 종교 및 예술, 철학의 필연적 관계에 대해 논하는데 이는 이후에도 변하지 않는 근본적인 견해가 되었다. 즉 이 셋은 대상으로서 동일한 신 혹은 절대자를 가지며 단지 파악 방식을 달리한다는 생각이다. 기독교의 대상인 신은 한편으로 감각이라는 수단을 통해 직관에 주어지는 동시에 다른 한편으로는 사유라는 형식으로 파악되어 지식에 주어진다. 전자는 바로 예술이며 후자는 철학이다. 이를 역사적으로 보면 미의 종교인 가톨릭과 합리적 종교인 프로테스탄트 그리고 철학의 관계이다. 이는 하나인 것의 역사적인 각 발전 단계이며 이 발전의 마지막 단계에 이르러 종교와 철학이 합일한다. 그러나 이 마지막 단계는 오직 자유로운 민족에게서만 가능하다. 자유로운 민족이어야 비로소 합리적으로 사유할 수 있기 때문이다.

여기까지가 이 시절 헤겔이 종교에 대해 생각한 요지이다. 그 특징은 앞에서 말한 대로 한편으로는 계몽의 반종교적이며 혁명적인 정신을 상실하고 기독교를 적극적으로 허용한 것이며, 다른 한편으로는 칸트의 오성적 사유에서 변증법적 방법으로, 비역사적 사유에서 역사적 사유로 이행한 것이다. 물론 변증법은 아직 여기에서 의식적으로 구사되어 있지는 않으나 이미 그 계기를 나타내고 있다. 즉 직접적 동일과 그 동일의 분열, 이 분열의 재합일이라는 발전의 기본 형식, 부정의 부정 법칙, 논리 진행과 역사 진행의 평행이라는 생각, 이는 세계 그 자체와 이에 대한 인식이 발전하는 근본적인 형식이며 성숙한 헤겔 철학의 모든 영역에 존재하는 근본 법칙이다. 그러나 헤겔은 이를 관념적인 형태로 나타내고 있다는 데 주의해야 한다. 이러한 발전의 형식은 종교의 현실적인 역사적 발전 안에서 발견할 수 있는 법칙이 아니라 되레 종교 그 자체의 선험적인 개념 안에 포함된 형식이며, 현실 종교의 역사적 발전은 이를 현시 혹은 실증하는 것으로 생각되고 있기 때문이다. 이 역사적 발전에 선행하는 선험적인 개념은 이후에 이념과 절대정신으로 독립하여 대규모로 절대화되고 신비화된다. 그 맹아는 이미 여기에서 나타나고 있다.

2장

정신현상학

▲

1. 근대철학사에서의 정신현상학[1]

1806년 예나에서 쓰인 『정신현상학』은 이후의 『논리학』과 더불어 헤겔 철학의 핵심을 이루는 주저이다. 헤겔은 이 저작으로 근대철학, 특히 칸트 이래 독일 관념론을 절정으로 이끌고 그 마지막 결산을 이루었다.

먼저 근대철학사에서 정신현상학의 지위가 어떠한 것인지 해명하는 데서 시작하자. 헤겔은 『정신현상학』 서문에서 자기 이전의 근대철학이 취한 주요한 세 가지 태도에 대해 다음과 같이 말한다.

"(1) 신을 유일한 '실체'라고 하는 규정이, 이 말이 언명된 시대의 사람들을 격분시켰다. 사람들이 격분한 까닭은 신에 대한 이 규정에 따르면 자기의식은 단지 몰락하는 데 그치고 존속하지 않을 것이라는 본능적인 감정이었다. (2) 그러나 다른 한편으로 사유로서의 사유, 일반성 그 자체를 고집하는 반대 입장 또한 역시 위의 규정과 완전히 동일한 단순성 또는 구별 없는 부동의 실체성에 지나지 않는다. 그리하여 (3) 사유가 실체의 존재와 합일하고 더욱이 직접태 또는 직관을 두고 사유라고 하는 경우도 이 지적 직관이 다시 움직이지 않는 단순성으로 떨어져 현실 그 자체를 비현실적으로 표명하는지가 또 문제가 된다."•2

이 말에는 조금 주석이 필요하다. 여기서 "신을 유일한 실체"라고 하는 (1)의 입장은 스피노자의 입장을 가리키며 "사유로서의 사유, 일반성 그 자체를 고집"하는 (2)의 입장은 칸트를 가리킨다. 그리고 (3)의 "사유가 실체의 존재와 합일하고 더욱이 직접태 또는 직관을 두고 사유"라고 하는 경우는 셸링을 말한다.

헤겔은 이를 통해 근대철학사의 세 가지 발전 단계를 나타내고 각각 어느 것에 대해서도 우월한 자신의 철학을 그 발전의 필연적 귀결, 더욱이 마지막 도달점으로 제시하려고 했다. 이 세 가지 단계는

• "신을 유일한 실체로서 파악하려는 생각이 확연히 언명되었을 때, 당대인들이 무척이나 분노해 마지않았던 이유는 그러한 규정이 내려지고 나면 자기의식이 설 땅을 잃고 소멸될 수밖에 없지 않을까 하는 생각을 본능적으로 떠올렸기 때문이다. 그러나 다른 한편으로는 사유를 사유로서 고수하려는 일반론의 경우에도 앞에서와 같은 단순함이 곁들여지면서 사유가 무차별적인 부동의 실체가 되어버리고 말았다. 그리하여 세 번째 입장으로는 사유와 실체의 존재가 통일되어 직접적인 직관이 곧 사유라는 생각이 등장하였다. 이 입장에 관해서도 지금 얘기된 그 지적 직관이라는 것이 나태한 단순함에 빠져들어감으로써 현실 그 자체가 비현실적으로 표현되는지 어떤지 충분한 주의를 기울일 필요가 있다."(『정신현상학1』, 임석진 옮김, 한길사, 2007, 51~52쪽)

관념론의 영역 안에서 철학이 갖는 근본 문제, 즉 신·실체·절대자(존재)와 인간(사유)의 연관이라는 문제에 대한 기본적인 세 가지 해답이다. 그러므로 우리도 헤겔을 따라서 이 입장들과의 연관성에 따른 헤겔 철학의 역사적 지위가 어떤 것인지 먼저 보도록 하자.

먼저 스피노자의 지극히 정합적이며 유물론적인 범신론이 유물론사에서 갖는 중요한 의의는 잠시 제쳐두고, 스피노자의 범신론을 칸트가 비판의 대상으로 삼은 구舊형이상학의 대표로 간주한다면 스피노자의 범신론은 '존재'를 그것만으로 절대화한 점에 결함이 있었다. 즉 이는 인간의 사유 활동 및 실천을 무시한 형이상학이었다. 그러나 그러한 인간 활동에 대한 무시 내지 무자각은 근대 시민계급이 부흥하고 이에 따라 '인간의 가치'에 대한 자각이 보급되면 먼저 '본능적'으로 자각적인 인간의 반감을 도발하게 된다. 헤겔이 위 문장에서 시대의 사람들이 '격분했다'라고 말하는 것은 이 뜻일 것이다.

이러한 존재의 절대화와 사유의 무시 내지 무자각에 대해 반대한 것이 칸트이다. 칸트는 절대적인 신학에 대해 '인격의 자유와 존엄'이라는 새로운 도덕설을 세움과 동시에 낡은 형이상학에 대해서는 주체의 사유 활동을 원리로 삼는 새로운 인식 이론을 만들어냈다. 그러나 이는 스피노자의 경우와는 반대로 주체의 사유를 존재에서 분리한 뒤 고정하여 단순한 형식이 되는 결과를 낳았다. 따라서 헤겔은 이를 "위의 규정과 완전히 동일한 단순성 또는 구별 없는 부동의 실체성에 지나지 않는다"라고 한 것이다.

세계를 인간의 실천과 인식 활동에서 분리하여 부동의 실체로 삼는 것도, 인식을 존재에서 분리하여 영원한 절대적 형식으로 삼는 것도 모두 오류이다. 구체적인 진리는 존재에 사유가 합일하는 데서 나타난다. 셸링과 헤겔의 입장은 바로 이 방향으로 나아간 것이다. 그러나 자연과 정신, 절대자와 사유의 동일을 주장하는 셸링의 동일철학은 구별을 포함하는 동일 혹은 주체의 객체를 향한 단계적인 동일, 즉 매개적인 동일이 아니라 단번에 도달하는 또한 도달할 수 있는 직접적인 동일이었다. 이는 직관으로 합리적인 사유를 대체하고, 그 결과 구체적인 현실을 파악하지 않은 채 다만 그 다양한 구별을 말살하는 것이었다.

이렇게 근대철학의 발전 흔적을 짚어보면 필연적으로 헤겔의 입장에 도달하게 된다. 헤겔이 정신현상학에서 제시한 근본적인 방향은 셸링과 마찬가지로 진리는 실체와 사유의 합일이어야 한다는 것이다. 그러나 셸링의 합일 방식은 직접적이며, 둘의 구별은 동일한 절대자 안에서 어떤 단계적인 순서도 없이 마치 "권총에서 총알이 발사되듯"• 출현하는 것이다. 또한 인식이라는 점에서 보면 주체의 합리적인 단계적 활동으로 도달하는 동일이 아니라 지적 직관을 통해 단번에 이루어지는 동일이다.

헤겔은 이러한 방식의 존재와 사유의 동일에 반대한다. 원래 헤겔

• 『정신현상학』 서설에 나오는 비유이다. "더구나 열광의 도가니 속에서 권총을 발사하듯 홀연히 절대지에서 출발하여 다른 입장 따위에는 눈을 돌릴 필요도 없이 이를 공언만 하면 된다고 여기는 그런 경우와도 또 다르다."(『정신현상학1』, 66쪽)

에게 절대자라는 개념은 세계의 다양한 전개와 단계적인 발전을 자기 밖에 갖는 것이 아니며, 자기 안에 가진다고 하더라도 "모든 소를 검은색 한 가지로 칠하는 어둠"•처럼 갖는 것이 아니다. 세계의 현실적인 전개 그 자체 위에 현현하는 것, 세계의 총체 그 자체가 절대자이다. 따라서 그러한 절대자에게 도달하는 길도 직접적이 아닌 매개적으로, 단번이 아닌 인간의 인식 활동이 단계적인 노고의 도정을 거쳐서 도달하는 것이다. 인간이 소박한 의식에서부터 존재와 사유의 절대적인 합일점에 도달하는 과정을 서술한 것이 바로 정신현상학의 내용이다.

여기까지가 선행 철학과 구별되는 헤겔 철학의 특성이자 우월한 점인데, 물론 한편으로 헤겔 철학은 관념론이라는 점에서 그들 각각과 공통점을 갖는다. 그뿐만 아니라 헤겔 철학은 그 이전의 모든 관념론이 가진 모순을 종합한 철학사상에서 가장 규모가 큰 관념론이며, 따라서 모든 관념론이 가진 신비성과 황당무계함 또한 극도로 과장되어 나타나 있다. 헤겔에게 '존재'••는 사유에서 독립한 존재가 아니다. 존재의 본성은 사유이며, 존재는 본래 사유가 외화한 것에 지나

• "절대의 상하에서는 일체가 동일하다는 이 한낱 형식적인 지를 구별과 내실을 갖춘, 아니 충실한 내용을 모색하고 탐구하는 인식에 대치시키면서 흔히 절대적인 것이란 캄캄한 밤중이며 모든 소가 검은색을 하고 있는 것과도 같다는 투로 우겨대는 것은 천진하기 이를 데 없는 인식력의 결여를 드러낸 것이라고 할 수밖에 없다."(『정신현상학1』, 50쪽)

•• 존재로 번역되는 Sein은 영어의 being에 해당하며 '유有', '있음'을 뜻한다. Sein에 대응하는 Nichts는 영어의 nothing에 해당하며 '무無', '없음'을 뜻한다. 이 책에서는 존재와 무로 번역했다.

지 않는다. 따라서 인식이란 본래 사유인 실체가 자기 자신을 자기의 대상으로 소외하여 자기의 외타존재 안에서 다시 자기 자신을 인정하는 것이 된다. 그렇기 때문에 사유의 대상에 대한 절대적인 도달, 양자의 절대적인 합일이 가능했던 것이다. 이 점은 존재는 의식에서 독립적이며 인식은 영구히 여기에 근접해가지만 그에 대한 절대적인 도달은 불가능하다는 유물론의 입장과는 반대이다.

헤겔은 『정신현상학』에서 자신의 입장을 요약해 진리는 "실체로만이 아니라 주체로도 포착하고 표명해야 한다"•3고 말한다. 이 말은 그의 입장을 잘 표현하고 있다. 한편으로 이는 의심할 바 없이 헤겔 철학의 우월함을 나타내는 것으로서, 존재는 스피노자가 생각하는 것처럼 고정적이지 않으며 발전적이라는 것 또한 존재는 주관으로의 인식 활동과 완전히 떨어져 있는 것이 아니라 인식 활동을 통해서 주체화될 수 있음을 표현하고 있다. 그러나 다른 한편으로 실체가 주체라는 것은 객관적 세계 전체가 거대한 규모로 관념화되었음을 의미한다. 그리고 인식 활동은 대상적인 인간이 자기와 독립된 대상을 반영하는 활동이 아니라 절대정신이 자기 안에서 자신을 보는 데 지나지 않는다. 말하자면 인식 활동이란 "신이 자기 자신과 행하는 사랑의 유희라고 할 수"••4 있다. 이것이 헤겔 인식론의 특성이다.

• "하지만 어쨌든 내가 이해하기로는 모든 철학적 진리의 탐구를 위한 선결문제는 진리를 '실체'로서뿐만 아니라 '주체'로서도 파악하고 표현해야만 한다는 것이다."(『정신현상학1』, 51쪽)

•• "그리하여 신의 생명과 신의 인식을 두고 사랑이 자기 자신과의 유희를 벌이는 것이라는 투로 표현하는 것까지는 무방하더라도 (…)."(『정신현상학1』, 53쪽)

2. 인식론으로서의 정신현상학

우리는 지금까지 인식론이 아니라 일반적인 철학으로서 정신현상학을 봐왔다. 그러나 정신현상학의 진수는 그 인식 이론 안에 있다. 정신현상학은 본래 인식론이다. 그것이 다루는 모든 내용은 사유와 존재, 의식과 대상의 관계인데 이 관계가 바로 인식론의 주제이다. 물론 정신현상학은 의식의 '개체 발생' 및 '계통 발생'의 역사이기도 하며 하나의 세계관이기도 하다. 그러나 그러기도 하다는 것은 오히려 정신현상학이 칸트적인 인식론과는 완전히 별개인 뛰어난 인식론이라는 것을 나타낼 뿐이다. 정신현상학을 단순한 세계관이나 단순한 철학, 예를 들면 '생철학' 등이라고 보는 것은 천박하며 오해이다.

정신현상학이 획기적인 인식론이며 일반적으로 인류의 인식사에 얼마나 많은 공헌을 했는지는 칸트의 인식론과 비교해보면 분명히 알 수 있다. 헤겔도 항상 인식론상에서의 입장을 칸트의 입장과 날카롭게 대비하며 밝히고 있다.

칸트의 인식론과 헤겔의 인식론의 상이함은 한마디로 말해서 비판적 혹은 오성적 방법과 변증법의 차이라고 할 수 있을 것이다. 비판적 방법의 특징은 온갖 구별을 고정하고 절대화하는 데 있다. 의무와 경향, 이상과 현실, 내용과 형식, 감성과 오성, 인식과 실천 등. 이에 대해 변증법의 특징은 이러한 대립을 그 자체로서 고정하는 것은 추상이며, 구체적으로는 이들이 통일되어 있다는 것, 더욱이 어떤 정립은 필연적으로 자신의 부정이며 스스로의 대립항으로 이행하는 통일 관계에 있다는 것을 나타내는 데 있다. 그리고 특히 인식 주관에 관해 말하면 칸트는 이를 대상에서 '오성적'으로 분리하여 영원한 절대적 형식으로 만든 데 반해 헤겔은 인식 주관을 대상에 대한 운동, 즉 실천을 통해 자기 자신을 창조해나가는 과정으로 서술한 데 둘의 차이가 있다. 원래 인식은 바로 존재와 사유라는 두 가지가 동일해지는 것이므로 칸트처럼 둘이 별개라는 전제를 가진 인식론은 좋든 싫든 물 자체의 인식 불가능이라는 결함과 기타 온갖 결함을 폭로하게 된다.

칸트는 대상과 우리를 절대적으로 분리한 결과 인식이란 우리와 대립하고 있는 물 자체를 파악하는 도구 혹은 절대자가 우리에게 도달하기 위한 매체(딱 빛에 대한 에테르처럼) 같은 것이라고 생각했다. 인식을 이렇게 보는 것에 대해 헤겔은 다음과 같이 비평한다. 인식이 도구나 매체라고 한다면, 먼저 도구로 파악된 것은 그 도구의 영향이 가해져 있기 때문에 원래 그대로가 아니다. 또한 매체를 통과한 것도 이를 통한 변화가 주어져 있기 때문에 원래 그대로의 것이 아니다. 따라서 그러한 입장은 필연적으로 대상 그 자체의 인식이 불가능하다고 하는 결론에 도달하지 않을 수 없다. 바로 이것이 칸트가 우리는 물 자체가 아니라 단지 현상만을 인식할 수 있다고 한 까닭이다. 이때 우리는 이 도구나 매체가 어떤 것인지를 앎으로써 우리에게 도달한 결과에서 그만큼을 차감하여 원래의 것을 얻을 수 있다고 생각해볼 수 있다. 그러나 그렇게 차감해서 나온 것은 인식하기 전의 원래 것이며 결국 그때까지 한 것은 아무것도 아니게 된다. 또한 도구와 매체에

대해서 인식하는 것도 원래의 칸트 입장에서는 불가능하다.[5]

이런 결과에 이를 수밖에 없는 것은 칸트가 인식론을 인식 이전의 절대적으로 무전제한 인식 그 자체에 대한 음미라고 말하며 인식과 인식 대상을 절대적으로 분리하는 오류를 전제했기 때문이다. 이러한 전제를 두고 무엇을 할 수 있었을까. 먼저 필연적으로 칸트의 인식론은 객관적인 대상에서 분리된 단순히 주관적인 인식론, 단순한 방법론이 되었다. 이는 또한 인류의 인식사와 분리된 비역사적이며 영원히 타당해야 하는 인식의 절대적 형식을 낳았다. 그리고 물 자체는 인식할 수 없다고 했다. 형이상학을 부정하고 단순한 방법론을 철학의 주제로 삼았다 등이다. 이것이 칸트의 비판적 방법의 특징이며 그 당연한 귀결이었다.

헤겔은 이런 칸트의 인식론을 가장 신랄하게 비평하였고 종종 이를 비웃는다. 인식론에 앞서 인식을 음미하려는 것은 물에 들어가기 전에 굳이 먼저 수영을 배우려는 것이다.•[6] 인식이 오류에 빠지지는 않을까, 헛수고에 그치지 않을까 하는 우려는 물러서서 인식을 음미함으로써가 아니라 다만 나아가 인식함으로써만 해결할 수 있으며, 원래 인식을 음미하는 것 자체가 바로 인식이다. 따라서 인식을 음미하는 것은 다만 인식의 행위 속에서만 나타낼 수 있다. 이를 보더라

• "인식을 도구라고 부를 수 있다면 이 인식이라는 도구에 있어서는 이 도구를 시험한다는 것과 이 도구를 인식한다는 것과는 같은 말이다. 그러나 인식하기 전에 인식하려 하는 것은 물속에 들어가보기 전에 수영을 배우려고 하는 도학자의 현지나 마찬가지의 우설에 불과한 것이다."(『논리학』, 114쪽)

도 인식의 음미, 즉 인식론은 인식의 실제 행위인 실천과 떨어뜨려선 안 된다는 것을 알 수 있다. 그렇게 인식이 실천과 필연적으로 연결되어 있다는 것, 또한 인식론은 인류의 인식사와 필연적으로 이어져 있어야 한다는 것을 제시한 것이 헤겔의 정신현상학이다.

헤겔에게 인식은 본래 대상에 대한 직접적이며 감성적인 의식이 대상과 자기 사이 그리고 그 자신 안에 내재하는 모순을 통해 움직여져 필연적인 운동을 일으키고, 점차 매개된 일반적인 고도의 의식으로 나아가 마침내 대상 그 자체와 절대적으로 합일하는 과정이다. 즉 주관은 처음부터 완성하여 고정되어 있는 것이 아니라, 움직이며 자신의 실천을 통해 자기를 만들어가는 것이다. 이렇게 인식이 긴 단계적인 과정이라면 이에 대한 음미 또한 노고를 통해 그 과정을 스스로 편력함으로써만 수행될 수 있다. 음미는 노정 그 자체이다.

그렇게 헤겔이 인식론 안에 도입한 실천은 단순히 지적인 실천이며 물질적인 실천은 염두에 두지 않았다. 따라서 그가 정신현상학에서 생각한 역사는 단순한 사상사이며 기술의 역사, 경제·정치의 역사는 아니었다. 도리어 그가 생각한 종교나 예술, 국가 등도 현실이 아니라 철학 안에서 지양된 예술이자 종교, 국가였다. 실천을 단순히 그렇게 생각하는 것은 의심할 바 없이 일면적이며 관념적이다. 그러나 그렇다고 하더라도 인식론 안에 그런 실천을 도입한 것, 인식론을 인식사와 연결 지은 것은 헤겔의 위대한 천재성을 나타내며 그의 인식론이 갖는 결정적인 의의를 이룬다는 것은 거듭 강조해야 할 점이다. 실로 이 점에서 칸트의 인식론에 대한 헤겔 인식론의 모든 우월함이 발생한다.

칸트에게 감성적인 소재와 일반적인 형식은 완전히 성질이 다른 것이며 이들이 외면적으로 결합함으로써 경험이 성립했다. 그런데 헤겔에게 특수한 감각과 일반적인 형식은 성질을 절대적으로 달리하는 것이 아니다. 정신현상학의 첫 장이 바로 보여주듯 감각적인 것은 자신 안에 일반적인 것을 포함하고 있으며 필연적으로 일반적인 것으로 전화한다. 일반적인 것은 개별적이거나 감각적인 것 밖에 있는 추상적 형식이 아니라 이들을 안에 포함하는 구체적인 일반자이다. 감각적인 것은 단순히 직접적인 지식이며 일반적인 것은 단순히 매개적인 지식일 뿐이다. 특수한 지식은 그 안에 포함된 모순으로 인해 필연적으로 매개된 일반적인 지식으로 전화한다. 이 과정이야말로 인식 과정 그 자체이며 정신현상학이 서술하는 바로 그것이다.

따라서 칸트는 인식론을 인식사와 나누고 이를 영원히 타당한 절대적인 형식, 즉 오성 형식과 직관 형식의 학으로 삼았으나 헤겔에게 인식의 형식은 수많은 단계를 거쳐 역사적으로 발전하는 것이다.

일반적으로 칸트는 형식과 내용을 칼같이 나누고 형식을 내용에 외면적으로 적용했다. 그러나 헤겔에게 형식은 내용을 떠나서 존재할 수 없다. 내용에서 독립한 형식은 죽은 것인 동시에 형식을 빼앗긴 내용은 수동적이며 산재하는 단순한 소재에 지나지 않는다. 구체적으로 말하면 내용은 살아 있으며 스스로 운동하는 것이다. 이 운동의 결과에 따라 내용은 자기가 산재하지 않는 구체적 통일이라는 것을 안다. 이 통일이 바로 형식이다. 따라서 헤겔은 "구체적 내용에 일반적 형식을 외적으로 적용할 필요가 없으며 구체적인 내용은 자발적으로 일반적 형식으로 이행한다. 그리하여 일반적 형식은 더는 외적인 일반적 형식이 아니다. 왜냐하면 형식은 구체적 내용 그 자체에 내재하는 생성이기 때문이다"•7라고 말한다.

비판적 방법은 그렇게 형식을 내용에서 분리하고 인식론을 단순히 이 형식에 대한 학으로 한정했기 때문에 필연적으로 단순한 방법론이 되었다. 그런데 변증법의 입장에서는 형식이 내용을 떠나서 존재할 수 없듯이 방법론은 내용 자체에 대한 학을 떠나서 존재할 수 없다. 그리하여 정신현상학은 인식론이지만 단순한 방법론이 아니라 가장 풍부한 내용을 갖는 인식의 역사 그 자체이다.

이상으로 비판적 방법과 변증법의 주된 인식론적 차이를 서술하고 변증법이 더 뛰어나다는 것을 제시했다. 그러나 여기서 잊지 말아야 할 것은 헤겔 변증법의 관념론적 성격이다. 칸트의 비판적 방법은 물 자체를 우리와 절대적으로 분리하여 이를 우리 인식 능력으로는 불가지한 것으로 삼았다. 칸트는 그렇게 합리적인 인간의 인식을 제한하여 신앙을 위한 자리를 마련했다. 이에 대해 헤겔이 물 자체를 합리적인 사유로 인식할 수 있다고 한 것은 헤겔의 옳음을 나타내는 동시에 신흥 부르주아지의 더 진취적이고 적극적인 심리를 나타낸

• "따라서 구체적인 내용에 밖으로부터 형식을 덧씌운다는 것은 불필요한 짓이다. 구체적인 내용은 스스로 형식을 갖추게 마련이다. 물론 이 형식은 밖으로부터 안겨지는 형식이 아니라 구체적인 내용 그 자체에서 잉태된 고유한 생성의 결과이다."(『정신현상학1』, 95쪽)

것이기도 하다. 더욱이 그런 인식이 단번에 이루어지는 것이 아니라 점진적으로, 인류의 온갖 노고로 가득 찬 인식의 단계로 이루어진다고 한 것도 올바른 점이다. 그러나 헤겔은 이 과정이 영구히 진행하는 과정이 아니라 그의 시대, 그의 체계에 도달하여 끝났으며 그 이상의 운동은 필요하지 않다고도 했다. 그리하여 모든 것이 필연적으로 소멸한다는 이론적 방법인 변증법은 여기에서 정지하게 되었다.[8]

그런데 이렇게 사유가 존재와 완결적이며 절대적으로 합일한 것은 존재가 본래 사유였기 때문에 가능한 일이었다. 따라서 앞서 존재와 사유의 관계라고 생각된 변증법적 과정도 실은 단순히 사유 안에서 일어난 변증법적 과정에 지나지 않았던 것이다. 변증법이 마지막에 이르러 완결됐다는 것 그리고 그 관념성이 헤겔 변증법의 결함인 동시에 특성이다.[9]

3. 의식

『정신현상학』의 구성•은 다음과 같다.

A. 의식

• 한국어판은 의식·자기의식·이성·정신·절대지로 구성되어 있다.

B. 자기의식

C는 다음 넷으로 나뉜다.

1) 이성

2) 정신

3) 종교

4) 절대지

이 중에서 A. 의식은 다시 다음으로 나뉜다.•

1) 감각적 확신

2) 지각

3) 오성

1) 감각적 확신

가장 직접적인 인식은 감각적 확신이다. 직접 자기의 감관을 통해 이것이 있다고 아는 이 인식의 형태는 언뜻 보면 가장 풍부하고 다양하며, 또한 그것이 있는 그대로의 앎이며 우리가 어떤 반성도 더하지 않았다는 점에서 가장 확실한 앎처럼 생각된다. 온갖 법칙·명제·관념 등을 의심하는 경험론자나 회의론자도 이 직접적인 감각

• 한국어판에서 '의식' 장은 Ⅰ 감각적 확신, '이것'과 '사념', Ⅱ 지각; 사물과 착각, Ⅲ 힘과 오성, 현상계와 초감각적 세계로 나뉜다.

은 의심할 수 없다고 믿는다. 그러나 실은 이것이 가장 빈약하며 추상적인 앎에 지나지 않으며 그런 앎의 대상이 삼는 것은 실제로 존재하지 않는다.

"지금은 정오다"라고 우리가 말하는 경우 이는 감각적 확신이다. 그러나 잠시 지나면 '지금'은 더 이상 정오가 아니다. '지금'은 세 시이며 혹은 저녁이고 밤이다. 마찬가지로 우리가 "이것은 책"이라고 할 때 이는 가장 확실한 지식인 것처럼 보인다. 그러나 잠시 지나면 우리 눈앞에 있는 '이것'은 더 이상 책이 아니다. '이것'은 그릇이며 혹은 '이것'은 공이다.

'지금', '이것'은 확실히 존재하는 것처럼 보이지만 실은 곧바로 부정에 빠진다. '지금', '이것'이 확실히 존재한다면 우리는 이를 다른 사람에게 가리켜서 보여줄 수 있어야 할 것이다. 그러나 '지금'을 가리킬 때 이미 '지금'은 '지금'이 아니게 된다. 가리킨 '지금'은 이미 과거가 되어 있다.

그런데 그런 '지금'을 가리키는 것은 '지금'이 아닌 것을 정립하는 결과가 되었다. 이는 '있는 지금'이 아니라 '있었던 지금'이다. 그러나 이는 우리가 가리키려는 것이 아니다. 따라서 이는 더욱 부정되어야 한다. 그렇지만 우리는 더 이상 처음의 '지금'으로 돌아갈 수 없다. 그리하여 우리가 도달하는 것은 가리킬 수 없는 이 '지금'이나 저 '지금'이 아니라 이 많은 '지금'을 포함하는 하나의 일반적인 '지금'이다. 이것이 (대략) 진실로 존재하는 '지금'이며 가리킴을 통해 사라지지 않는, 가리킴을 견디는 '지금'이다. 구체적으로 말하면 수많은 '지금', 즉 많은 시간을 포함하는 한 시간 혹은 하루 혹은 한 달이다.

'이곳'의 경우도 마찬가지다. 감각적 확신 안에 있는 '이곳'은 금세 사라지며 확실히 있는 '이곳'은 많은 '이곳'을 포함하는 일반적인 '이곳'이 된다.

지금까지의 서술을 통해 감각적 확신은 부정되었다. 감각적 확신이 가장 확실하다고 확신한 '지금'과 '이곳'은 사실 확실한 존재가 아니라 가리킴을 견디지 못하는 단순한 사념에 지나지 않는다. 그러나 감각적 확신의 대상인 '지금'과 '이곳'은 단순히 부정된 것이 아니라 일반적인 '지금'과 '이곳' 안에서 수많은 '지금'과 '이곳'으로 유지되어 있기 때문에 이는 지양된 것이다.

이로써 감각적인 것은 단순히 감각적인 것으로 존재하는 것이 아니라 실은 일반적인 것으로만 존재한다는 것을 알게 된다. 이 일반적인 것이 바로 감각의 진리였던 것이다. 자연적 의식은 처음에는 이 감각적인 '지금'과 '이곳'을 자기가 직접적으로 알 수 있는 가장 확실한 것이라고 확신한다. 그러나 이는 자신에게 내재하는 모순으로 인해 필연적으로 일반적인 것, 즉 그 진리에까지 도달한다.

위와 같이 헤겔은 변증법으로 감각적인 존재의 덧없음을 나타냈는데, 이는 욕망이라는 물질적 실천으로도 실증된다는 것을 함께 서술한다.[10] 즉 우리 인간, 아니 인간이 아니라 동물조차 감각적인 것을 먹거나 소비함으로써 대상이 자립적인 존재가 아니라는 것을 실제로 증명한다.

따라서 그러한 감각적 확신의 영역에 머무르는 것은 있을 수 없는 일이지만 자연적 의식(일상적 의식)은 항상 거듭하여 이곳으로 돌아가려고 한다.

여기까지가 감각적 확신의 필연적 소멸 과정인데, 여기서 부디 주목해주었으면 하는 점은 헤겔이 의식의 이 첫 단계에서 이미 훌륭한 변증법을 보여주고 있다는 것이다.

우리가 '지금'을 정립하려고 하자마자 곧바로 '지금'이 아닌 것이 정립되었다. '지금'의 정립은 바로 '지금'의 부정이었다. 여기에서는 긍정이 동시에 부정임이 나타났다고 할 수 있다. 또한 '지금'은 곧바로 부정되어 '있었던 지금'이 되었다. 그러나 이 '있었던 지금'의 단순한 집적이 다시 부정되어 많은 '지금'을 포함하는 더 풍부한 일반적인 '지금'이 되었다. 다시 여기서 부정의 부정 법칙이 제시되고 있다. 이 부정의 부정 법칙은 『정신현상학』의 온갖 장면에서 찾아볼 수 있으며, 헤겔은 이 법칙을 세계의 모든 현상 속에서 발견하기 위해 힘쓰는 한편 이 최초의 정립, 다음에 그 부정, 그다음에 그 부정의 부정이라는 세 단계를 정신현상학과 논리학을 비롯하여 모든 학의 구분 원리로 삼고 있다. 구체적인 존재는 단순히 직접적 통일 상태에 있는 것이 아니다. 달리 말하면 단순히 긍정적인 존재가 아니다. 이 존재는 최초의 직접적 통일을 부정함으로써 통일을 깨뜨리고 자기를 구별하여 분열한다. 자기 자신을 외화한다. 그러나 이러한 분열 상태에 머무르는 것은 죽은 것과 다름없다. 살아 있는 것은 이 처음 부정을 다시 부정하여 이 분열 안에서 자기 자신을 잃지 않은 채 분열을 '하나'로 통일하는 힘을 갖는다. 분열된 후에 다시 이루어진 통일, 즉 매개된 자기동일이 구체적 존재의 본질이다. 이 부정의 부정 법칙을 헤겔이 강조한다는 것은 칸트와 셸링에 대한 헤겔의 역사적 지위로 봐도 수긍할 수 있다. 셸링의 입장은 근본적으로 처음의 직접적 통일의 입장이며, 칸트의 입장이 갖는 특성은 이를 부정한다는 구별의 입장이라고 할 수 있을 것이다.

2) 지각(진리 포착)

직접적 확신은 곧바로 부정되어 감각적인 개별자는 '참된wahr 것'이 아니라는 점이 알려졌다. 존재하는 것을 이 '참된 것'으로 '포착nehmen'하는 더 높은 의식이 지각(진리 포착)Wahrnehmung이다. 따라서 지각의 대상은 단순한 감각적인 것이 아니라 감각적인 일반자, 많은 성질을 지닌 '물'이다.

우리는 이제 의식의 새로운 단계인 지각과 그 대상인 물에 도달했다. 그런데 이 지각 또한 지각으로 있다는 것 자체가 필연적으로 부정되어 다시 더 높은 단계로의 이행이 요구된다. 지각의 단계를 빠져나오지 못하는 상식은 온갖 수를 써서 이 재촉에 응하지 않으려 한다. 그러나 이는 필연적으로 자신의 비진리성을 폭로하여 더 높은 '오성'으로 이행하지 않을 수 없다. 왜 그럴까.

지각의 대상은 여러 성질을 지닌 하나의 물이라고 생각된다. 물은 하나의 물이기 위해서 하나의 통일, '하나'여야 한다. 그렇지 않다면 단순히 그곳에 일반적인 성질이 여럿 모여 있을 뿐이다. 그러나 사실 지각의 입장에서 보면 대상에는 많은 성질이 존재한다. 이는 '물'이

'하나'라는 것을 방해하며 '여럿'으로 보이게 한다. 이를 어떻게 이해할 것인가. 이 모순을 맞닥뜨린 지각은 '여럿'의 원인을 자신에게 되돌려 대상이 '하나'라는 것을 유지한다. 즉 대상은 하나의 '소금'이다. 그것이 하얗기도 하고 짜기도 하며 육면체이기도 한 것은 단지 우리의 시각과 미각·촉각에 대해서만 그런 것이며 대상 자신은 '하나'라고 간주하는 것이다.

따라서 대상은 '하나'이다. 그러나 대상이 '하나'라는 것은 다른 것과 구별되어 있다는 것이다. 어떤 것이 구별되기 위해서는 자신의 고유한 성질을 가지고 있어야 한다. 소금은 하얗고 짜며 육면체이기 때문에 바로 다른 것과 구별된다. 따라서 대상은 하얗고 짜며, 또한 육면체이기도 한 것이다. 즉 물은 '여럿'이다. 그렇다면 그것이 '하나'였다는 것은 단순히 지각의 착각이 된다.

그렇게 지각은 '여럿'과 '하나'를 번갈아 자신에게 되돌림으로써 물이 가진 모순에서 벗어나려 한다. 그러나 물 자신이 동시에 '하나'이며 '여럿'인 것, 물이 원래 대립하는 것을 함께 가진다는 것을 불가피하게 경험한다.

그러나 이 경우에도 지식은 모순되는 두 가지를 하나로 통일할 수 없다. 따라서 물의 '여럿'과 '하나'는 다음과 같은 방식으로 관계 맺어진다. 물은 그 자신으로 존재하는 '한에서는 하나'이며, 다른 것에 대해 존재하는 '한에서는 여럿'이다. 그렇게 '한에서는' 혹은 '~라는 측면에서 보면'이라는 그때그때 호도하는 수단으로 때운 채 이들을 결합하여 무제약적 일반자에 도달하려 하지 않는 것이 지각의 입장이며 상식의 입장이다. 헤겔은 이 입장을 다음처럼 평한다.

"일반적으로 상식은 가장 풍부한 체할 때 가장 빈약하다. 상식은 이들의 허무한 실재를 전전하면서 한쪽의 실재에 의존하다가 다시 다른 쪽의 실재에 의존하며, 그렇게 궤변으로 지금은 이 실재를, 다음에는 정반대의 실재를 번갈아가며 고집하고 주장하는 데 노력함으로써 진리로부터 돌아선다."• "진리를 규정하고 다시 이 규정을 폐기하는 끊임없는 교대 과정이 바로 자기의식이 실로 진리로서 진행한다고 생각하는 쉴 새 없는 일상의 작업인 것이다. 이 과정에서 이 의식은 이들의 본질적 실재 혹은 규정을 다 같이 폐기한다는 결과에 끊임없이 도달하고는 있다. 그러나 이 의식은 각각의 계기마다 단 한 가지 규정만을 진리로 인정하고 다음에는 다시 이것과 정반대의 규정을 진리로 인정하고 있을 뿐이다."••[11]

이는 우리 지각의 입장, 상식의 입장을 예로 들면 특히 노인이나

• "상식이라는 것은 그 자신을 견실하고 실질적인 의식이라고 여기지만, 이것이 지각의 장에 들어서면 추상에 휘말린 유희거리에 지나지 않는다. 더욱이 여기서는 가장 풍부한 내용을 다룬다고 여기는 것이 실은 가장 빈약한 내용에 지나지 않는다. 상식은 공허한 관념에 휘둘려서 이쪽저쪽으로 이끌려 다니다가는 또 다른 품속으로 기어들어가서 그때마다 궤변을 늘어놓으며 이번에는 이렇고 또 다음에는 저렇고 하는 식의 주장을 되풀이하여 내용을 바꾸어나간다."(『정신현상학1』, 167쪽)

•• "결국 무언가를 진리로 규정하고는 곧 다시 그 규정을 파기해나가는, 끊임없이 변전하는 이 운동이야말로 본래 지각에서 진리를 얻을 수 있을 것으로 여기는 의식이 날이면 날마다 변함없이 펼쳐나가는 활동상이다. 의식은 온갖 본질적인 관념이나 규정을 그때마다 파기하는 결과를 낳는 운동을 쉬지 않고 되풀이해나가지만, 의식이 당도하는 개개의 장면에서는 상반되는 요소 가운데 오직 하나의 특정한 관념만을 진리로 받아들인다."(『정신현상학1』, 168쪽)

어린아이가 부리는 억지에서 과장되게 나타나는 의식의 입장을 잘 묘사하고 있다. 이러한 의식은 대상을 그 자리 자리마다 인식하여 이를 진정 일반적인 것으로 보지 않는다는 점과 자기 자신이 참으로 일반적인 오성적 의식에 도달하지 않았다는 점을 특성으로 삼는다. 그러나 의식은 그런 모순을 통일하는 더 높은 일반성의 입장으로 이행해야 한다.

3) 오성

지각의 변증법을 통해 의식은 일면적인 개념을 포기하고 무제약·절대적인 일반적 의식에 도달한다. 이 오성의 대상은 물의 일반적 토대인 힘과 힘의 발현, 현상과 본질, 감성적인 것과 내적인 것이다. 이는 앞의 감각적인 일반자에 비하여 오성적인 순수한 일반자이다. 그러나 헤겔에 따르면 이 단계는 아직 대상적인 의식의 단계이며 의식은 스스로 진리의 실현에는 참여하지 않고 다만 진리가 뜻대로 움직이는 것을 관망한다.

여기에서 헤겔은 먼저 힘과 힘의 발현이 상호침투하는 개념이라는 것을 보여준다. 오성의 대상인 힘은 단순한 힘이어서는 대상이 될 수 없다. 이 힘은 소재의 전개 안에서 발현해야 한다. 발현하는 힘이어야 비로소 진정한 힘이다. 그러나 자립적인 소재의 전개 안에서 사라지는 힘은 힘이 아니다. 따라서 힘은 소재 안에 있으면서도 자기 자신으로 복귀해야 한다. 자기로 복귀한 힘은 다시 본래의 힘이다 이렇게 힘과 그 발현은 서로 필연적으로 이행한다. 하나의 힘이기 위해서는 다른 힘이어야 한다. 하나의 힘을 정립하는 것은 다른 힘을 정립하는 것이며 자기 자신의 소실이다. 헤겔은 이 관계를 힘의 유희라고 불렀다.

우리가 현상이라고 부르는 것은 이 힘의 유희의 결과로 나타난다. 그런데 현상의 배후에는 '내적인 것'이 있는 것처럼 보이며 종종 이 '내적인 것'은 마치 성스러운 곳처럼 여겨진다. 그러나 모든 존재하는 것은 현상하며 현상하지 않는 것은 존재하지 않는 것이다. 따라서 현상이 아닌 '내적인 것'은 단순한 공허에 지나지 않는다.

칸트에 반대한 헤겔이 이처럼 '내적인 것'과 '초감각적인 것'은 감각적 세계의 건너편에 있지 않고 감각적 세계 그 자체에 있으며, 신비한 것이 아니라 합리적인 오성의 대상으로 존재하는 현상의 법칙 그 자체일 뿐이라고 한 것은 완전히 정당하다. 이것이 변화하는 현상의 변화하지 않는 모습, 즉 현상의 법칙이다.[12]

헤겔이 여기에서 뉴턴적인 물리학이 궁극의 절대적 진리로 삼고 있는 법칙의 오성적인 성질을 상세히 폭로하고 있다는 것은 주목할 만하다. 지각의 입장이 지양되자 대상 안에서 많은 법칙이 발견된다. 그런데 그렇게 특수한 법칙이 많이 존재하는 것은 오성의 일반화 요구에 반하기 때문에 특수한 법칙은 점차 종합되어 한 가지 일반적 법칙으로 격상되어야 한다. 뉴턴의 만유인력의 법칙이 바로 그 예이다. 그런데 이 일반적인 법칙은 오성적인 성질로 인해 근본적인 결함을 지닌다. 일반적 법칙은 특수 법칙의 종합이라고 불리면서도 그들의 특수성을 조금도 포괄하고 있지 않으며, 반대로 특수 법칙이 갖는 특수성을 단지 버림으로써만 성립한다. 가장 보편적인 만유인력의 법칙은 가장 내용 없는 것이며 단순히 법칙 그 자체의 개념을 표현하는 데 지나지 않는다. 이것이 헤겔이 반대하는 뉴턴 물리학의 추상성이다.

그런데 이 일반적 법칙은 많은 특수 법칙의 구별을 뛰어넘어 얻은 것인데, 이는 다시 추상화와 일반화라는 오성적 요구를 철저히 받아들여 법칙이라는 성질 그 자체를 다시 뛰어넘어야 한다. 왜냐하면 법칙이란 바로 상호몰교섭하는 두 항의 관계를 나타낸 것이기 때문이며, 이 구별 자신도 하나의 단순한 통일 속에서 해소되어야 한다. 이로 인해 추상적인 단순한 힘을 얻게 되며 그러한 힘을 얻은 결과 이 일반적인 힘과 법칙의 대립이 생겨난다. 그런데 여기에서 다시 물리학적인 법칙이 가질 수밖에 없는 결함이 나타난다. 예를 들어 전기의 법칙을 보자. 전기의 법칙이란 요컨대 하나의 일반적인 힘인 전기가 양전기와 음전기가 되어 발현할 때 둘이 갖는 관계의 법칙이다. 여기에 한편에는 일반적인 힘인 전기가 있고, 다른 한편에는 양전기와 음전기의 관계인 법칙이 있는데 이 둘은 상호몰교섭한다. 전기 개념 안에는 이것이 필연적으로 양전기와 음전기로 나뉜다는 것이 포함되어 있지 않다. 단지 우연히 어떤 이유도 없이 그렇게 되는 데 지나지 않는다. 즉 힘과 그 법칙의 관계가 내적이지 않은 것이다. 이것이 헤겔이 지적한 물리학 법칙의 한 가지 결함 사례이다. 또한 낙하의 법칙에는 "소요된 시간과 지나간 공간의 양은 거듭제곱근과 제곱의 관계에 있다"라는 시간과 공간의 관계가 표현되어 있는데, 이 경우에 법칙의 구별항인 시간과 공간은 각각 몰교섭한다. 앞의 경우에는 일반적인 힘과 그 법칙이 몰교섭했지만 법칙 중의 구별항, 양전기와 음전기 사이에는 필연적인 상관관계가 있었다. 그러나 물리학에서 운동의 법칙은 일반적으로 그 구별항인 시간과 공간 사이에 어떤 필연적인 관계도 인정하지 않으며 단지 이들 간의 표면적인 관계를 표현할 뿐이다. 지금까지의 두 경우를 종합하면 요는 오성적인 물리학의 법칙은 전체와 부분 간의 필연적인 이행을 나타내지 않거나 부분 상호 간의 필연적인 이행을 나타내지 않는다는 것이다.

이처럼 물리학적 법칙은 추상적이다. 앞의 지각 단계에서는 주로 상식의 궤변을 염두에 두었던 헤겔이 여기에서는 당시 물리학자들의 오성적인 사유를 염두에 두고 있다. 그러나 오늘날의 물리학자들이 법칙에 대해 갖는 이해도 이와 마찬가지이다. 오늘날의 물리학자 다수는 그러한 뉴턴적 표면성에 만족하며 사태와 사태 사이 혹은 개개 사태와 전체적인 법칙·세계상·세계관 사이에 있는 참으로 변증법적인 관계를 추호도 찾아내려 하지 않는 게 실상이다.

헤겔은 이 오성의 단계에서 변증법을 특히 대립물의 상호침투 법칙으로서 지극히 강하게 서술하고 있다. 헤겔의 변증법은 정반합의 법칙으로 널리 통속화되어 있다. 특히 일본의 일부 저속한 헤겔 학자들과 이들의 영향 아래에 있는 지식계급에서 그렇다. 이 경우 마지막의 '합'을 앞에 있는 둘의 총계·종합으로 이해하면 또 모르되, 오히려 대부분 이 '합'은 앞에 있는 둘의 모난 부분을 제거한 절충을 의미할 뿐이다.

그러나 『정신현상학』과 『논리학』에서 헤겔은 변증법을 그렇게 죽은 형식으로 표현한 적이 없었다. 대립물의 합일이란 대립물의 화합도 중화도 아니며, 실은 대립하는 항이란 바로 그 자신의 반대물이라는 것을 말했을 뿐이다. 따라서 헤겔은 대립물에 대한 오성적 이해에 반대하여 진정한 대립의 의의를 다음과 같이 서술하고 있다. "이 항들은 각각 긍정적인 것과 부정적인 것으로서 서로 타자에게 정신을 주며, 그리하여 이 항들의 존재란 오히려 자기를 비존재로서 정립하여 합 속에서 자기를 지양하는 것이다. 구별되는 두 항이 함께 존립하며 두 항은 각각 자기에 대해 존재하고 자기에 대한 대립항으로 존재한다. 즉 두 항은 각각 자기 자신의 대립물이며 자기의 타자를 자기 안에서 소유하고, 따라서 둘은 다만 하나의 합일에 지나지 않는 것이다."•13 자기를 정립하는 것은 대립항을 정립하는 것이며 하나의 항은 동시에 대립항이다. 따라서 합일은 하나의 항을 넘어서는 것이 아니라 하나의 항 그 자체에 즉해서 존재하는 것이다. "합일이란 실은 그 자신 둘로 나뉜 것의 한쪽 계기에 지나지 않는"••14 것이다.

이러한 살아 있는, 오히려 무섭기까지 한 변증법을 헤겔은 여기에

• "두 요소는 각기 양과 음이라는 형태로 정신화하지만, 여기서 이들의 존재는 오히려 서로가 자기를 말소하며 통일을 이루는 것이 된다. 구별되는 양자가 있지만 이들은 저마다 자체적으로 있으면서도 또 그 자체가 대립물로 있는 까닭에 결국 저마다가 자기 자신의 대립물이며, 따라서 또 서로가 자기의 타자를 스스로 걸머진 채 모두가 하나로 통일되는 것이다."(『정신현상학 1』, 199~200쪽)

•• "흔히 통일에 관하여 얘기할 때 거기에는 구별이 생겨나지 않는다고 하지만, 사실 그러한 통일은 분열의 한 요소에 지나지 않는 것, 즉 구별에 대립해 있는 추상적인 단일성에 지나지 않는 것이다."(『정신현상학1』, 201쪽)

서 무한성이라 부른다. 무한성은 객관적 세계 여기저기에서 찾을 수 있는 예로 그치는 것이 아니라 모든 사물에 통하는 본질이다. "이 단순한 '무한성' 혹은 '절대적'인 개념은 이를 생명의 단순한 본질, 세계의 마음, 두루 관통하는 피라고 부를 수 있는, 즉 모든 것 안에 현재하며 어떤 구별로도 막거나 저해되지 않고 오히려 그 자신이 모든 구별이자 동시에 모든 구별을 지양하기도 하는, 따라서 자기 안에서 맥 뛰면서도 동요하지 않고 자기 안에서 진동하면서도 불안하지 않으며 두루 관통하는 피라고 부를 수 있다."•15

이러한 대립물의 상호침투라는 사실을 개개의 예나 단순한 일반적인 사실이 아닌 모든 것 안에서 맥 뛰는 혼이라고 본 것은 헤겔의 위대한 천재성을 나타낸다.

이제 지금까지 본 의식은 그 모순으로 인해 필연적으로 자기의식이 된다. 그러나 대상적 의식의 마지막 단계인 오성에서 자기의식으로 전화하는 '필연적' 과정을 설명하는 헤겔은 극도로 애매하며 신비적이다. 오성이 대상으로 삼은 힘·법칙 등이 갖는 결합이 왜 자기의식 내부로 돌아감으로써 구원되어야 하는지, 왜 자기의식이 아니라 대상 그 자체에서 힘·법칙 등의 오성적 결합이 고쳐지고 변증법적인

• "이 단순한 무한성 또는 절대적 개념이야말로 생명의 단순한 본질이며 세계의 혼이며 또한 만물에 스며 있는 혈기라고 불릴 수가 있다. 이는 어떤 구별에 의해서도 혼탁해지거나 단절되는 일 없이 전체로 번져나가면서 스스로가 온갖 구별을 일구어내고 동시에 이를 극복하여 마치 정중동과 같이 움직이지 않으면서 약동하고 평온한 가운데서 꿈틀거리는 모습을 띤다. 이러한 구별은 전혀 구별이라고 할 수 없는 동어반복에 지나지 않으므로 이 무한운동은 자기동일화하는 운동에 다름 아니다."(『정신현상학1』, 200쪽)

정화가 진행될 수 없는지는 전혀 밝혀지지 않았다. 그러나 대상적 의식의 필연적 전화가 아니라 이를 자기의식(인식하는 주관) 그 자체로 검토하는 일은 본디 필요한 것이다.

4. 자기의식[16]

헤겔이 정신현상학에서 자기의식이라고 부르는 것은 대체로 인간이라고 이해해도 좋다. 곧바로 인간이라고 쓰지 않은 것은, 헤겔에게는 당연히 민족정신이나 신 등 그 밖의 다른 자기의식이 있기 때문이다. 자기의식을 인간이라고 해석하면 이 단계는 앞에서의 의식 단계가 자연을 대상으로 한 데 비해 인간 그 자체 및 인간 사회를 자기의 대상으로 하는 의식이 된다.

그런데 의식이 자기를 인식하기 위해서는 자기가 발현되어야 한다. 즉 실천해야 한다. 따라서 이 단계의 자기의식은 실천적이라고 할 수 있다. 이에 대해 앞의 '의식' 단계는 이론적이었다고 특징지을 수 있을 것이다.

자기의식은 먼저 욕망으로 자연을 대한다. 욕망으로의 자기의식은 다만 자연 대상을 폐기함으로써 자기 자신을 확신한다. 이는 욕망을 무한히 충족하고 다시 재생산하는 과정이며, 자기의식은 이 단계에서 아직 정신이라는 자각을 얻지 못한다. 정신은 자기의식이 다른 자기의식과 서로에 대하여 존재할 때 처음으로 출현한다. 자기의식은 상호 완전히 자유와 자립을 얻고 서로 승인하는 사회에서 생겨나는 것이다. 그러나 자기의식이 모두 그렇게 자유와 자립을 얻게 되는 상태는 단번에 도달할 수 있는 것이 아니다. 처음에는 자립적인 자기의식과 비자립적인 자기의식 사이에 동등하지 않은 자기의식의 대립이 있으며, 이것이 평등이라는 자기의식의 상호승인 상태로 필연적으로 전화한다. 따라서 자기의식의 주된 단계는 두 가지로 나뉜다.

1) 자기의식의 자립성과 비자립성, 주인과 노예

2) 자기의식의 자유, 스토아주의와 회의주의, 불행한 의식•

1) 주인과 노예

처음에 서로 대립하는 두 자기의식은 투쟁자로서, 타자를 부정하는 자로서 등장한다. 이때 과감히 생명을 걸고 싸워 타자를 정복한 자가 주인이 되며 죽음을 두려워하고 항복하여 예속된 자가 노예가 된다. 주인은 자립적이고 노예는 비자립적이며 주인을 위해 노역을 한다. 이 상태에서는 노예는 물론 주인 또한 자기와 동등한 자립적 자기의식이라고 승인하고 승인받는 관계에 아직 있지 않으므로 진정한 자유를 얻지 않았다.

그러나 이 주인과 노예의 관계는 그 자신의 운동을 통해 뒤집어진

• 한국어판에서는 Ⅳ 자기확신의 진리, 1 자기의식의 자립성과 비자립성; 지배와 예속, 2 자기의식의 자유; 스토아주의, 회의주의, 불행한 의식이다.

다. 주인은 노예가 되며 노예는 주인이 된다. 노예는 주인에 대해 생존 전체가 흔들리는 듯한 두려움을 느끼지만 그런 절대적인 전율로 인해 마음속의 모든 집착이 해방됨으로써 오히려 노예는 순수한 자립성을 얻는다. 이 자립성은 봉사와 복종이라는 훈련을 통해 지속성을 가지며, 나아가 노예가 주인을 위해 하는 노동은 물질을 형성하고 지배하며, 노예는 제작물에 자기를 대상화하여 자립성과 자각을 획득함으로써 주인으로 전화한다. 한편 노예가 형성한 것을 단지 향락하는 주인은 반대로 노예로 전락한다.[17]

2) 자기의식의 자유성

자유성을 얻은 자기의식은 셋으로 나뉜다. 스토아주의와 회의주의, 불행한 의식이다. 그러나 이 자기의식의 단계들은 아직 전면적인 자유를 얻은 것이 아니기 때문에 그들이 갖는 자유성에는 반드시 예속성이 달라붙어 있다. 먼저 스토아주의는 노예의 대립물로 나타난다. 노예는 완전히 생에 의존했지만 스토아주의는 생으로부터 완전히 자유로워진 자기의식이다. 그러나 이 자유는 생에 등을 돌려서 얻은 자유이다. 스토아주의의 신조는 현실에서 어떤 경지에 있더라도 사유하는 자기의식은 사유의 세계에서 자유롭다는 것이며, 자유는 현실의 생활이 아니라 주관적인 사유 속에서 추구되며 거기에서 단지 고상한 덕과 선, 참에 대해서 논하는 자유이다.

이에 대해 회의주의는 세계의 객관적 진리를 의심한다. 그런데 회의주의는 이론적으로 세계의 객관성을 파괴하면서도 실천적으로는 이를 끊임없이 허용한다는 모순을 저지른다. "이 의식은 보는 것, 듣는 것 등의 무효성을 언명하면서도 자신은 보거나 듣거나 하고 있다. 이 의식은 윤리적인 원리를 행동의 힘이라며 의지한다."•18

스토아주의는 사유 속에서는 자유로웠지만 감성은 억압되어 예속의 상태에 있었다. 이에 대해 회의주의는 감성의 확실함을 의심하면서도 실천적으로는 그 감성을 해방한다. 회의주의는 자기의 그런 모순을 자각하고 있지 않다. 이 모순을 자각한 자기의식이 바로 다음에 나오는 불행한 의식이다. 자기의 모순을 알게 된 의식은 한탄하고 번뇌해야 하므로 불행한 의식이라고 불린다.

한쪽에는 자기 불변을, 다른 한쪽에는 동요를 한 의식 속에 함께 가진 불행한 의식은 바로 앞에서 주인과 노예라는 두 자기의식에게 할당된 이중성이 하나의 의식에게 부여된 경우이다. 불행한 의식은 건너편에 있는 신을 동경하여 도달하려 한다. 그러나 다른 한편으로는 지상에서 욕구·노동·향락이라는 감성적 생활을 보내야 한다. 이편과 건너편, 성스러운 감정과 감성적인 생활, 이 사이에서 의식은 분열하며 고통받는다. 그래서 이 사이의 화해자로서 교회가 출현하게 된다. 불행한 의식은 이 교회의 규칙에 따라 단식과 억제 등의 수행생활을 보내지만 교회의 타락과 더불어 이 수행생활은 단순히 형

• "시각이나 청각은 믿을 만한 것이 못 된다고 하지만, 스스로 보거나 듣거나 하고 있다. 또한 인륜적 본성이란 허망한 것이라고 하면서도 스스로 행동에 임할 때는 이를 근간으로 삼는다."(『정신현상학1』, 243쪽)

식적인 죽은 제도가 되고 만다. 그런 수단으로 불행한 의식이 저편에 도달하려는 것은 더없이 불합리한 일이다. 그러나 자체의an sich 의식은 자각하는für sich 의식이 되어야 한다. 즉 불행한 자기는 자기의 불합리한 행위를 자각한다. 그런데 자각한다는 것은 이미 이를 벗어난 것이다.

이편의 세계와 저편의 세계의 합일은 금욕과 같은 자기부정으로 도달할 수 있는 것이 아니라, 자기의지의 부정이 동시에 다른 일반적인 의지의 긍정인 자기희생을 통해 도달할 수 있는 것이다. 이렇게 도달한 합일이 바로 이성의 단계이다.

5. 이성[19]

헤겔에게 이성이란 객관적 세계의 내적 본질이자 동시에 주관적 존재의 내적 본질, 달리 말하면 진리와 확실성의 통일이다. 따라서 이성은 의식의 단계와 자기의식의 단계의 통일이라고도 볼 수 있다.

이성은 다시 세 단계로 구별된다. 첫 번째는 관찰적 이성, 두 번째는 실천적 이성, 세 번째는 두 번째의 결과인 현실적 이성의 단계인데, 이는 의식과 자기의식, 이성이라는 주요 단계가 다시 이성 자신 안에서 반복된 것이라고도 할 수 있다.

(1) 첫 번째 관찰하는 이성은 헤겔에 따르면 자기가 경험하고자 하는 것이 실은 자기 자신이라는 것을 아직 모르는 이성이다. 이 이

성은 무기적 자연을 관찰할 때는 괜찮으나 유기적 자연을 관찰하는 데는 목적론이 필요하기 때문에 도움이 되지 않는다. 이는 유기적 자연에서 의식으로 가면 더욱 심해진다. 이 이성은 자기 원리에 따라 인간 의식의 심리적 법칙과 논리적 법칙을 만드는데, 이들은 모두 의식의 외면적인 법칙에 지나지 않는다. 관찰하는 이성은 관상학 및 골상학•에 이르러 그 모순이 극도에 달하게 된다. 관상학은 사람의 외모로 내면적인 본성을 판단하며 골상학은 단 하나의 골혹 속에서 정신의 존재 근거를 발견하는 듯한 일을 벌인다. 이는 이성을 단순히 주어진 것으로서 외적인 사물 안에서 찾던 관찰하는 이성의 자연적인 귀결이다. 관찰하는 이성은 이 극에 달하고 나서 필연적으로 전환한다. 즉 이성은 물이 아니라 과제라는 것, 주어진 것이 아니라 자기의식이 실현해야 하는 것임을 깨달아야 한다. 여기서 헤겔이 이성의 능동성을 말하는 것은 좋으나 이 과정에서 객체를 관념화하고 이성은 단순하게 주체화하고 있다.

(2) 그리하여 두 번째 실천적인 이성은 이성을 과제로 보고 이를 실현하려 한다. 이를 실현하는 장면은 이미 자기의식의 상호승인 속에서 실현된 자유의 세계이다. 이성적인 자기의식은 이 경우 세 가지 태도를 취하며 세 가지로 이 세계에 관계한다. 먼저 첫째는 환락의 태도이다. 모든 오성을 버리고 세계 안에서 최대한 환락을 추구하는

• 골상학이란 인간의 두개골 모양으로 인간의 성격과 심리적 특성 및 운명을 알 수 있다고 여긴 학문이다. 19세기 중엽까지 유럽과 미국에서 크게 유행했다.

것이다. 그러나 이는 세계의 차가운 필연성으로 인해 좌절되며 개인은 좋든 싫든 세계의 엄연한 법칙을 배우게 된다. 세계에서 거부된 개인은 반대로 다음에는 이 세계 자체를 자신의 의지로 변혁하려 한다. 이 경우 변혁의 표준이 되는 것은 자기 안에서 직접적으로 심정과 합일하여 존재하는 마음의 법칙이다. 이 법칙으로 보면 세계의 질서는 연민을 모르는 현실적인 법칙이다. 지금 이 마음의 법칙에 따라 세계가 변혁되고 마음의 법칙에서 현실의 법칙으로 전화한다면, 이 전화된 것은 이미 심정에 대해 독립적인 외적 존재의 법칙이며 마음의 법칙의 대립물이다. 즉 마음의 법칙은 자기를 실현함으로써 거꾸로 자기를 파괴한다. 요컨대 마음의 법칙은 단순한 사념이며 세상을 버티지 못하는 자만에 지나지 않는다. 이를 경험한 자기의식은 필연적으로 다음으로 전화한다.

마음의 법칙, 이 단순한 자만에 지나지 않았던 선과 온갖 자의를 포기한 것이 덕이다. 덕은 '세계의 진행'을 사악함이 가득 찬 것이라고 사유하고 선은 도저히 그런 현실의 세계에서 실현될 수 없으며, 단순히 덕 있는 사람들 안에서만 존재한다고 믿고 노고와 투쟁의 세계를 내려다보며 한결같이 덕에 대한 담론에만 빠져 있다. 그러나 그런 추상적인 의식은 현실의 힘찬 진행에 오히려 휩쓸려 공허함이 폭로된다. 세계는 덕이 생각하는 만큼 사악하지 않으며 도리어 선이 실현되기 위한 지반은 이 현실 세계 외에 어느 곳에도 존재하지 않는다. 덕은 그 자체로 그치는 일 없이 이 세계에서 실현되어야 한다. 따라서 "개인이 행위하고 힘쓰는 것이 목적 그 자체이다. 여러 힘의 사용과 힘의 발현이라는 유희가 죽어 있는 '그 자체'에 생명을 불어넣는다. '그 자체'는 실현되지 않고 실존하지 않는 추상적인 일반자가 아니라, 이 현실에 현전하는 개별성의 실현 과정이 바로 곧 '그 자체'"• 20여야 한다.

(3) 이 결과 이성의 세 번째 단계는 현실적인 개인 혹은 '자체'적이며, 또한 자각적인 실재적 개인이다. 이 단계에서 개인은 덕처럼 세계 앞에서 우두커니 서 있지 않는다. 개인은 용감하게 세계 속으로 돌진해가며 다른 고려 없이 자유롭게 행동한다. 그리고 온 곳에서 현실에 만족한다. 비탄도 회한도 분노도 없이 있는 그대로의 자기 모습으로 행동한다. 헤겔은 이 상태를 정신적 동물계라고 부른다. 그러나 이 정신적 동물계에 만족하는 개체 안에서도 더 높은 도덕의 세계로 향하는 진전이 잉태된다. 법칙을 부여하는 이성 및 법칙을 음미하는 이성이다. 법칙을 부여하는 이성은 이것은 옳다, 이것은 옳지 않다며 직접 판단을 내리는 이성이다. 그러나 이는 물론 아직 일반적인 법칙이 아니라 한정된, 게다가 무매개적인 명령이다. 이른바 '이성에 호소한다'라고 하는 것이 여기에 해당할 것이다. 그러나 그런 법칙은 때마다 무수히 작성되어 서로 모순하게 된다. 이는 법칙의 개념에 반

• "그러므로 이제는 개인이 행위하며 영위하는 것이 그대로 목적 그 자체가 된다. 힘의 사용과 이렇게 발현된 힘의 유희야말로 생명 없는 잠재적 상태에 머물러 있는 힘에 생명을 부여하는 것으로서, 이때 아직 구현되지 않은 채 잠재해 있는 추상적인 보편적 원리에 생명이 불어넣어지면서 개인이 전개하는 생생한 현실 도정이 그대로 보편정신을 체현하게 된다."(『정신현상학1』, 406쪽)

하는 것이므로 법칙은 음미를 통해 하나의 일반적인 것으로까지 고양되어야 한다. 이것이 법칙을 음미하는 이성이다. 그러나 헤겔에 따르면 법칙은 이성에 호소하여 멋대로 작성되는 것이 아니며, 또한 음미되어야 하는 것도 아니다. 윤리적 법칙은 신적인 기원을 가지며 영원한 예지에서 유래한다. 만약 그 발생과 기원을 '내'가 묻는다면 나는 이미 이를 넘어서 있는 것이다. 이 경우 '나'는 일반자이며 법칙은 제약된 것에 지나지 않는다. 따라서 법칙을 음미하는 이성은 그 자신이 하나의 모순이다. "법칙이 절대적으로 존립한다는 점으로 인해 나는 윤리적 실체 안에서 생존"•[21]할 수 있다고 헤겔은 서술한다. 이렇게 법률을 주어진 것으로 받아들이며 기원을 묻는 것이 허용되지 않는다는 점은 실로 헤겔이 법철학에서 보여주는 법칙에 대한 태도와 같다.

6. 정신[22]

정신은 그 자체로서는 자기의식이 다른 자기의식에 대해 존재하는 '자기의식' 단계에서 나타났다. 자기의식 첫 부분에서 헤겔은 다음과 같이 말한다. "이를 통해 이미 정신이라는 개념이 '우리에 대해'

• "정의가 나에게 절대적인 것으로 의식되는 가운데 비로소 나는 인륜적인 실체 속에 몸담게 되고, 이렇게 됐을 때 인륜적인 실체는 자기의식의 본질이 되어 있다."(『정신현상학1』, 449쪽)

현존하고 있다. 지금부터 의식은 정신이란 무엇인가라는 경험을 인정하기에 이를 것이다. 서로 대립하는 두 항, 즉 각자 따로 존재하는 자기의식의 완전한 자유와 자립 속에서 두 항의 통일인 정신이라는 이 절대적인 실체가, 달리 말하면 우리인 나이며 나인 우리라는 정신이 무엇인가라고 하는 경험이다."•23 즉 이미 이때부터 관찰자로서의 우리에게 존재했던 것을 의식 그 자체가 자각하는 데 이른 것이 이 단계이다.

(1) 먼저 정신은 직접적으로는 민족의 인륜적 세계로 나타난다. 즉 민족의 관습 및 법제도이다. 우리인 나, 나인 우리로서의 이 공동사회는 공통의 혈통적 법칙인 가족법과 공동생활 질서의 법칙인 국가라는 두 가지 유대를 통해 하나로 이어져 있는데, 이는 머지않아 해체되고 우리인 내가 아니라 단순한 법률상의 인격인 내가 출현하게 된다. 이 개인이 서로 원자로서 기계적으로 관계하는 법률적 세계에서 사유재산 및 하나의 원자적 인격이자 법률적 세계의 중심점인 군주가 생겨난다.

(2) 정신은 그 직접태인 이 인륜적 세계에서 매개된 자기 자신을 확신하는 도덕성의 영역에 이르는데, 여기에 이르기에 앞서 소외된

• "여기에 이미 '정신'의 개념이 떠오르고 있다. 이제부터 전개되는 의식의 경험은 세계의 절대적 실체인 정신이란 어떤 것인가를 밝혀주게 될 것이다. 그것은 독자적으로 존재하는 각기 상이한 자기의식이 완전한 자유와 자립성을 지니고 대립해 있으면서도 여기에 통일이 형성되어 있다는 데 대한 경험이며 , '나 가 '우리'이고 '우리'가 '나'라고 하는 그러한 경험이다."(『정신현상학1』, 220쪽)

정신의 단계를 통과한다. 이는 앞의 인륜적 세계와 대비되는 교양의 세계이다. 이 단계에서는 먼저 고귀한(귀족의) 의식과 비천한 의식이 등장한다. 그리고 이 각각이 자기운동을 통해 각자의 대립물로 전화하는 것은 앞에서 나온 주인과 노예의 경우와 마찬가지이다. 고귀한 의식은 국가권력에 대해서는 이를 승인하고 복종하며 봉사하고, 유복함이 주는 은혜에 대해서는 감사하는 마음을 갖는다. 그러나 비천한 의식은 국가권력을 속박이라 느끼며 이에 반역하고, 또 은혜에 대해서는 경멸하고 반발한다. 고귀한 의식의 국가권력에 대한 현실적인 복종과 자기희생은 참으로 고귀한 행위이지만, 이는 마침내 과도한 숭배가 되며 거꾸로 아첨으로까지 전화한다. 개별적인 것을 일반적인 국가권력 그 자체로 만드는 것도 이러한 추종이다. 예를 들어 "짐이 국가다"라고 한 루이 14세와 같은 전제군주의 과대한 자기의식도 실은 이 고귀한 자들(귀족)의 추종하는 언어, 떠받들어진 군주라는 호칭으로 인해 싹튼 것이다. 이에 대해 헤겔은 다음과 같이 말한다. "반대로 개별적 존재인 군주는 귀족이 항상 국가권력에 봉사하려 할 뿐만 아니라 장식으로서 왕좌 주위에서 시중을 듦으로써, 또한 귀족이 왕좌에 있는 자에게 항상 그가 어떤 사람인지를 고함으로써 이 개별적인 것(자기)을 일반적 권력으로 인식하게 된다."•24

• "반대로 한 개인으로서의 군주는 이름을 통하여 개인으로서의 자기가 보편적인 권력을 거머쥐고 있음을 자각한다. 이때 귀족들은 국가권력에 봉사할 마음을 가다듬을 뿐 아니라 마지 상식품이기라도 하늣 왕좌를 에워싸고 거기에 군림하는 군주를 향하여 끊임없이 자기가 누구라는 것을 되새겨주어야 할 짐을 지고 있음을 아는 것이다."(『정신현상학2』, 89~90쪽)

고귀한 의식은 그렇게 아첨이 되며 위선이 되고, 국가권력에 대한 봉사는 이기적인 행위로 전화하며 마침내 프랑스 혁명에서 나타난 것처럼 몰락한다. 이에 반해 비천한 의식은 반역의 목적을 달성하고 자기 자신을 지양한다.

이 고귀한 의식과 비천한 의식의 변증법은 『정신현상학』 안에서 가장 비판적인 대목 중 하나이다.

(3) 다음으로 정신은 교양의 세계에서 자기 자신으로 복귀하여 자기 확신적인 정신이 된다. 이는 칸트적인 도덕성의 세계이다. 칸트의 도덕적 세계관의 특징은 이원론과 비현실성이다. 이는 도덕법과 자연법을 나누며 의무와 감성을 나눈다. 그 결과 선은 현실의 하나하나의 행위 안에서 실현되는 것이 아니라 요청으로서 현실에서 아득한 곳으로 고양된다. 이 요청은 '전부 아니면 무'이기 때문에 행위의 과정 안에서 단계적으로 실현할 수 없을 뿐 아니라 실현되어서는 안 되는 것이다. 실현되어 끝나는 순간 이 세계에는 도덕률이 사라지기 때문이다.

따라서 정신은 그러한 비현실적인 도덕률을 버리고 자기 자신의 확신으로 돌아가려 한다. 예를 들어 칸트에서 나온 야코비는 법칙을 위한 자아가 아니라 자아를 위한 법칙을 주장하며 자아 안에 확신으로 존재하는 양심을 도덕의 근거로 삼았다. 그러나 이러한 자기의 직접적 확신으로의 복귀는 자기의 양심을 신의 목소리로 삼는 자부심이 되며, 현실과 접촉하여 순수함을 잃는 것을 두려워하는 겁쟁이가 된다. 이것이 이른바 아름다운 혼이라는 낭만파의 태도이다. 건강한 시민계급의 이데올로그로서 헤겔은 이에 대해 다음과 같은 강한 비평을 남겼다.

"이것에는 외화의 힘이 없다. 즉 자기를 물화하여 사태를 견디는 힘이 없다. 마음속의 영광이 행동과 현존재 때문에 더럽혀지지 않을까 두려워하며 살아간다. 그리고 마음의 순수함을 유지하기 위해 현실과 접촉하기를 회피한다. 궁지에 몰려 있는 추상적인 자아를 버리고 자신에게 실체성을 주거나, 혹은 그 사유를 존재로 전환하여 자기를 절대적 구별에 맡기는 일을 하지 못하는 무력함을 완강하게 고집한다."•25

그러나 이 아름다운 혼은 단순히 자기 안에 무력화되어 멈춰 있을 뿐 아니라 다시 자기가 확신하는 양심의 법칙에 따라 이미 일반적으로 승인된 것에 반대하여 그 가면을 벗기고 흠을 찾는 비평적 의식이 된다. 이 비평적 의식에는 악한 의식이 대립하며, 따라서 여기에 다시 도덕성 특유의 이원론이 나타난다. 이 도덕성의 이원론을 통일하여 화해할 수 있는 것이 바로 종교이다.

• "자기에게는 스스로를 외화하는 힘, 즉 스스로를 물화하여 그의 존재를 감내해낼 만한 힘이 결여되어 있다. 자기는 본래 자기 내면에 안겨져 있는 영광이 행위와 생활로 인해 더럽혀지지나 않을까 하는 불안 속에 살고 있다. 마음의 순수함을 보존하기 위해서라면 자기는 현실과의 접촉을 피하고 극단적인 추상으로 치닫는 자기를 떨쳐버리고 세계의 질서에 편승함으로써 사유를 존재로 전환하거나 절대적 구별을 받아들이거나 해야만 하겠지만, 여기서 자기는 이를 도저히 해낼 수 없다는 무력감에 젖어 있다."(『정신현상학2』, 222쪽)

7. 종교·절대지[26]

종교에서 의식은 드디어 절대정신에 도달했다. 이는 이제 정신현상학이 그 마지막 목적으로 삼은 절대지 단계와 동일한 내용을 갖는다. 다만 내용에 대한 파악 방법이 다르다. 종교는 정신현상학에서 자기 안에 예술을 포함하며 둘 다 절대정신을 형태로 직관한다. 그런데 절대지는 이를 사유로 파악한다. 이 형태적인 사유와 본래의 사유 간의 관계를 헤겔은 다음과 같이 서술한다. "종교의 형태는 사유에서 해방된 자유로운 자연으로서, 혹은 정신이나 현존재에서 자유로워진 사유로서의 정신의 현존이 아니다. 이는 사유 안에 포함된 현존재, 현실에 존재하는 사유이다."•[27] 즉 헤겔에 따르면 종교는 순수한 자연과 순수한 사유의 중간물·종합물이다.

그러한 종교 일반이 갖는 형태의 세 가지 형식을 통해 종교는 세 가지로 나뉜다. 첫 번째는 정신이 자기를 직접적인, 즉 자연적인 형태로 대상화하여 파악하는 자연종교이다. 두 번째는 이 자연종교를 지양한 예술종교이다. 자연종교가 정신이 자기를 자연 형태 속에서 직

• "종교를 고찰하는 이 마당에 오로지 관심의 대상이 되는 것은 바로 이 형태에 관한 것이 되는데, 왜냐하면 정신이 형태화되기 이전의 본체나 그의 순수한 본질은 이미 밝혀진 바 있기 때문이다. 그러나 의식과 자기의식의 차이는 동시에 자기의식의 내부에도 해당되므로 종교의 형태는 정신이 사고로부터 자유로운 자연이 되는 것도, 또 존재로부터 자유로운 사고가 되는 것도 허용하지 않는다. 오히려 형태로 나타나는 것은 사유 속에서 획득된 존재이고 눈앞에 존재하는 관념체이다."(『정신현상학2』, 248쪽) 일본어 번역본에는 정재定在가 정주定住로 되어 있으나 오식이다.

관한 것임에 반하여 예술종교는 정신이 자기를 자신의 형태(조각·신화)를 통해 직관한 것이다. 자연종교가 의식의 형식이라면 예술종교는 자기의식의 형식이다. 마지막 세 번째 형태는 다시 예술종교의 부정인 계시종교이며 여기에서도 부정의 부정 법칙은 저술의 뼈대가 되어 있다.

종교의 최고 형태인 계시종교는 한쪽에 현실적인 개별적 인간이라는 극과 다른 한쪽에는 절대적 구세주인 신이라는 극이 예수로 매개되어 화해한다는 이성적인 형식을 갖기는 하지만, 여기에서는 아직 종교적인 내용이 의식에게 외부에서 주어져 계시되며 그 내용은 아직 대상성을 벗어나지 못한다. 그러나 의식이 진행하는 운동의 최종 목표는 대상과 의식의 절대적 합일, 진리와 확실성의 절대적 합일이다. 따라서 이 종교라는 단계는 다시 초탈되어야 한다. 그리고 자기의 대상성을 벗어나야 한다.

확실성의 원천은 자기의식인데 이 자기의식의 가장 높은 활동 형식은 형태적인 사유가 아니라 개념적인 사유이다. 그러나 이 자기의식의 본성인 개념적 사유가 바로 실체 그 자체의 본성이다. 즉 개념적 사유에 의해 대상과 의식, 진리와 확실성의 마지막 절대적 동일이 달성된다. 그리고 이 입장에서 지금까지의 과정을 되돌아보면 정신은 자기 자신과 독립적인 대상을 두고 운동해왔던 것이 아니라 사실 자기 자신의 모습을 보고 있었음을 알 수 있다. 단지 신이 자기 자신과 행한 사랑의 유희에 지나지 않았던 것이다. 이것이 헤겔이 도달한 마지막 결론이다.[28] 『정신현상학』에서 나오는 헤겔의 '대상'과 '의식'

이라는 말을 객체와 주체, 노에마Noema와 노에시스Noesis•라는 말로 바꾸어보면, 내부에 훨씬 더 풍부한 내용을 포함하면서도 근본 구조는 니시다西田幾多郎 철학••과 닮았다는 것을 알 수 있을 것이다.

• 노에시스는 원래 그리스어의 '본다noeo'에서 유래한 말로 플라톤에게는 초감각적인 진리에 대한 인식을 의미했으나 독일의 현상학자인 후설Edmund Husserl(1859~1938)은 노에시스를 정신적인 지각 작용인 '생각하는 작용'으로 사용하고, 대상으로서 정신적으로 지각된 것, 즉 '생각된 것'을 노에마로 사용했다.

•• 니시다 기타로(1870~1945). 20세기 초 일본에서 활약한 철학자이자 교토 학파의 창시자로 동양철학, 특히 선善 사상과 서양철학을 모순 등의 관점에서 근본적으로 융합하기 위해 힘썼다.

3장

논리학

▲

1. 논리학[1]의 사회적 배경

『대논리학』은 존재론과 본질론을 포함한 1부가 1812년에, 개념론을 포함하는 2부는 1816년 바이에른 시대에 쓰였다. 또한 『소논리학』은 『엔치클로페디』의 1부로 1817년 하이델베르크 시대에 나왔다. 그런데 『소논리학』은 바이에른 시절에 김나지움에서 한 강의와 『대논리학』을 요약한 것으로 보기 때문에 헤겔의 논리학 사상은 직접적으로 『정신현상학』(1807년)을 쓴 뒤 이주한 바이에른에서 숙성된 것이라고 할 수 있다. 우리는 먼저 '초기 종교 연구' 장에서 젊은 헤겔의 마음에 반영되었던 혁명기의 사회 정세를 간단히 살펴보았는데, 지금 이 헤겔 철학의 핵심인 논리학에 대해 다루기 전에 마찬가지로 이를 성숙시키고, 또한 이 학 안에 반영된 당시 바이에른을 중심으로 한 사회 정세를 간단히 말해두려 한다.

예나를 나온 헤겔은 먼저 바이에른에 있는 바이베르크로 옮겨 여기에서 1년 반 정도 신문 편집을 하면서 매일같이 당시 생생한 유럽의 정치적 사건들을 접했다. 그 후 뉘른베르크 김나지움 교장으로 전임(1808년)했는데, 이 시대의 바이에른을 포함한 유럽을 한마디로 말하면 여전히 프랑스 혁명의 연장선에 있었다고 할 수 있을 것이다.

나폴레옹이 온 곳에서 봉건적 잔재를 무너뜨리고 구지배체제를 뒤엎은 뒤 한쪽에서는 부르주아적 민주정치를 강제하고, 한쪽에서는 지식계급과 대중 사이에서 혁명적 사상이 만연한 시대였다. 이 시대가 그러한 혁명의 시대였다는 것은 헤겔이 갖는 기본적인 제약이다. 헤겔이 『정신현상학』과 『논리학』 속에서 되풀이하여 새로운 시대가 탄생하고 있다는 것, 이를 위해서 지금 시대가 진통을 겪고 있다고 서술하는 것은 바로 이를 두고 한 말이다. 나폴레옹의 몰락과 더불어 시대는 이윽고 반동기로 들어가며 이 새로운 시대의 서광은 지워져 버릴 운명에 있었던 것은 사실이다. 그리고 『논리학』 2부와 『엔치클로페디』가 출간된 시대는 이미 그 반동기였던 것도 사실이다. 그러나 논리학의 사상이 준비되고 형성된 것은 어디까지나 이전 프랑스 혁명기에서 나폴레옹 전쟁에 이르는 시대까지였다. 이를 확정해두는 것은 논리학의 기둥인 변증법을 그 진수로, 즉 비판적이고 부정적인 본성으로 파악하는 데 극히 중요하다.

당시 바이에른은 계몽적이며 진보적인 정책을 채용하기 시작했지만, 유럽의 그런 일반적인 조류와 나폴레옹 세력, 기타 내외부의 정치·경제적 사정에 압박되어 그 정책은 대부분 외면적인 수준이었으며 문화와 교육 방면이 중심이었다. 예를 들어 몬트겔라스Maximilian von Montgelas• 내각은 농노해방을 시도하고 형식적이지만 어쨌든 인격의 자유와 신앙의 자유를 선언했으며, 문화 방면에서는 바이에른을 독일 최고의 문화국가로 만든다는 표어 아래 새로 만든 뷔르츠부르크 대학에 니트함머Friedrich Immanuel Niethammer••, 셸링, 파울루스Heinrich Paulus•••등 신교의 진보적인 교수들을 초빙했고 구교 쪽 반대를 무릅쓰고 니트함머의 새로운 비종교적 교육 정책을 채용해야 했던 상태였다.

그런 까닭에 헤겔은 예나에 있으면서 계속 문화국가인 바이에른으로 옮기고 싶어 했다. 그러나 바이에른에 실제 와본 헤겔은 대학 강의가 아니라 신문 편집이라는 현실적인 활동을 해보고 나서 현실의 자유가 조금도 없다는 사실을 신물이 날 정도로 알게 되었다. 그는 명목뿐인 계몽적 전제정치를 증오했다. 그는 이 "정당성과 책임과 민주성"을 갖지 않는 봉건적 정치가 나폴레옹에 의해서라도 철폐되기

• 막시밀리안 폰 몬트겔라스(1759~1836). 바이에른 왕국 초기에 활약한 관료이자 귀족. 1799년 바이에른 총리로 취임하여 종교 등의 개혁을 주도하고 바이에른 왕국의 헌법을 제정했다.

•• 프리드리히 이마누엘 니트함머(1766~1848). 독일의 철학자이자 헤겔의 학창 시절 친구이다. 칸트와 피히테의 영향을 받아 피히테와 함께 『철학잡지Das Philosophische Journal』를 발행했다.

••• 하인리히 파울루스(1761~1851). 프로테스탄트 신학자. 예나·뷔르츠부르크·하이델베르크 대학 등에서 교회사를 강의했다. 철저한 합리주의자로 성서 해석에서도 기적을 자연현상으로 설명했다.

를 바랐다.[2] 헤겔은 바이에른의 형식적인 자유에 만족하지 못했을뿐더러 그 이상을 요구하고 있었다. 당시 바이에른 정부에 세력이 있었던 니트함머가 헤겔에게 밤베르크 신학원에서 신학을 가르치고 논리학 교과서 쓰기를 동시에 권해온 데 대하여 다음처럼 답변한 편지가 있다.

"신학을 가르치면서 논리학을 쓴다는 것은 아시다시피 굴뚝 청소부하고 미장이를 같이 하는 것이며, 비엔나 술과 부르고뉴를 함께 마시는 것과 같습니다. —저는 오랫동안 자유라는 바위 위에서 독수리와 살고 산령의 맑고 깨끗한 공기를 마시는 데 익숙해왔습니다. 그런데 지금 죽어 있는 (근대의) 사상과 죽어서 태어난 사상의 시체를 먹으며 살고, 허무한 수다로 가득한 납빛 공기 속에서 무의미한 생활을 보내고 있습니다. (…) 교회와 접하는 것을 생각하기만 해도 제 모든 신경이 떨립니다. 마치 교회가 충전된 갈바니 전지•라도 되는 것처럼. 주여! 이 술잔을 제거해주소서!"[3] 헤겔이 당시 얼마나 자유를 희구했는지, 구교로 대표되는 종교를 얼마나 혐오했는지 이 편지로 잘 알 수 있다. 이 바이에른 시대의 성과인 『대논리학』이 다른 모든 헤겔의 저서에 비해 우리가 신에 대한 설교로 고통 받는 일이 가장 적은 까닭도 이로써 설명된다.

그러나 헤겔은 이 바이에른에서, 또는 이 시대에 자유가 현실로 실

• 생물전기를 발견한 이탈리아의 해부학자 루이지 알로이시오 갈바니Luigi Aloisio Galvani(1737~1798)의 이름을 딴 전지로 세계 최초의 전지이다. 볼타 전지라고도 한다.

현될 수 없다는 것을 충분히 알고 있었다. 그래서 한쪽으로는 자유를 열렬히 요구하면서 다른 한쪽으로는 그 실현 불가능을 안다는 모순된 상태에 있었다. 따라서 신문 편집이라는 현실적인 일을 계속하는 데 견디지 못한 헤겔은 마침내 니트함머에게 신문의 비자유와 '고역'을 호소하며 '대도시같이 자유를 갖는 대학의 강단'에 자리를 부탁했는데[4] 그로서는 당연했을 것이다. 헤겔은 바람이 이루어져 강단에서 자유를 획득할 수 있었다. 독일에서는 다만 높고 먼 관념의 세계, 대학의 강단에서만 자유가 실현되었던 것이다. 그리하여 헤겔의 논리학은 필연적으로 관념론이 될 수밖에 없었다.

2. 인식론과 결합된 논리학

헤겔 논리학이 헤겔 이전의 모든 논리학과 헤겔 이후 거의 모든 논리학과 근본적으로 다르며 탁월한 이유는, 말하자면 헤겔 논리학이 인식론과 결합한 논리학이라는 점에 귀착될 수 있다. 헤겔은 논리학이 인식론 및 인식사와 결합해야 한다는 것을 가르친 최초의 철학자이다. 헤겔 논리학이 단순히 주관적인 사유형식의 학이 아니라 객관적인 사물 그 자체의 운동법칙의 학이라는 것은 보통 헤겔 논리학의 최대 특징으로 가장 먼저 거론되는 점이다. 또한 헤겔 논리학에서는 고정적이며 절대적인 범주와 사유법칙이 조직되지 않은 채 나열되는 것이 아니라 그들이 상호유동적이며 하나에서 다른 것으로 발전하고, 전체는 유기적인 통일이라는 것도 그 특색이다. 그러나 이런 특색 또한 헤겔 논리학이 인식론(정신현상학)을 필연적으로 전제하며 동시에 논리학 안에도 인식론과 인식사가 침투해 있다는 근본적인 사태에서 파생한 것이다.

논리학은 일반적으로 개념·사유법칙·범주의 학이라고 부를 수 있다. 그러나 이들 개념·사유법칙·범주는 영원한 논리적 형식으로 우리에게 주어져 있는 것일까. 그렇지 않다. 이들 논리적 범주는 인류가 수천 년에 이르는 인식사 속에서 단계적으로 획득한, 자연 그 자체가 갖는 비교적 항구적인 관계를 근사적으로 반영한 것이다. 즉 인류의 인식사 안에서 순차적으로 발생하고 인식 활동을 통해 더 높은 차원으로 발전시켜온 것이다.

원시인은 실제 생활 속에서 필요에 따라 여러 직관을 통일하여 주위 사물에 이름을 붙인다. 또한 우리 일상생활에도 온갖 규정적인 개념이 존재한다. 이것이 논리학에서 말하는 개념이 시작되는 지점이다. 경험이 확대·반복되면서 이 개념은 가장 일반적인 논리학적 개념으로까지 발전한다. 인류는 수백만 번 경험을 되풀이하면서 객관적 세계 안에 있는 보편적인 관계를 인지한다. 단순히 인지할 뿐만 아니라 언제든 임의로 이를 되풀이해 실험해볼 수 있다는 것을 알게 된다. 그 결과 여기에 실체·인과율·교호작용 등과 같은 범주가 생겨난다. 이들은 객관적인 사물 그 자체의 관계를 그에 가깝게 나타낸 것이기 때문에 다시 인류의 새로운 경험을 위한 도구가 되어 이를 진전시킨다. 따라서 이 범주들은 결코 고정된 것이 아니라 변화하고 발전하는 것이다. 헤겔은 "교양 일반, 특히 학문의 진보는 설령 경험적이며 감각적인 학문이라 하더라도 일반적으로 가장 보통의 범주, '예를 들어 전체와 부분, 사물과 그 특성 등'을 사용하면서 점차 차원이 높은 사유 관계를 요구하며 혹은 적어도 이들 범주를 다시 더 큰 보편성으로 이끌어 올려, 따라서 한층 더 상세한 고려를 하기에 이른다"•5라고 말하고 있다. 그러므로 범주 및 범주 간의 관계에 대한 학문인 논리학이 범주를 완성된 것이 아니라 그러한 경험적 발생과 역사적 발전 안에 있는 것으로 고찰해야 함은 당연할 것이다. 그런데 범주와 감성적 직관의 관계, 달리 말하면 범주의 경험적 발생과 범주의 역사적 발전을 연구 대상으로 삼는 것은 동시에 인식사와 인식론 바로 그 자체이기도 하다. 따라서 논리학은 원래 인식론과 인식사 외의 다른 것을 대상으로 삼지 않는다. 헤겔 논리학의 위대함은 그 관념론적인 전제가 허용하는 한, 아니 종종 이 전제조차 일탈하여 논리학과 인식론의 동일성을 제시한 데 있다.

이에 반해 형식논리학은 논리적 범주를 그 역사에서 떼어내어 이를 영원히 움직이지 않는 형식으로 생각했기 때문에 한편으로는 단

• 한국어판 『대논리학』은 1978년과 1981년에 보쿰Bochum 대학의 헤겔 아카이브Hegel-Archive에서 편찬한 헤겔 전집에 수록되어 있는 1812년 초판을 번역한 것이며, 일본어판은 1813년에 뉘른베르크에서 재출간된 『대논리학』을 번역한 것이다. 이 문장은 2판 서문에 있는 문장이나 한국어판 『대논리학1』에는 여기에 해당하는 문장을 찾을 수 없어 『논리학』에서 이에 해당하는 문장을 달았다. "경험론도 물질·역은 물론 하나·다·보편 내지 무한 기타 등등의 형이상학적 범주를 사용하며, 한 걸음 더 나아가서 차등의 범주에 의하여 추리하며, 또 이 추리에 있어서 추리의 제형식까지도 전제하고 적용한다."(『논리학』, 180쪽)

순히 추상적인 사유형식이 되었고, 다른 한편으로는 논리학 교과서에서 볼 수 있듯 각 범주들이 이리저리 나열되는 결과를 낳았다.

헤겔에게 논리학은 단순한 주관적인 사유형식의 학이 아니라 모든 객관적 세계 그 자체의, 즉 자연과 역사, 정신의 일반적 법칙에 관한 학이자 세계관이다. 헤겔은 이를 제시하기 위해『논리학』1부를 이루는 객관적 논리학은 "세계를 학적으로 건설하는—이는 오직 사상을 통해서만 구축할 수 있는데—이전의 형이상학을 대신하는 것이다"•[6]라고도 서술한다. 논리학이 단순한 논리의 학이 아니라 존재 일반의 학이라는 것은 어디까지나 헤겔 논리학의 본질적인 특성이다.

그런데 우리는 그러한 헤겔 논리학의 특성은 이 논리학이 인식론과 필연적인 연관을 가지며 이와 불가분하다는 데서 도출된다고 했다. 그러나 어째서 그런 것일까. 논리학이 인식론과 동일시된다는 것은 존재론으로의 논리학을 기초 짓기는커녕 도리어 이를 주관화하는 것은 아닐까. 그러나 사실은 반대이다. 이를 이해하기 위해서 우리는 먼저 헤겔의 인식론(정신현상학)이 칸트의 인식론과 달리 인식사그 자체인 인식론이라는 점을 기억해내야 한다. 칸트의 인식론처럼 사유를 감성과 절대적으로 나누는 인식론이라면, 그런 인식론은 다만 형식논리학을 보증하고 강화할 뿐이며 논리학을 결국 주관화할 것이다. 그러나 헤겔 논리학이 필연적으로 전제로 삼는 정신현상학은 우리가 이미 살펴본 바와 같이 단순한 사유가 아니라 존재 그 자

• 한국어판『대논리학』에서는 이에 해당하는 문장을 찾을 수 없다.

체를 자기 안에서 지양한 객관적 사유를 제공하는 것이다. 따라서 헤겔은 "순수한 학은 사유가 사태 그 자체인 한에서 이 사유를 포함하며 혹은 사태 그 자체가 순수사유의 내용과 같다는 한에서 이 사태를 포함한다"•7라고 말할 수 있는 것이다. 두 번째 '한에서'는 그의 관념론이 나타난다고 하더라도, 첫 번째 '한에서'는 헤겔의 사유형식이 단순히 주관적인 사유의 형식이 아니라 객관적인 사물 그 자체의 연관이라는 것이 나타나 있다.

더욱이 헤겔은 정신현상학이라는 인식론을 논리학의 전제로 삼을 뿐 아니라, 전면적으로는 아닐지라도 논리학 안에도 인식론과 인식사를 침투시켰다. 예를 들어 존재에서 본질로의 이행, 본질 중 인과율에서 교호작용으로의, 또한 교호작용에서 개념으로의 이행은 바로 깊어지는 인식 과정을 제시한 것이다. 헤겔은 논리학의 범주들이 인류의 인식사에 있었던 필연적인 단계들을 나타내고 있음을, 논리적인 것과 역사적인 것의 동일성을 마음속으로 확신했다. 이것으로도 우리는 인식론을 침투시킨 까닭에 헤겔 논리학이 객관성을 얻게 되었음을 알게 된다. 헤겔 논리학의 객관적인 성질은 단지 인식론과의 결합을 통해서만 얻어진 것이다.

또한 헤겔 논리학에는 각 사유의 형식이 그 자체로 독립해 있지

• "순수학문은 오직 사상이 또한 못지않게 사상 그 자체인 한에 있어서만 다름 아닌 사상을 포함할뿐더러, 이와 반대로 사상은 또한 못지않게 순수사상인 한에 있어서만 바로 그 사상 그 자체를 내포하는 것이 된다."(『대논리학 I』, 임석진 옮김, 도서출판벽호, 1997, 36쪽)

않고 하나에서 다른 하나로 발전하는 것으로서 필연적인 연관을 갖는다는 특징이 있다. 이는 헤겔의 모든 곳에서 볼 수 있으며, 자연철학·미학·종교철학·법철학·역사철학 등 모든 곳에서 부분이 상호 필연적으로 연결되어 전체가 하나의 유기적 통일을 이루고 있다. 원래 전체가 필연적인 통일을 이룬다는 게 헤겔에게는 학 그 자체의 자격이다. 그리고 그에게 하나의 학이 갖는 필연적 연관은 신비스러운 껍질에 덮여 있긴 하지만 항상 그 학의 내용 그 자체가 이루는 역사적인 발전이 '순수화'된 것이다. 이를 통해서 이 연관은 단순히 주관적이며 외면적인 연관이 아니라 유일하고 필연적인, 즉 사물 그 자체의 연관이 된다.

이는 아리스토텔레스 및 칸트의 범주표와 헤겔의 범주 배열을 비교해보면 잘 알 수 있다. 아리스토텔레스는 10개의 범주를 나열했지만 순서는 완전히 자의적이었다. 이에 대해 칸트는 더 조직적인 범주표를 만들었다. 이는 헤겔 논리학과 깊은 관련이 있으며 표로 보면 다음과 같다.

(1) 양　　단일성
　　　　　다수성
　　　　　총체성

(2) 성질　실재성
　　　　　부정성

제한성

(3) 관계 실체성

인과성

상호작용

(4) 양식 가능성

현실성

필연성

칸트는 이를 통해 아리스토텔레스가 나열한 범주를 필연적인 것으로 조직했다고 생각했다. 그러나 이는 "보통 논리학에 이미 경험적으로 주어져 있는 판단 분류"•8로 만들어졌으며 추호도 필연성을 갖지 않는다. 이것만이 범주의 전부인지 의문이며, 더욱이 칸트는 범주 상호 간의 관계를 명백하게 밝히지 않았고 각각 절대적으로 자립적인 것으로 존재하여 상호이행하지 않는다.

그런데 헤겔에게 범주는 유동적으로 상호이행하며, 전체가 하나의 발전적인 체계 안에서 조직되어 있다. 양은 질로 이행하며 질은 양으로 이행한다. 실재성(존재)은 부정성(무)으로 이행하며 거꾸로 부정성

• "다행히 보통 논리학 중에는 여러 가지 판단의 종류가 경험적으로 열거되어 있다."(『논리학』, 189쪽)

은 실재성으로 이행한다. 질이라는 범주와 양이라는 범주를 포함한 존재는 칸트의 세 가지 관계 범주를 포함하는 본질로 이행하며, 본질은 존재로 이행한다. 이들은 전면적으로 유동적이다. 그리고 그런 유동성 안에서 단순한 직접적인 것이 필연적으로 구별되며, 그 구별 안에서 자기 자신의 단순성을 회복하여 더 풍부한 자기가 된다는 부정의 부정 법칙으로 일관하여 필연적으로 구성되어 있다. 범주의 고정화에 대비되는 이러한 유동성과 발전성은 무엇을 통해 얻어진 것일까. 이는 앞의 경우와 마찬가지로 그 껍질은 신비화되어 있으나 근본에 있어서 범주는 인류의 인식사 안에서 생겨났다는 것, 논리적인 것은 원래 역사적인 것을 '순수화'한 성과라는 것, 요컨대 논리학은 인식론 바깥에 존재하지 않는다는 것을 헤겔이 전제함으로써 얻어진 것이다.

요컨대 헤겔 논리학은 인식론과의 결합을 본질적인 특징으로 삼고 있다. 논리학은 정신현상학이라는 인식론을 필연적인 전제로 삼을 뿐 아니라 그 안에도 인식론이 스며들어 있다. 헤겔 논리학의 기본 구성은 인식이 심화하는 단계를 나타내고, 논리학에서 가장 높은 개념인 이념은 실로 실천을 포함하는 인식 활동 그 자체이며 인식 과정으로서 논리학의 모든 범주를 계기로 삼아 자기 안에 담는다. 이 점에서도 헤겔의 논리학은 하나의 인식론인 것이다.

헤겔은 그렇게 모든 철학에서 지금까지 이루어지지 않았던 논리학과 인식론의 통일을 행했다. 이는 헤겔 논리학의 특출하게 빛나는 공적이다. 그러나 그의 이 통일도 진정으로 전면적이며 내면적인 침투로서의 통일은 아니었으며, 헤겔의 절대적 관념론이라는 입장에서는 논리학도 인식론과의 진정한 동일성에 결국 도달하지 못하고 동어반복이기조차 했다는 점을 잊어서는 안 된다.

먼저 인식론으로서의 정신현상학과 논리학의 관계를 보면 논리학은 정신현상학을 필연적인 전제로 삼는 것이었다. 그렇게 하나가 다른 하나를 필연적인 전제로 삼는 것은 둘이 갖는 필연적인 관계이기도 하다. 그러나 다시 생각해보면 정신현상학의 의식이 발전을 끝낸 곳에서 논리학의 사유가 발전을 시작한다는 것은 인식론과 논리학을 결합하는 게 아니라 오히려 구별하며, 둘에게 별도의 영역을 준 것 혹은 기껏해야 둘을 외면적으로 관련지은 것에 불과하다. 둘은 서로 작용하거나 침투하는 것이 아니라 배척한다. 이 결과 논리학은 (정신현상학에서 이루어진) 인식의 계통적 및 개체적 발생사에서 분리되어 '순수지의 학'으로 불린다. 이는 명백히 형식논리학으로 전락하는 한 걸음이다. 인식론은 감각에서 발생하는 사유 및 사유의 역사적인 발전에 대한 학이므로 논리학은 인식론 중 특히 역사적 발전과 궤를 함께해야 한다.

다음으로 논리학 자체 내의 구조가 갖는 역사성을 보면 많은 곳에서 인식론과 인식사의 침투를 볼 수 있긴 하다. 앞서 말했듯 존재에서 본질로의 이행, 범주가 발전하는 순서, 특히 개념론 중 이념(개념과 실재의 통일인 이념이란 바로 인식이다) 장 등이 그렇다. 그러나 그러한 역사적 성격은 논리학의 전체적인 구성을 이루는 것이 아니며 더욱이 구석까지 침투해 있는 것은 아니다. 예를 들어 본질론에서 개념론으로의 이행 혹은 존재론 중 순수존재에서 현존재로의 이행, 개념론 중 주관적 개념에서 객관성으로의 이행 같은 것은 도리어 선험적인 체계의 요구에 따라 마련된 것이다. 일반적으로 그런 곳에서 헤겔 자신이 하는 설명은 극히 애매하다.

마지막으로 헤겔 논리학이 전체적인 체계 안에서 차지하는 위치는 자연철학, 역사철학, 의식의 철학인 정신현상학 등의 성과를 총결산하거나 요약하는 게 아니라 반대로 그 이전에 존재하는 원형에 해당한다. 따라서 인류의 인식사도 인류의 일반사 및 자연의 발전과 더불어 논리학에서 주어지는 경로를 짚어갈 뿐이다. 그런 뜻의 인식사와 논리학의 결합은 설령 이루어진다고 하더라도 논리학을 풍부하게 하는 것이 아니라 고작해야 (초역사적이기 때문에) 영원히 움직이지 않는 논리적 범주 및 그 계열을 실증하는 수준에 지나지 않을 것이다. 헤겔은 논리학의 내용을 "자연 및 유한 정신이 창조되기 이전에 영원한 본질 안에 있던 신의 서술"•9이라 부르고 있다. 자연은 잠시 두더라도 그런 논리학이 유한 정신(인류)의 창조, 따라서 인류의 인식사에 앞선다고 하는 것은, 앞서 논리학이 정신의 현상학이 끝난 곳에서 시작한다고 했던 것과 마찬가지로 논리학과 인식론을 외면적으로 병렬시키는 것이라고 생각된다. 앞의 경우는 논리학을 인식론 이

• "그리하여 마침내 우리는 이 논리학의 내용이 곧 자연과 유한적인 정신의 창조에 앞서서 이미 그의 영원한 본질 속에 깃들인 신의 서술이라고 말할 수가 있는 것이다."(『대논리학 I』, 37쪽)

후에, 이 경우는 논리학을 인식론 이전에 두었다는 차이는 있으나 이는 단순히 그런 앞뒤 차이로 머무르지 않는다. 헤겔이 논리학을 인식사적인 인식론 뒤에 두었다는 것은 논리학을 인식사의 필연적인 귀결로, 인식사를 논리학의 필연적인 전제로 보았다는 것이며 중요한 의미가 있는 일이었다. 그러나 논리학을 인식사 앞에 두고 이를 인식사 및 인류의 일반적 역사에 대한 원형이라고 한다면 논리학은 인식사에서 완전히 분리된다. 논리학은 그 자체로 자신의 필연성에 따라 자존하게 되는 것이다. 헤겔에게서 이 자연 및 유한한 정신 이전의 논리는 신이자 절대자라고 선언된다. 이것이 바로 헤겔의 관념론이다.

여기에서도 볼 수 있듯 원래 헤겔에게 자연이자 유한한 정신인 존재는 독립적이라는 의미를 갖지 않는다. 존재는 본래 사유이다. 따라서 인식이란 사유와 사유로부터 독립적인 존재를 합치하는 것이 아니라 사유 내부의 사항이다. 인식이란 신이 자기 자신과 행하는 사랑의 유희이다. 이러한 뜻에서도 헤겔에게 인식론은 논리학에서 독립해 있지 않다. 따라서 그의 관념론적 전제를 엄밀히 따르면 인식론과 논리학의 동일이라는 것도 동어반복이며 난센스이다. 따라서 우리가 인식론과 결합한 헤겔 논리학이라고 칭하는 것도 실은 그 자신의 근본적인 전제를 일탈하여 인식론에 독립적인 의의를 인정했을 경우의 헤겔을 두고 말하는 것이다. 그의 일탈이란 유물론으로의 일탈이다.[10]

3. 형식논리학과 변증법

앞 절에서 헤겔의 논리학과 형식논리학의 차이는 인식론과 필연적으로 결합하는지에 따라 정해진다고 서술했는데, 이는 헤겔 논리학의 본질을 드러내는 차이이기 때문에 다른 면에서 조금 들어가 설명하고자 한다.

두 논리학이 갖는 방법은 전자는 변증법이며 후자는 이른바 형식논리(혹은 오성적 논리)이다. 이 두 방법—방법은 내용의 혼이다—의 차이는 어디에 있을까.

보통 이 둘은 적용 범위로 차별된다. 각각은 부분적인 논리와 전체적인 논리 혹은 정지된 경우의 논리와 운동하는 경우의 논리 혹은 평면적·공간적 논리와 입체적·시간적 논리 등이다. 이 모든 경우에서 형식논리는 변증법보다 적용 범위가 작다. 그러나 그렇게 더 작은 범위에서도 정말로 형식논리는 타당성을 갖는 것일까. 그렇지 않다. 사실은 거의 적용 범위를 갖지 않는다. 원래 그런 적용 범위에 따라 구분하는 방법은 자가당착이다. 전체는 하나의 부분이며 부분 또한 하나의 전체이다. 어느 하나를 두고 생각해보면 알 수 있다. 모든 것은 전체이며, 또한 동시에 모든 것은 부분이다. 형식논리학이 부분에 적용될 수 있는 것이라면 형식논리학은 모든 것의 논리가 될 것이다. 정지와 운동, 공간과 시간으로 나뉠 때도 이와 마찬가지이다. 정지는 단순히 상대적인 정지일 뿐이다. 예를 들어 물리 현상에서 정지라고 볼 수 있는 것도 바깥 기준에서 보면 운동이며, 또한 그 내부에서는 분자와 원자가 운동하고 있다. 운동은 절대적이다. 이에 따라 다시 단순히 공간적이기만 한 것도 있을 수 없다. 존재하는 모든 것은 시간적인 것이다.

다만 여기서 정지라고 부를 때 주의해야 할 점은 물론 세계에는 절대적으로 정지하는 것은 있을 수 없으며 모든 것은 운동하고 있지만, 이를 우리가 파악할 때에는 고정하고 정지해야 한다는 것이다. 이는 형식논리학과 변증법 모두가 행하는 일이다. 형식논리학은 대상을 절대적으로 고정하며, 변증법은 이를 상대적이며 일시적으로 고정한다는 차이는 있지만 대상을 고정한다는 점에서는 마찬가지이다. 그러나 사유가 아니라 세계 그 자체 안에는 얼마든지 절대적으로 정지하는 영역·순간·사물은 있을 수 없다.

따라서 형식논리학과 변증법을 적용 범위로 나누는 것은 부적절하다. 형식논리는 원래 어떤 범위에서도 타당성을 갖지 않는다. 그렇다면 둘은 어떤 점에서 구별되는가.

헤겔은 구체적인 논리인 변증법은 세 가지 계기를 갖는데 그중 하나를 절대화한 것이 형식논리라고 말한다. 구체적 논리의 세 가지 계기란 다음과 같다.[11]

(1) 추상적 혹은 오성적 계기
(2) 변증법적 혹은 부정-이성적 계기
(3) 사변적 혹은 긍정-이성적 계기

이중 첫 번째는 대상을 다른 것으로부터 고립시키고 자기동일을 통해서 보려고 하는 논리의 한 측면이다. 그렇게 대상의 활동을 일시적으로 정지시킨다는 것은 앞에서 말한 대로 논리에 필연적인 일이다. 이에 대해 두 번째 부정-이성적 계기는 좁은 의미의 변증법이며 첫 번째의 고정을 필연적인 모순에 빠뜨려 고정을 폐기한다. 이는 바로 소크라테스가 행한 변증법이며, 단순히 이것만으로는 모든 것이 다만 부정될 뿐이므로 회의론에 빠지며 어떤 긍정적 성과를 얻을 수 없다. 따라서 이는 다시 한 번 부정되어 첫째의 오성적 계기와 같은 자립적이며 긍정적인 것으로 돌아가야 한다. 이것이 세 번째 사변적 계기이다. 그리고 이들 세 계기를 통일한 것이 넓은 의미의 변증법이자 우리가 말하는 변증법이다. 이것이 바로 유일하게 구체적인 논리이며 이것만이 모든 객관적 사물의 본질, 그 혼을 움켜쥘 수 있다.

이에 대해 형식논리학은 변증법의 한 계기, 오성적인 쪽만을 꺼내서 이를 절대화한다. 형식논리는 사실을 고정할 줄만 알고 유동화할 줄 모른다. 어떤 것은 절대적으로 자기동일하며 다른 것과는 어디까지나 차별된다. 이는 사물을 죽어 있는 것으로 이해하는 것이다.

이상이 헤겔의 변증법적 논리와 형식논리가 갖는 차이인데, 헤겔은 또한 이에 대해 다음과 같이 말하고 있다. "단순한 이성의 논리학은 사변적 논리학에 포함되며 더욱이 사변적 논리학으로 바로 만들 수 있다. 즉 사변적 논리학에서 변증법적인 것과 이성적인 것을 제거하기만 하면 된다. 그렇게 하면 사변적 논리학은 보통 있는 논리학, 즉 유한성을 가지면서 무한하다고 불리는, 잡스럽게 쓸어 모아진 사유

규정의 기록이 된다."•12

지금까지의 경우에서는 구별을 정립하는 오성적인 것이 세 가지 계기 중에서 첫 번째 계기로 되어 있는데, 다른 순서에서는 또한 두 번째 계기, 즉 부정적인 것으로도 나타날 수 있다. 예를 들어 헤겔은 『대논리학』 속에서 "정신은 오성적 이성과 이성적 오성 둘보다 상위에 위치하며, 부정적 존재이자 변증법적 이성과 오성의 본성을 구성한다. 정신은 단순한 존재를 부정함으로써 오성의 규정적 구별을 정립하며 또한 이 구별을 해소한다. 그리하여 정신은 변증법적이다. 그러나 정신은 그러한 무라는 결과 속에 정체되지 않으며 동시에 긍정적이며, 따라서 처음의 단순한 존재를 회복하여 돌아온다"••13라고 말한다. 이는 변증법의 한 가지 법칙인 부정의 부정 법칙이다. 이 경우에는 처음과 마지막에 단순한 것이 있으며, 오성적인 것은 이 가운데 있고 처음의 단순한 것을 구별하는 것이 되어 있다. 지금 이 오성적

• "단순한 오성논리학은 사변적 논리학 중에 포섭되고 또 이 속에서 성립할 수 있는 것이다. 그러자면 사변적 논리학에서 변증법적인 것과 이성적인 것을 제거하기만 하면 된다. 이리하여 사변적 논리학은 보통 논리학, 즉 유한적이면서 무슨 무한적인 것같이 보이는 다방면으로 얽힌 사상 규정의 서술이 되어버린다."(『논리학』, 256쪽)

•• "그러나 진실한 의미에서 볼 때 이성이란 곧 정신이며 또한 이 정신은 오성적인 이성이나 이성적인 오성이라는 그 어느 경우보다도 더 고차적인 것이다. 정신은 오직 부정적인 것이려니와 이것은 공히 변증법적 이성과 그리고 오성의 핵을 이루는 것이다.—정신은 단순한 것을 부정하며 이럼으로써 또한 그것은 오성에 의한 규정적 구별을 정립하기도 하지만 이에 못지않게 정신은 여기서 이 구별을 해소시키는 가운데 모름지기 변증법적인 것이 된다. 그러나 정신은 이러한 결과로써 빚어진 무 속에서 다만 안주하는 데 그치는 것이 아니라 또한 못지않게 그 속에서 긍정적인 것이 됨으로써 마침내 그 최초의 단순한 것을 회복, 부활시키게 되지만, 그러나 이때 그 단순한 것은 어디까지나 보편자로서 회복되기에 이른다."(『대논리학 I』, 23~24쪽)

인 계기를 절대화하고 다른 계기를 무시한다면 역시 구별을 고집하는 형식논리학이 된다. 앞의 경우는 첫 번째 긍정적 계기로서 자기동일을 고집하는 형식논리학이었는데, 뒤의 경우는 변증법적 과정 속의 두 번째 부정적 계기로서 차별을 고집하는 형식논리학이라고 할 수 있을 것이다. 동일성 및 차별성의 고정성은 실로 형식논리학의 근본 법칙이다.

또한 헤겔에게서 변증법은 종종 대립물 침투의 법칙으로 나타난다. 이 경우 변증법에 대비해 형식논리학은 대립항을 단순히 그 자체로 고정하는, 즉 그 반대항으로의 이행에 대한 거부로 생각할 수 있을 것이다. 더욱이 헤겔 변증법은 질과 양의 상호이행으로도 나타난다. 이에 대해 형식논리학은 양을 양으로 고정하여, 따라서 모든 변화에서 증감만을 보고 비약을 부정하는 것 또는 질을 질로 고정하여, 따라서 하나의 질과 다른 질이 교섭하지 않는 것이라고 할 수 있다. 이상을 종합하면 변증법은 오성 작용을 하나의 (그러나 필연적인) 계기로 포함하는 전면적인 논리이며, 형식논리학은 오성적 계기만을 절대화하여 역시 전면적이라고 주장하는 논리가 된다. 따라서 둘은 융화하기 어려운 대립물이며 변증법은 형식논리학을 계기나 부분으로 포함하는 것이 결코 아니다.

여기서 형식논리학의 근본 법칙에 대해 조금 더 음미해보자. 형식논리학이 근본적인 법칙으로 삼는 것은 동일률·모순율·배중률이다. 동일률은 'A는 A이다', 모순율은 'A는 −A가 아니다', 배중률은 'A는 A이거나 −A 둘 중 하나이다'라는 형식으로 각각 표현된다. 형식논리학은 이들 법칙이 사유가 갖는 절대적인 법칙이며 우리가 사고할 때 반드시 이를 따르고 절대로 어길 수 없는 것이라고 한다.

방금 세 가지 법칙은 모두 사유에서 모순을 제거하는 것이다. 첫 번째 'A는 A이다'는 A가 −A여서는 안 된다는 것이며, 세 번째 'A는 A이거나 −A이다'라는 것은 A가 A이면서 동시에 −A일 수 없다는 것으로 둘 다 두 번째 모순율에 귀착한다. 형식논리학의 원리는 따라서 사물에 모순을 허용하지 않는다. 일상생활에서 형식논리학이 착각이나 측면, '한에서'를 통해 모순에 빠지는 것을 어떻게 회피했는지는『정신현상학』의 지각 장에서 본 대로이다.

이들 형식논리학의 근본 법칙은 형식적이기는 하나 절대적인 법칙처럼 보인다. 그러나 과연 그럴까. 헤겔은 동일률 및 모순율에 대해 다음처럼 비판한다. 즉 첫째로 A는 A이며 A는 −A가 아니라는 것은 명제 형식과 모순된다. 왜냐하면 명제는 원래 주어와 술어의 구별을 약속하는 것이기 때문이다. 둘째로 오성적 사유는 한쪽에서는 그렇게 "모든 것은 자기동일적이다"라는 법칙을 세우면서 다른 쪽에서는 "모든 것은 차별적이다"라는 차별성의 법칙을 세운다. 그러나 이 법칙에서는 "모든 것"이라는 동일한 주어에 서로 모순되는 술어가 붙게 된다. 이는 동일률이 배척하는 모순이다. 또한 셋째로 "이 명제는 증명될 수 없다 하더라도 일반적인 경험은 모두 이를 준봉하고 있다"•라고 주장될 경우 이는 사실에 반하는 것이다. 일반의 경험은 "유

• 일본어 번역본에는 뒤의 큰따옴표만 있으며 '원문대로'라고 표기되어 있다. 이 문장의

성은 유성이다. 자기는 자기이다. 정신은 정신이다"•14처럼 바보 같은 말을 하지 않는다는 것이다.

또한 배중률에 대해서는 "모순을 멀리하려고 하지만 그렇게 함으로써 거꾸로 모순에 빠지는 규정적 오성의 명제이다. A는 +A이거나 −A 둘 중 하나라고 한다. 그러나 그렇게 함으로써 이미 +도 −도 아닌, 게다가 +A로도 −A로도 정립될 수 있는 중간인 A가 언명되고 있는 것이다. 만약 +W가 서쪽으로 6리, -W가 동쪽으로 6리를 뜻하며 +와 −가 지양된다면 대립 유무와 상관없이 존재하는 6리의 거리 내지는 공간이 남게 되는 것이다"••15라고 말한다.

지금까지 알 수 있는 것은 형식논리학의 근본 법칙은 사고에서 모순을 거부하려고 하지만 모순은 결코 제거되지 않으며, 여기에서 벗

앞 큰따옴표는 독자의 이해를 돕기 위해 옮긴이가 붙인 것이다.

• "그리하여 동일률은 이 법칙의 반대를 법칙으로 삼는 이다음에 나오는 사유법칙에 의하여 지양된다.—이 명제는 증명할 수 없다. 그러나 모든 의식은 이 명제에 의하여 진행한다. 또 이 명제를 들을 때에는 누구나 즉시 경험에 의하여 찬성한다.—이렇게 주장하는 학파의 이따위 사이비 경험에는 이러한 법칙에 의하여 사고하고 표상하는 의식은 하나도 없다. 그리고 여하한 존재도 이 법칙에 따라서 존재하는 게 아니라고 말하는 일반적 경험이 대립한다. 만일 진리라고 하는 이 법칙에 의하여 유성은 유성이다, 자기는 자기다, 정신은 정신이다.—이렇게 말하는 사람이 있다면, 우리는 그 사람을 멍텅구리라고 하여도 전연 옳다. 도리어 이렇게 말하는 사람들을 멍텅구리라고 부르는 게 일반적 경험일 것이다."(『논리학』, 330쪽)

•• "배중률은 모순을 제거하려고 하는 명제다. 그러나 배중률은 모순을 배제함으로써 모순을 범한다. 이 명제에 의하면 +A는 A거나 불연이면 반드시 −A라고 한다. 그러나 그리함으로써 배중률은 벌써 제삼자 즉 +A도 아니요 또 그렇다고 −A도 아닌 A, 그리고 +A도 되고 또 -A도 되는 A가 있다는 것을 말하고 있다. 가령 +W가 서편으로 6마일의 방향을 의미하고, -W가 동편으로 6마일의 방향을 의미할 때, +와 −를 상실하면 대립이 있든지 없든지 남는 것은 6마일의 거리 또는 공간일 것이다."(『논리학』, 338쪽)

어나려 하는 형식논리학의 근본 법칙으로 되돌아와 자기모순에 빠지게 한다는 것이다.

모순이 결코 제거되지 않는 까닭은 사실 모순이야말로 모든 사물의 본성이기 때문이다. 바로 이 모순을 통해 모든 것이 자기운동을 일으키며, 또한 생명을 가지게 된다. 사물을 단순한 다양함이 아니라 그런 모순적 본성으로 파악하려고 하는 것이 바로 변증법이다. 형식논리학과 변증법의 차이는 모든 모순을 피하려 하는 것과 모든 것 속에서 모순을 적발하고 굳이 지적하려 하는 것 사이의 차이라고 해도 좋을 것이다. 헤겔의 논리학은 처음에 나오는 존재와 무의 동일이라는 모순에서 시작해서 일관하여 대립물의 동일과 모순의 원리를 논한다. 이것이 형식논리학이 머리에 '박혀 있는' 사람들에게 헤겔의 논리학이 난해한 이유 중 한 가지이다.

형식논리학이 그토록 무용할뿐더러 진리에 대해 유해하면서도 오늘날 아직도 유지되며 교과서로 가르쳐지고 있는 이유는 어디에 있을까. 그중 하나는 헤겔이 '발전'에 대해 말하는 부분, "현상 유지를 원하는 보수적인 종교와 정부에게는 마음에 들지 않았다"[16]는 사실과 동일한 이유이다. 또 한 가지는 현대에 이르기까지 철학자를 포함한 학자의 특성인 '실천과의 유리'를 들 수 있다. 왜냐하면 모순은 현실 속의 모든 사물이 갖는 본성이기 때문에 현실을 두고 활동하는 사람은 매일 모순적인 사실을 마주하며, 좋든 싫든 형식논리학이 개정되어야 한다는 필요를 느끼지만 철학자들은 현실에 접촉하기를 두려워했기 때문이다. 헤겔이 위대한 모순의 논리학을 세워 올릴 수 있었던 것은 그의 시대가 프랑스 혁명의 시대, 즉 역사의 변동기였다는 것이 물론 첫 번째 이유이지만, 헤겔이 평생 정치와 국민 계몽에 관심을 가지고 때로는 실제 신문과 잡지를 편집했다는 사실, 오늘날 일본의 '철학자'라는 개념과 현저히 다른 철학자였다는 점도 그 이유인 것이다. 그러나 형식논리학의 파탄은 현재 온갖 영역에서 과학의 위기로 나타나고 있으며 더 이상 누구도 부정할 수 없는 사실이 되었다.

4. 논리학의 구성

『소논리학』에 따라 논리학의 구분을 나타내면 다음과 같다.

1. 존재론

1) 질

(1) 존재 (2) 특정존재 (3) 대자적 존재

2) 양

(1) 순수량 (2) 정량 (3) 도

3) 질량das Mass

2. 본질론

1) 실존의 근거로서 본질

(1) 순수반성규정 (2) 실존 (3) 물

2) 현상

(1) 현상의 세계 (2) 내용과 형식 (3) 관계

3) 현실성

(1) 실체성의 관계 (2) 인과성의 관계 (3) 교호작용

3. 개념론

1) 주관적 개념

(1) 개념 그 자체 (2) 판단 (3) 추리

2) 객관

(1) 기계론 (2) 화학론 (3) 목적론

3) 관념

(1) 생명

(2) 인식 ① 인식 ② 의욕

(3) 절대이념

지금 이 구분 중에서 존재·본질·개념이라는 세 가지 주된 단계의 관계를 조금 설명해두자. 헤겔은 존재론과 본질론을 객관적 논리학이라고 하며 이에 대해 개념론은 주관적 논리학이라고 한다. 객관적 논리학은 앞서 설명한 대로 헤겔의 말에 따르면 기존에 형이상학이 차지하던 위치에 있으며, 이에 대해 주관적 논리학으로의 개념론은 기존에 형식논리학이 다루던 사유법칙을 포함한다. 그러나 실제로 객관적 논리학은 전혀 형이상학스럽지 않으며 신에 대한 설교도 거

의 들을 일이 없다. 따라서 헤겔이 형이상학에 해당한다고 한 것은 단순한 인식론이나 방법론으로서의 논리학에 대비한 세계관 내지는 철학으로서의 논리학임을 뜻한다. 주관적 논리학인 개념론 또한 말할 것도 없이 사유법칙에 대한 학을 넘어선다. 그중에서 이념 항목은 그 자체만으로도 훌륭한 인식론이다.

이것이 객관적 논리학인 존재론 및 본질론과 주관적 논리학인 개념론의 관계이다. 객관적 논리학에서 주관적 논리학으로의 이행 및 둘의 관계는 헤겔에게 있어서 꼭 명료하지는 않다. 또한 객관적 논리학에 포함된 존재론과 본질론 사이의 구별은 개념론에서 이차적이고 본질적이지 않은 것으로 되어 있다.

헤겔에 따르면 논리학은 또한 개념의 학이다. 이때 존재론은 '존재로서의 개념'의 학이며 개념론은 '개념으로서의 개념'의 학으로 구별된다. 그러면 존재론과 개념론의 대립은 명료해진 것 같지만 중간에 있는 본질론의 지위가 애매해진다. 헤겔은 본질론이 둘을 매개하며 존재적 성격과 개념적 성격의 중간적인 성격을 갖는다고 한다. 즉 이는 존재에 대해서는 매개되어 정립된 존재이며 개념적이긴 하지만 아직 자각하지 못한 개념이다. 그러나 그런 지위는 독자적인 지위라고 하기는 어려우며, 또한 범주가 훌륭한 변증법을 이루고 있는 이 부문에 대해 너무 애매한 표제이다.

이상 어느 경우를 보더라도 존재론·본질론·개념론이라는 구분에 대한 설명은 명료하지 않으며 헤겔이 그들 사이에 억지로 다리를 놓았다고 할 수 있다. 적어도 그 설명은 인위적이며 필연성이 없다. 이에 관한 헤겔의 신비적이며 애매한 표현 안에서 합리적인 의미를 찾아내고 앞뒤를 맞춰서 이해하려는 것은 상당히 무익한 작업이다. 그는 단지 삼분법이라는 완결적인 체계를 위해서 존재론·본질론·개념론이라는 이 세 부문과 그 순서를 흠잡을 데 없는 필연성이라고 설명해야 했다.

굳이 이 정연한 삼분법에서 의미를 찾는다면 '개념을 통해 인식을 존재에서 본질로 심화한다'라는 인식의 세 가지 계기를 나타낸 것이라 할 수 있다. 개념론은 주관적 개념 및 이념(인식)을 포함하고 있으며 이에 대해 존재론과 본질론은 객관을 대상으로 한다고 볼 수 있기 때문이다. 그러나 이 경우에도 기계론·화학론·목적론을 포함하는 '객관'이 여기에 들어가 있다는 것은 이해하기 어렵다.

굳이 헤겔 체계를 엄밀하게 정합화하려는 일을 멈추고 존재론·본질론·개념론 각각의 특질을 들여다보면 거기에서 여러 상호관계를 볼 수 있다. 첫째로 이 세 부문은 각각이 가진 여러 변증법을 통해 구별될 수 있다. 먼저 존재론에서는 '양에서 질로의 이행 및 그 반대' 법칙이 중요한 변증법이다. 여기에서는 '어떤 것'과 '다른 것' 사이의 이행이라는 변증법도 사용되고 있지만, 직접적인 존재만을 다루는 존재론에서는 아직 추상적이며 현실적인 이행이 아니라 관념상의, 더 높은 차원이라는 입장에 서는 자가 봤을 때의 이행에 지나지 않는다. 이는 오히려 본질론에서 나오는 대립물의 상호침투 법칙의 즉자적 형태일 것이다.

본질론을 일관하는 변증법은 대립물의 상호침투 법칙이다. 본질론은 보통 범주라고 불리는 것 대부분을 포함하고 있는데 이들은 모두 자신의 반대물과 대치되어 하나의 항은 동시에 다른 항이라는 것, 즉 상호침투한다는 것이 증명된다. 본질과 현상 · 힘과 그 발현 · 내부와 외부 · 물과 그 성질 · 실체의 관계 · 인과율 · 교호작용 등 모두가 가장 날카로운 대립 속에서 상호침투한다.

세 번째인 개념론에는 특별히 고유한 변증법은 없는 듯하다. 그러나 판단 · 추리 등의 항목에서는 세 부문의 변증법적 관계가 다뤄지고 있다. 여기까지가 각 부문 및 각각에 있는 변증법의 관계인데, 세 부문을 관철하여 전체 구성의 기둥이 되는 것은 부정의 부정 법칙이다. 존재론 · 본질론 · 개념론을 비롯하여 그 밑에 있는 모든 부문이 삼분법을 이루고 있는 것은 이 때문이다. 그러나 논리학뿐만 아니라 모든 학을 구성하는 지주인 이 변증법 법칙은 헤겔에게서 종종 극히 도식화되어 인식을 심화하기보다는 고정화시켜 심화를 방해하는 쪽에 가담한다. 예를 들어 존재론 · 본질론 · 개념론이라는 구별은 이 법칙을 따른 것이다. 즉 존재는 본질로 부정되며 단순한 가상의 지위로 떨어진다. 그러나 본질은 다시 개념으로 부정되어 그 자신 안에 진리를 갖는 것이 아니라 개념 안에서 진리를 갖는다는 것을 알게 된다. 그리하여 부정을 부정하여 얻게 된 성과인 개념은 처음의 긍정적인 단순한 존재로의 귀환인 것이다. 그러나 본질이 개념으로 부정되어 지양된다는 것은 역시 애매하며 오히려 헤겔의 관념론을 나타낸다.

또한 존재론 · 본질론 · 개념론은 각각에 포함된 존재의 '관계'를 통해 구별된다. 이는 변증법과 이 세 부문의 연관의 경우보다도 조금 더 엄밀하지만, 역시 군이 이를 정합화하려는 것은 스콜라적이다.

존재론에서의 존재는 직접적인 존재이며 어떤 매개도 가지지 않는다. 따라서 여기에서 존재는 완전히 단순(한 겹)하며 자기 안에 어떤 구별도 없다. 따라서 존재는 자기 안에 '관계'를 갖지 않는다. 가질 수가 없는 것이다. 또한 이 존재는 직접적이기도 하므로 다른 것에 대한 관련도 갖지 않는다. 상호몰교섭적이다. 따라서 존재론에는 '관계'가 전혀 없다. 다음으로 본질에서 존재는 현상이 되며 현상 배후에 현상하는 것, 즉 '본질'이 나타나기 때문에 여기에서 처음으로 관계가 성립한다. 물과 본질 · 내부와 외부 · 주어와 술어 등 존재는 모든 경우에 배후의 존재를 가지며 거기에 귀속된다. 따라서 본질론에서 발생하는 관계는 주종 관계 혹은 내속적 관계이다. 그러나 여기에서는 물의 내부 관계는 있지만 아직 하나의 물과 다른 물 사이의 관계, 하나의 주어와 다른 주어의 관계 등 대자적으로 동등한 관계는 발생하지 않는다. 이는 개념론에서 처음으로 가능한 것이다. 즉 본질론의 주종 관계는 그 최고 범주인 교호작용으로 깨지고 동등한 관계가 되며, 이를 매개로 참된 동등한 관계를 맺는 개념론이 시작되는 것이다. 이로부터 알 수 있듯 존재론 · 본질론 · 개념론은 각각이 포함하는 존재 관계로도 연관 지을 수 있다. 이 경우 처음 존재론의 몰관계에서 존재는 상호몰교섭하기 때문에 상호독립적이다. 그러나 둘째 내속적 관계에서 존재는 주종 관계가 되어 처음 것이 부정된다. 그러나 이는 다시 부정되어 처음 존재와 존재의 독립적 관계가 회복된다. 이는 바로 정신현상학의 자기의식 · 이성 단계에서 인간이 자각해나가는 과정과 흡사하다. 여기에서도 역시 부정의 부정 법칙이 지배하고 있다.

여기까지가 여러 관점으로 본 논리학의 기초적 구성에 대한 설명이다. 이 구성은 합리적인 것과 동시에 불합리한 것도 다수 포함하고 있다. 앞으로 나타날 새로운 논리학의 구성은 헤겔 논리학이 갖는 구성을 현상학적·인식사적으로 개조한 것이어야 한다.

5. 존재

1) 존재와 무, 그 통일인 생성

헤겔 논리학은 존재와 무 그리고 그 통일인 생성으로 시작한다. 존재(있다는 것)는 우주에 있는 모든 것, 자연·역사·의식의 모든 현상에서 가장 일반적이며 가장 기본적이고 가장 직접적인 사실이다. 만물은 먼저 존재한다. 논리학이 그러한 일반적인 존재에서 시작한다는 것은 정말 깊은 뜻을 지닌다.

그러나 직접적인 존재는 무이다. 이에 대해 존재와 무는 서로 배치되는 정반대이며, 존재는 어디까지나 존재하는 것이고 무는 어디까지나 없는 것이라는 반박이 바로 떠오른다. 그러나 여기에서 말하는 존재와 무란 논리학의 시원으로서 특정 사물이 있고 없음을 말하는 게 아니라 가장 일반적이며 추상적인 단순한 존재와 무를 가리킨다. 순수한 존재는 어떤 규정도 갖지 않으며 아무것도 아니다. 즉 그것은 무이다. 한편 무는 그 자신이 무로서 존재하는 이상 순수한 존재와 동일하다. 따라서 존재는 무로 이행하며 무는 존재로 이행한다. 존재와 무에는 구별이 있지만, 우리가 그에 대해 어떤 언표를 하려고 하면 결국 순수존재는 무이며 무는 순수존재라는 것을 알게 된다. 그리하여 우리가 얻는 것은 필연적으로 무에서 존재로, 존재에서 무로의 이행, 즉 존재와 무의 통일인 생성이다.

이에 대해 여전히 존재는 존재이며 무는 무라는 것을 고집하고 '무에서는 아무것도 생기지 않는다', '존재하는 것은 오직 존재로부터 생성된다'라고 한다면 우주의 모든 생성, 더 근본적으로는 그 시원을 부정하게 될 것이다. 즉 처음에 무가 있었다면 영원히 무밖에 없으며 아무것도 시작되지 않는다. 또한 존재에서 출발해도 시원(무)으로 거슬러 갈 수는 없다. 따라서 무는 존재이며 존재는 무여야 한다. 이것이 헤겔이 설파하는 존재와 무의 변증법이다. 이 경우 헤겔은 세계의 시원에 대한 문제를 예로 들고 있지만 오히려 이 시원, 기독교의 천지창조 사상을 합리화하는 것이 헤겔의 목적이었다. 그러나 어쨌든 헤겔에 따르면 세계의 진리는 존재와 무 어느 하나가 아니라 존재와 무의 통일이다. "천상천하를 막론하고 존재와 무 둘을 포함하지 않는 것은 존재하지 않는다"•[17]라는 것이다.

그런데 이 '존재 즉 무', '무 즉 존재' 그리고 이 결과인 '만물유전'이라는 진리는 일찍이 고대 그리스와 더불어 불교나 노장 등 동양 사

• 한국어판 『대논리학』에서는 이에 해당하는 문장을 찾을 수 없다.

상에서도 나타났다. 객관적 세계 및 관념에 대한 가장 보편적이며 가장 직접적인 진리가 여느 고대인의 눈에 가장 일찍 비춘 것은 당연할 것이다. 그러나 생성이라는 사실 속에서 단지 부정적인 측면만을 보고 체념하는 교의를 만들어내거나 무만을 취해 신비적인 본체를 만드는 것이 종교이다. 현재 일본에서는 무를 철학의 궁극적인 원리로 삼는 게 유행하고 있는데, 이 형이상학적인 무는 종교의 무와 거의 동일한 것이다. 이러한 무는 모두 다 헤겔이 문제 삼고 있는 논리학에서의 무와는 물론 전혀 다른 것이다.

그러나 만물이 유전한다는 변증법은 그저 소극적일 뿐이다. 앞서 제시했듯 변증법은 긍정적인 성과도 가진다. 그리하여 생성에서 어떤 것인 특정존재Dasein•가 발생한다. 이 특정존재가 우리에게 변화 속에서 자기를 잃지 않은 채 자신 안으로 복귀하는 것으로 보인다면, 이는 대자적 존재Fürsichsein이다. 이 순수존재에서 특정존재를 거쳐 대자적 존재로 복귀하는 과정으로 질론質論은 끝난다. 이때 특정존재가 하나에서 다른 것으로 무한히 이행하면 악무한이고, 부정의 부정을 통해 다른 것으로 전화하며 더욱이 자기동일을 유지하는 대자적 존재가 진정한 무한이라고 불리는 점에 주의해야 한다.

• 일본어 번역본에서 정재로 번역되는 Dasein을 직역하면 '그 존재'이다. 이 존재는 처음에 나타난 무규정적인 순수존재와 달리 존재와 무의 동일성에서 생성되었다는 규정을 갖는 존재이다. 따라서 특정한 존재·구체적 존재·그 존재이다. 이 책에서는 특정존재로 번역했다.

2) 연속량과 분리량·외연량과 내포량

질 항목에서 먼저 가장 직접적인 존재와 무의 동일성을 나타낸 헤겔은 양 항목에서도 다시 대립물의 동일이 진리임을 나타내며, 이를 통해 대립항 중 하나를 고집하면 필연적으로 곤란에 빠진다는 점을 밝혀낸다. 이제 두 가지 양인 연속량과 분리량·외연량과 내포량 각각의 통일로 이를 설명해보자.

연속량과 분리량의 대립은 2000년 동안 수학자들을 가장 고민하게 만든 문제이며, 시간과 공간의 유한과 무한이라는 이율배반으로 칸트가 직면한 문제였다. 수학자들은 두 개의 진영으로 나뉘어 한쪽은 연속량(연장)에서 출발하고 다른 쪽은 분리량(수)을 근원적인 것으로 삼아 각각 반대쪽을 설명하려 한다. 그러나 그 자체로 고립된 분리량에서 연속량을 끌어내는 것은 아무리 무한한 접근을 계속한다고 해도 불가능하며, 또한 절대적인 연속량은 분리량을 자기 안에 포함할 수 없다.

그러나 진리는 수학자가 생각하는 반대이다. 연속량은 분리량을, 분리량은 연속량을 전제로만 있을 수 있다. 연속은 절대적인 동질로 이루어지며 어디에서든 분리할 수 있어야 비로소 연속할 수 있는 것이며, 반대로 분리는 이미 연속적인 동질의 존재를 전제한다. 이 둘의 공동 바탕이 되는 것은 순수량(공간·시간·물질)이다. 헤겔이 직접적인 질의 지양인 양의 시작에 질량을 두었을 때, 이는 이미 매개적인 것으로서 자기 자신 안에 두 대립적인 양을 포함하고 있었던 것이다. 그는 이 관계를 다음과 같이 말한다. "직접적인 양은 연속량이다. 그러나 일반적으로 양은 직접적인 것이 아니다. 직접성은 규정성(질)이며 이 규정성이 지양되어 있는 것이 바로 양 그 자체이다. 양은 그 내적 규정성—이는, 즉 일자인—안에서 정립되어야 한다. 따라서 양은 분리량이다."•18 칸트의 이율배반 문제도 양은 연속량이며 동시에 분리량이라는 양의 구체적인 진리를 이해함으로써 해결된다.

외연과 내포, 이 둘도 보통은 서로 섞이지 못하는 것이다. 특히 이 대립은 형식논리학의 근본적인 공식이며 개념은 외연이 늘면 내포가 줄어들고 내포가 늘면 외연이 줄어드는, 달리 말해 개념은 일반적으로 될수록 추상적이라는 것이 보통 논리학 교과서 첫머리에서 배우는 점이다. 그러나 본래 구체적 보편의 학인 헤겔 논리학은 외연과 내포라는 그런 추상적 대립이 잘못되었다는 것을 가장 적절히 지적한다.

20이라는 수는 '1'이 스무 개 모인 집합이라고 본다면 하나의 외연량이다. 그러나 한편으로 이는 '1'이 스무 개 모인 집합이 아니라 20이라는 집합수를 통일한 단순한 도度, 20도라고 볼 수 있다. 이 경우 이는 바로 내포량이다. 외연량은 그 다수를 하나로 통일함으로써 내포량이 되며 내포량은 그 자신의 집합수로 규정된다면 외연량이

• "이제 여기서는 직접적인 양이 연속량이 된다. 그러나 양은 원래 직접적인 것이 아니다. 그것도 그럴 것이 직접성은 규정성이며 바로 이 규정성의 질이거니와 양 그 자체는 바로 이 규정성이 지양된 것이기 때문이다. 그리하여 여기시는 양이 직접성이나 혹은 무규정성으로부터 규정성으로 이행할 수밖에 없을뿐더러, 이때 이 양에 내재해 있는 규정성이 일자이다. 또 달리 말하면 이제 직접적인 양, 즉 연속량은 양 그 자체인 것이 아니라 규정적인 양으로서 모름지기 양의 참다운 규정성은 일자인 까닭에 여기서 양은 분리량이 된다."(『대논리학 I』, 216~217쪽)

된다. 모든 존재는 크기 규정으로 나타나는 한 내포량이면서 동시에 외연량이기도 하다. 힘은 내포량이지만 그 발현은 외연량이다. 열은 단순한 하나의 도이지만 동시에 수은 기둥의 길이라는 외연으로 잴 수 있다. 강한 소리와 약한 소리가 갖는 내포량의 구별은 들리는 범위, 즉 좁은 방과 넓은 방이라는 두 외연량의 차이로 생각할 수 있다. 또한 높은 수준의 인격이나 재능도 포용력의 넓이와 영향력의 넓이로 잴 수 있는 것이다.

그렇게 내포는 외연으로 이행한다. 이는 다시 내적인 것이 외적인 것, 즉 그 표출과 동일해지는 것, 본질은 현상과 동일하다는 것 등을 이미 암시하고 있다.

3) 양에서 질로 이행, 점진성의 중단

질과 양이 지양된 질량 항목에서 헤겔은 자신의 논리학에서 가장 빛나는 것 중 하나인 점진성의 중단과 비약이라는 논리를 제시한다. 이는 바로 양에서 질로의 이행에서 나타난다. 헤겔은 객관적 세계의 모든 영역에서 점진적 진화의 중단과 비약이 행해진다는 것 그리고 이것이 객관적 세계의 진화 법칙이라는 것, 이에 반해 자연과 역사 속에서 단순히 양적인 변화만을 보는 것은 근시안적인 오성이 하는 추상이며 결국 발전을 부정하고 공허한 동어반복에 지나지 않는다는 점을 보여주고 있다. 발전은 양에서 질로 전이하여 비로소 진정한 발전이 된다. 그러나 주의해야 할 점은 이 비약이 제멋대로 혹은 성급한 주관성에 의한 필연적인 비약이 아니라 객관성에 의한 필연적인 비약이라는 점이다. 비약점에 이르기까지는 은밀하게 어느 정도 불가피한 양적 점진을 준비해야 한다.

헤겔은 온갖 영역에서 비약의 실제 예를 제시하고 있다. 예를 들면 음악에서는 "이어지는 음이 바탕음에서 점점 멀어지는 동안 혹은 그 [진동] 수가 산술적 누진에 따라 점점 다른 수로 변해가는 것처럼 보이는 동안, 갑자기 [바탕음으로] 복귀 혹은 [바탕음과] 뜻하지 않은 일치가 나타나 여기에 협화음이 생기는 것"•, 화학에서는 "두 물질의 혼합률이 어떤 특정한 점에 도달하면 별개의 특별한 성질을 나타내는 화합물"••을 얻을 수 있는 것, 물이 온도의 저하로 어떤 죽과 같은 상태의 중간 상태 없이 비약적으로 얼음이 되는 것, 생물계에서 삶과 죽음이 점차적으로 일어나지 않는다는 것 등[19]을 제시하여 고정적인 자연관을 반박한다.

또한 헤겔은 자연만이 아니라 도덕적 영역에서도 올바름이 과하면 그릇됨으로 전화하며 덕이 부덕으로 전화한다는 것, 정치 영역에서도 법률과 정치는 단지 어느 정도의 국가 크기에만 적합하며 그보다 큰 팽창은 국가를 와해시킨다는 것을 제시한다. 이 경우에는 다시

• "즉, 후속음이 기본음으로부터 더욱더 멀어지거나 혹은 진동수가 산술적 누진에 의해서 이와는 다른 수로 바뀌어지는 듯이 보이면서 불현듯 나타나는 기본음에의 복귀, 혹은 바로 이 기본음과의 예기치 않은 일치를 빚게 되는바 (…)."(『대논리학 I』, 383쪽)

•• "화학적 결합에 있어서는 혼합의 비례가 누진적으로 변화하는 데 있어서 이상과 같은 질적 결절이나 비약이 이루어지거니와, 즉 두 개의 물질이 혼합의 폭을 나타내는 특수한 점에 다다르고 나면 여기서는 어떤 다른 성질을 갖는 특수한 질의 산물이 형성된다는 것이다."(『대논리학 I』, 383~384쪽)

질의 변화, 즉 법률과 정체의 변화가 새로운 국가의 양을 담을 수 있다는 것, 다시 말해 질의 양으로의 전화도 당연히 일어난다. 이는 우주의 완전히 보편적인 운동법칙이다. 오직 양적인 규정만이 있는 것처럼 생각되는 수의 서열 혹은 부가조차 어느 정도에 이르면 질적 변화를 한다. 즉 그 수는 선행 혹은 후속하는 수에 대해 정수배가 되거나 거듭제곱이 되는데, 그전까지의 중간적인 수는 전혀 그렇지 않고 그 수에 이르렀을 때 갑자기 일어나는 것이다.[20] 그리하여 헤겔은 다음과 같이 말한다. "자연에는 비약이 없다고 한다. 그리고 앞에서도 주의한 것처럼 보통의 표상은 생기 또는 소멸을 이해하려 할 때 이를 점차적인 발생 혹은 소실을 통해 이해해야 한다고 생각한다. 그러나 우리는 존재의 변화가 일반적으로 어떤 크기에서 다른 크기로 옮겨가는 게 아니라 오히려 양적 존재에서 질적 존재 혹은 그 반대로 움직인다는 것, 즉 점진성을 파괴함으로써 선행하는 특정존재에 대해 질적인 타자를 생성하는 식의 변화라는 것을 보았다."•[21] 이 점진성의 중단과 비약이라는 사상이 바로 프랑스 혁명이 헤겔에게 직접 준 최대의 선물이다.

• "자연 속에는 비약이란 없다고 하지만 하여간에 이미 언급되었듯이 일상적 관념은 생성이나 소멸을 이해하는 데 있어서 이것을 다만 점진적인 발생이나 소실로 간주하면 족하다고 생각한다. 그러나 위에서 밝혀진 바와 같이 존재의 변화 일반은 결코 어떤 정량의 또 다른 정량으로의 이행이 아니라 오히려 질적인 것으로부터 양적인 것으로의 이행이거나 또는 그 반대로서, 다시 말하면 점진적인 것의 단절이며 앞서 간 현존재에 대한 질적인 타자를 향한 타자화인 것이다."(『대논리학 I』, 385쪽)

6. 본질

존재론과 개념론 사이에 본질론이 나온다. 여기에서는 보통 논리학에서의 범주가 주로 다뤄지고 있는데, 이는 반드시 상호이행하는 상대적인 것으로 서술되고 있다. 즉 앞서 서술한 것처럼 이 2부에는 시작부터 끝까지 대립물의 상호침투 법칙이 관철되어 있다.

1) 가능성과 현실성 · 우연성과 필연성

헤겔은 가능성을 현실성에서 떼어내어 항상 가능성에서만 철학을 말하는 학자들을 풍자하여 다음처럼 말한다. "그러한 가능성과 불가능성에 관한 논의만큼 공허한 것은 없다. 특히 철학에서는 '어떤 것도 가능하다'라든지 '아니 또 다른 것도 가능하다'라는, 혹은 보통 말해지듯 '어떤 것을 생각할 수 있다' 등과 같은 표현에 천착하지 말아야 한다. 역사가도 그렇게 떼어놓고 보면 동시에 거짓일 수도 있는 범주를 사용해서는 안 된다는 것을 증거를 대어 입증하고 있다. 그런데 공허한 오성은 영리한 척하면서 텅 빈 가능성이라는 산을 이래저래 쌓으면서 질리지도 않고 즐긴다."•22

• "그러므로 이러한 가능성이나 불가능성을 운운하는 것같이 공허한 논의는 없는 것이다. 그런지라, 더구나 철학상에서는 그 무엇이 불가능하다든가 또는 그 밖의 그 무엇도 가능하다든가, 또 흔히 사람들이 말하듯이 그 무엇을 생각할 수 있나든가 하는 말을 사용하여서는 안 되는 것이다. 역사가도 역시 그것만으로는 이미 구체적인 것이 아니라고 언명된 가능이니 불가능이니 하는 범주를 사용하지 말기를 직접적으로 명시하고 있다. 그런데도 불구하고 공허한 오성은 여러 가지 가능성, 또는 진정한 여러 가지 가능성 등의 공허한 것을 발명하여 가지고 투철

단순한 가능성은 어떤 네모난 동그라미라는 식의 자가당착이 아닌 한 모든 것에 갖춰져 있다. 따라서 모든 것은 가능하다. 그러나 존재하는 모든 것은 자기모순이기도 하므로 모든 것은 불가능하기도 하다.

현실성에서 떼어낸 가능성은 필연적으로 그런 모순에 빠질 수밖에 없다. 그러나 헤겔에게 가능성은 현실성과 떼놓을 수 없다. 가능성은 구별을 통일하는 구체적인 현실성에 대해서는 형식적인 자기동일을 표현하므로 추상적이자 비본질적이며, 또한 단순히 가능성에 지나지 않는 현실성에게는 본질이 된다. 모든 현실성이 현실적인 것은 아니다. 자기동일성이라는 가능성에서 구별된 현실성은 단순히 우연적인 것일 뿐이다.

우연성과 필연성의 대립 또한 절대적이지 않다. 필연성은 단지 우연성 안에서만 생긴다. 우연성을 주관적이라고 보는 것은 기계적 자연관에 물든 근대인의 통례인데 필연성이 객관적인 것처럼 우연성 또한 객관적이다. 기계론자는 모든 우연적인 것까지 원인을 가졌다는 이유로 필연적이라고 한다. 그러나 인과관계 안에 있다고 바로 필연적인 것은 아니다. 인과관계의 연쇄 속에 있어도 우연은 우연이다.

헤겔은 역사철학에서 역사 위의 개인은 각각 천차만별의 의도·이해·감정·성격·재능·처지 등으로 천차만별의 행동을 취하는데, 이들 개인이 의도하는 것은 모두 부정되어 의도와는 정반대의 결과를

한 명찰력이나 가진 듯이 자랑하고 있다."(『논리학』, 386쪽)

낳고 그런 결과가 모여서 역사의 강철과 같은 필연성의 걸음을 만들어간다고 말한다. 이 경우 각 개인의 행동은 처지와 성격 등에서 인과적으로 설명할 수 있을지도 모른다. 그럼에도 그 행동은 우연적이다. 여기에서 필연적인 것은 단지 역사의 진행뿐이다. 우연성은 인식이 진행함으로써 필연성으로 전화하는 것이 아니라 객관적으로 필연성과 함께 존재하는 것이다. 그러나 또한 필연성은 우연성 바깥에 있는 것이 아니다. 역사와 개인이라는 예로 볼 수 있는 것처럼 필연성은 퇴적된 우연성 위에만, 우연성을 통해서만 나타난다.

2) 인과관계와 교호작용

지금 본 것처럼 인과율 안에 있다고 반드시 필연성인 것은 아니다. 이는 어떤 뜻을 지닐까. 인과율은 물론 세계의 한 가지 객관적인 관계를 나타내기는 하지만 단지 그 일부를 나타내는 데 지나지 않는다. 이것을 우리는 항상 유일한 필연성인 것처럼 생각하게 된다. 이에 대해 헤겔은 다음처럼 말한다. "운동하는 돌은 원인이다. 그러나 이 운동은 돌이 갖는 하나의 규정이다. 돌은 이 밖에 많은 규정, 예를 들어 색이나 모양을 가지고 있는데 이는 원인성 안에 들어가지 않는다."•[23] 이처럼 인과율은 객관적 관계의 단지 한 부분을 나타낼

• "그러므로, 예컨대 하나의 돌이 움직이면 이것은 곧 원인이 된다. 이러한 운동은 돌이 지니는 하나의 규정이거니와, 이 밖에도 또 돌은 색깔이나 형태 등과 같은 많은 규정을 지니긴 하지만 그러면서도 이들은 여기서 그의 원인을 이루는 상태에까지 다다르는 것이 아니다."(『대논리학 II』, 316쪽)

뿐인데 이는 다시 또 하나의 특성을 갖는다. 즉 인과관계의 연쇄에서 원인은 다시 그 원인으로, 결과는 다시 그 결과로 무한히 진행하며 그 한계를 모른다는 것이다. 인과율은 전면적인 관계 속의 단 하나의 연쇄에만 의지하여 맹목적으로 어디까지나 제한 없이 원인과 결과를 추구하는 과정이 된다.

그러나 이 인과율은 필연적으로 더 높은 법칙인 교호작용으로 전화하게 된다. 원인과 결과가 다른 것이라면 원인의 작용이 발생하는 하나의 실체가 있어야 하기 때문이다. 이 실체는 따라서 수동적이기는 하지만 실체이므로 능동적이기도 하다. 그 결과 "자기 안에 정립된 결과(작용)를 지양하여 반작용하는" 교호작용이 여기에 출현한다. 이는 더 높은 범주로 이행하는 것이다. "교호작용에서는 인과성이 아직 참된 규정으로 정립되어 있지는 않지만 원인에서 결과로의 무한 진행은 참된 방식으로 지양되어 있다. 즉 이 경우에는 원인에서 결과 또한 결과에서 원인으로의 직선적인 이행이 자기로 휘어져 굽어 들어가 있는 것이다."•[24]

교호작용은 본질론에서 가장 높은 범주이다. 그러나 이 또한 아직 각각 존립하는 두 계기를 구별하고 그 안에 교호작용을 영위하는 데

• "다시 말하면 제 자신에 의하여 매개된 결과를 지양한다. 이리하여 제1실체는 제2실체의 능동성을 지양하고 이에 반항한다. 따라서 인과관계는 상호작용의 관계로 이행한다. 이리하여 상호작용에 있어서는 물론 인과성의 진정한 규정이 아직 완전히 드러나지 않는다 하더라도, 원인과 결과와의 무한한 진행과정이 진정한 진행과정으로 지양된다. 왜냐하면 원인에서 결과로의, 그리고 결과에서 원인으로의 직선적 진출이 이 상호작용 중에서 제 자신으로 휘어 들어가고 돌아 들어가기 때문이다."(『논리학』, 408쪽)

그친다. 예를 들어 스파르타 국민이 갖는 관습과 헌법이 서로에게 영향을 미치고 원인이 된다고 보면, 이는 인과율이 보이는 일방적인 작용에 비해 더 구체적이지만 그런 상호영향은 서로에게 책임을 전가하는 것으로 볼 수도 있으며 결정적인 진리는 주어지지 않는다. 이에 대해 세 번째 더 높은 것, 헤겔에 따르면 이 경우에는 그리스의 민족정신과 같은 것이 스파르타의 윤리와 헌법의 바탕으로 요구된다. 이것이 바로 개념이다.

7. 개념

개념론은 주관적 개념·객관·이념이라는 세 가지로 나뉘는데 개념론의 중심은 주관적 개념과 객관의 통일인 이념이다. 개념과 객관의 합일은 바로 인식이다. 헤겔은 물론 이념에 대해 단순한 인식을 넘는 의미를 부여하여 신비화하고 있다. 이는 인식의 본질에 대한 그의 빛나는 통찰을 단지 애매하게 할 뿐 조금도 명확하게 해주지 않는다.

그런데 이미 정신현상학에서 본 것처럼 헤겔에게 인식은 하나의 과정이었다. 따라서 그는 다음처럼 말한다. "이념은 본질상 과정이다." 그리고 "이념은 과정이기 때문에 절대자를 유한과 무한, 사유와 존재 등의 통일이라고 표현하는 것은 종종 지적한 것처럼 오류이다. 통일이라고 하면 추상적이며 고정되어 움직이지 않는 동일성을 나

타내기 때문이다".•[25]

그런 과정으로서의 인식 작용은 주관의 일면성과 객관의 일면성을 한 활동 안에 지양하는 움직임인데, 이는 두 운동으로 나뉜다. 한 가지는 존재의 객관성을 용인하고 이를 이론적(관찰적)으로 인식하는 움직임이고, 또 한 가지는 객관 세계를 자기의 내면적인 목적에 따라 변용하는 움직임, 바로 의지 작용인 실천이다.[26] 즉 인식 속에는 좁은 의미의 인식 작용과 함께 실천이 포함된다. 본래 이는 완전히 당연한 것이다. 이론은 개별적 경험의 종합으로 오직 실천을 통해서만 얻어지며, 또한 이는 실천 속에서만 검토되고 발전하는 것이기 때문이다. 그러나 이는 도리어 헤겔이 처음 말한 것이다.

개념과 객관의 절대적 통일인 이념은 자기 안에 이때까지 논리학이 전개해온 모든 범주를 계기로 포함한다. 달리 말하면 논리학의 모든 범주는 인간이 객관적으로 세계를 인식하는 각 계기였다는 것이다. 헤겔은 이 이념이라는 개념 안에서 논리학과 인식론의 거의 완전한 동일을 제시했다고 할 수 있을 것이다.

• "이념은 그 본질에 있어서 과정이다. (…) 이념은 과정이기 때문에 흔히 말하는 바와 같이 유한적인 것과 무한적인 것과의 통일이라든지, 또는 사유와 존재와의 통일이라든지 기타 등이라고 표현하는 것은 절대자의 표현으로서 돌린 것이다. 왜냐하면 통일이라는 것은 추상적이고 고정적인 동일성을 표현하는 말이기 때문이다."(『논리학』, 494~495쪽)

4장

자연철학

▲

1. 자연철학[1]의 구성

『자연철학』은 다음처럼 구성되어 있다.

1. 역학
   1) 공간과 시간
   2) 물질과 운동, 유한 역학
   3) 자유로운 운동, 절대 역학

2. 물리학
   1) 일반적 개별성의 물리학
   2) 특수한 개별성의 물리학

3) 전체적인 자유로운 개별성 물리학

3. 유기체학

1) 지질적 유기체학

2) 식물적 유기체학

3) 동물적 유기체학

이념의 외화인 자연은 우선 단순한 분산과 고립으로 존재한다.• 이러한 분산과 고립은 자기통일을 자기 자신 내에서 현실적으로 갖지 않고 자기 밖에서 단순히 즉자적인 상태로, 즉 관념적으로 가질 뿐이다. 즉 자연은 먼저 자기외적 존재이다. 따라서 이 형식적 통일은 존재하는 것으로 나타나는 것이 아니라 탐구되어야 하는 것이다. 자기외적 존재의 형식적 통일을 탐구하는 것이 바로 역학의 임무이다. 역학은 세 가지 부문으로 나뉜다. 첫째는 완전히 추상적인 분산인 공간과 시간이다. 둘째는 개별화된 분산 및 이 분산이 시간과 공간에 대해 갖는 관계인 물질과 운동이다. 셋째는 자유로운 운동 상태에 있는 물질이다.

다음 부문에 있는 물리학은 특수한 규정에서의 자연 혹은 자연적

• 이념의 입장에서 자연은 우선 자기 밖에 있는 것으로 공간과 시간, 물질 등이 질서 없이 흩어져 있고 각기 따로 떨어져 있는 개별성으로 나타난다. 물론 자연철학이 진행되면서 이러한 분산과 고립은 지양된다.

개별성의 학이다. 이는 세 가지로 나뉘며, 첫째는 직접적으로 자유로운 물리적인 양(일반적인 개별성)의 물리학으로 빛과 공기 등의 원소(4대) 및 이에 대한 변증법이 다뤄진다. 둘째는 특수한 개별성의 물리학으로 음향·응집·열 등을 다루며, 셋째는 전체적인 개별성의 물리학으로 자기·전기·화학 과정을 다룬다.

유기체학은 앞에 나온 두 부문의 진리인 생명이 대상이다. 즉 이 대상은 주관성이라는 규정과 이어져 있는 자연이다. 이 또한 세 가지로 나뉜다. 생명의 일반적인 형상인 지질적 유기체학, 특수하며 형식적인 주관성의 학인 식물적 유기체학, 개별적이며 구체적인 주관성의 학인 동물적 유기체학이다.

2. 자연철학의 긍정적 의의

헤겔 자연철학이 갖는 긍정적 의의와 부정적 의의, 좋은 것과 안 좋은 것은 불가분으로 엉켜 있기 때문에 이를 둘로 나눠서 따로 서술하는 것은 적당하지 않지만, 여기에서는 편의상 헤겔 자연철학이 가진 두 가지 경향을 나누어 각각의 측면에서 이를 개관하려 한다.

17세기까지 자연과학은 역학이 거의 유일했다. 그런데 18세기 초부터 산업이 발달하면서 급격히 새로운 자연과학이 부흥했다. 유기화학·고생물학·생물학·비교생리학·지질학 등이다. 이들 과학은 자연에 대한 종래의 인식 범위를 단순히 미증유로 확대했을 뿐 아니라 온 곳에서 자연적 사물과 자연적 현상 사이에 존재하는 객관적인 연관과 이행을 폭로하고 그때까지 고립적이며 고정적이었던, 즉 형이상학적으로 자연을 인식하던 방식을 불가능하게 만들었다.

자연과학의 그런 형세는 필연적으로 자연을 통일적인 전체로 보는 새로운 자연철학을 요구했다. 헤겔의 자연철학은 그러한 시대의 산물로 당시 새로운 자연과학의 성과를 최고로 종합하는 동시에, 그 변증법적 사유는 당시의 성과를 뛰어넘어 이후에 자연과학에서 나타날 발견을 천재적으로 예언하기도 했다. 포괄적인 점에서는 자연 인식의 각 영역에 있던 형이상학적 이해를 철저히 분쇄하였고 변증법적인 이해를 제시했다는 면에서 헤겔 자연철학은 당시 생시몽 Claude-Henri de Rouvroy de Saint-Simon• 등과 같은 다른 자연철학과는 비교할 수 없을 정도로 거대한 의의를 지니며, 또한 오늘날에 이르기까지 모든 자연과학자들이 의식적 혹은 무의식적으로 품어왔던 관념론적 자연관과 기계론적 자연관 모두를 합친 것보다 더 위대한 가치를 갖는다.

헤겔 자연철학의 특성을 한마디로 정리하면 한쪽에서는 자연을 통일적인 전체로 보고 다른 쪽에서는 자연의 모든 영역과 모든 사물이 고정적이지 않으며 이행적이자 발전적이라는 점을 제시함으로써

• 클로드앙리 드 루브루아 드 생시몽(1760~1825). 프랑스의 사상가이자 경제학자. 기술이 지배하는 산업사회 건설, 생산수단의 공유화, 특히 태생적 특권과 상속권의 폐지를 통해 항구적인 계급 적대를 극복해야 한다고 주장했다. 로버트 오웬Robert Owen, 샤를 푸리에Charles Fourier와 함께 3대 공상적 사회주의자로 널리 알려져 있다.

자연에 대한 인식에서 형이상학적으로 고정된 범주를 고집하는 자들과 결정적으로 대립했다는 것이다. 그러나 이 두 가지는 떼어낼 수 없다. 헤겔은 한쪽에서 "자연은 즉자적(잠재적)으로 생명이 있는 전체"•2라고 말하며 다른 쪽에서는 "자연은 단계적 체계로 고찰되어야 한다. 한 단계는 필연적으로 다른 단계에서 생겨나며 자기가 결과로 나타난 그 단계에 당면하는 진리가 된다"••3라고 말하는데, 그에게 자연이 하나의 전체라는 것은 유기적인 전체, 즉 자연의 진리이자 최종 목적인 정신을 낳기 위한 단계적으로 필연적인 과정 전체인 것이다. 진정한 전체는 직접적인 전체가 아니라 그 안에 있는 각 부분이 필연적인 이행 관계에 있는 매개된 전체, 즉 유기적 전체여야 하며, 또한 각 부분이 갖는 필연적인 관련도 원환적인 전체 속에 있지 않다면 참으로 필연적인 연관이라고 하기 어렵다. 자연에 대한 변증법적 이해에는 이 두 계기가 필수적이다. 예를 들어 열과 힘의 상호이행을 인식할 때도 만약 열과 힘 말고도 전기·자기·화학적 변화·생명 등을 포함한 운동의 전체적인 관계 파악이라는 기초 위에 서지 않고 개별적인 자연 현상만으로 이해한다면, 열은 모든 경우에 열로, 힘은 모든 경우에 힘으로만 인식하는 형이상학적인 이해와 기본적으로 조

• "자연은 그 자체가 하나의 생동적인 전체다."(『철학강요』, 서동익 옮김, 을유문화사, 1998, 232쪽)

•• "자연은 이들 많은 단계로 이룩된 한 체계로 보아야 한다. 그리고, 이른바 단계는 한 단계가 다른 단계에서 필연적으로 산출되어 나오며, 한 단계는 이 단계를 결과로서 산출케 한 다른 단계의 근사적 진리가 된다."(『철학강요』, 230쪽)

금도 다르지 않을 것이다. 또한 자연이 단순히 하나의 전체라고 하는 데 그친다면 이는 중세 시대 승려라도 할 수 있는 것이며 이 또한 형이상학에 지나지 않는다.

헤겔의 자연철학은 한편으로는 당시 자연과학의 발달의 한계로 인해, 다른 한편으로는 관념론이라는 요구로 인해 많은 점에서 인위적이며 억지스럽게 연결되어 있는데, 자연의 각 단계를 필연적으로 이행하는 것으로 생각하고 자연을 통일적인 전체로 보려고 한 점은 어디까지나 위대한 특징이다.

이러한 예로 원소에 대한 헤겔의 견해를 보자. 당시는 아직 멘델레예프Dmitri Ivanovich Mendeleev의 원소 주기율이 발견되지 않았을 때이다. 그러나 헤겔은 일찍이 이를 예상하여 원소 배열은 자의적이지 않고 합리적으로 이루어지며 그 전부가 통일적인 전체로 되어야 한다고 요구하며 다음처럼 말한다.

"경험적인 화학은 원소 및 화합물의 개별성을 표면적이며 추상적인 성질에 따라 모아놓았을 뿐이며 이들은 개별적으로 아무 서열도 가지고 있지 않다. 이 집합에는 금속·산소·수소 등과 (이전에는 땅이라 불렸지만 지금은) 비금속·유황·인 등이 단순한 화학적 물체로서 같은 계열에 다만 병치되고 있다. 이들 사이에 보이는 큰 물리학적 차이는 바로 그러한 병렬을 거부하는데, 더욱이 그 화학적 기원과 산출하는 화학적 과정이 또한 각각 다르다. (…) 만약 이 배치가 화학적 형식을 취해야 한다면 화합물은 각각이 생성된 구체적이며 완전히 전개된 과정(이를 통해 화합물이 그 본래 의의를 얻는)의 단계에 따라 규정되어야 한다."[*4]

여기에서 그는 주로 원소와 화합물이 표면적인 관련으로 병렬되어 있다고 비난하는데, 더 나아가 원소는 단순하지 않으며 복합적으로 파악되어야 한다는 것을 예리하게 통찰하고 있다. 헤겔은 바로 앞의 문장에 이어서 동물과 식물의 실체는 화학적 과정으로 이해할 수 없다고 서술하며 다음처럼 쓰고 있다.

"그러나 이들의 실체(동물적 · 식물적 실체)는 많은 경우 화학 및 물리학을 지배하고 있는 형이상학, 즉 모든 상황 아래에 있는 원소의 불변성이라고 하는 차라리 말라비틀어진 관념인 사상과, 또한 그런 불변의 원소를 통해 물체가 합성되고 존립한다는 범주를 해체하는 데 도움이 될 것이다."[**5]

• "경험적 화학에서 문제되어 있는 것은 주로 원소와 그 산물의 특수성이거니와 이 원소와 산물은 표면적이며 추상적인 규정에 의하여 비교되며 따라서 그 특수성 가운데 아무런 질서도 들어오지 않는다. 이 비교에는, 금속, 산소, 수소 등과 (예전에는 흙, 이제는) 비금속, 유황, 인 등이 동일 선상에 병존하는, 단순한 화학적인 물체로서 나타난다. 그러나 이 물체의 물리학적인 큰 차이로 인하여 이 병렬에 대하여 즉시 반발이 일어날 수밖에 없다. 그러나 이 물체의 화학적 기원도, 곧 이 물체가 유래한 과정도 이것 못지않은 차이를 나타내게 된다. 그러나 추상적 과정이나 실제적 과정이 물체의 경우와 같이 무질서하게 동일의 단계에 정립된다. 여기에 학문적인 형식을 갖추도록 해야 한다면, 모든 산물이 본질적으로 거기서 산출되고 그 산물에 고유한 의미를 부여하는바 그러한 완전히 발전된 구체적 과정의 단계에 맞추어서 규정되어야 할 것이다."(『철학강요』, 309쪽)

•• "그러나 이 실체들은 화학과 물리학을 지배하고 있는 형이상학, 곧 어떤 형질에서나 원소는 불변하다는 사상이라고 할까, 차라리 제멋대로의 생각과, 물체는 이러이러한 원소로 합성 내지 성립되어 있다는 합성이나 성립의 범주를 저지하는 데 잘 이용됐어야 할 것이다."(『철학강요』, 309~310쪽)

이는 직접적으로 불변적이며 절대적인 원소와 이를 통한 물체의 기계적인 합성에 반대한 것이다. 그런 형이상학을 해체하는 데 생물이 도움을 준다는 것은 생물체가 추상적인 동일성을 유지하는 게 아니라 끊임없는 신진대사 속에서 시시각각 자기를 변화시키며 자기 동일성을 유지한다는 것과, 생물체는 불변적인 부분을 기계적으로 합성한 존재가 아니라 신체기관이라는 부분으로 이루어진 유기적 통일체이며 원소도 그런 구체성으로 이해해야 한다고 주장한 것이다. 원소는 얼마 지나지 않아 헤겔의 예견처럼 원자량이 발견되어 규칙적으로 배열되었으며 다시 가변성이 밝혀지게 되었다. 이는 빛나는 변증법의 승리에 대한 한 가지 예라고 할 수 있다.

위와 같이 자연의 각 단계와 현상, 사물은 상호이행한다는 점이 인식되었다. 이는 달리 말하면 자연에 대한 인식을 위한 범주들 혹은 자연과학의 각 분과를 고정적이며 고립적이 아니라 상호침투하는 것으로 보는 것이다.

헤겔이 자연에 대한 인식을 위한 근본적인 범주인 힘과 힘의 발현·본질과 현상·필연과 우연·인과율·교호작용 등을 철저히 전면적으로 유동화하여 보여주었다는 것은 이미 우리가 본 대로이다. 이는 무엇을 보더라도 중요하며 각각이 형이상학의 범주를 고집하는 자연과학자들의 미망을 타파하는 것인데, 특히 힘과 힘의 발현, 즉 힘과 그 법칙의 상호이행에 대한 예리한 통찰은 자연에 대한 기존의 인식을 지배하던 뉴턴 역학의 기계론적 법칙에 대한 비판으로 중요성을 지녔다. 이는 우리가 정신현상학 장에서 간략히 다루었던 부분

이다.[6]

또한 자연에 대한 통일적 이해는 자연과학 상호 및 한 자연과학 내부에서 필연적인 체계를 성립시킨다. 헤겔은 이때에도 모든 철학적 과학에서 그랬던 것처럼 자연철학을 여러 자연과학과 그 각 부문으로 이루어지는 필연적인 체계로 성립시켰다. 앞서 언급했듯 헤겔이 자연을 하나의 전체로 보았다는 것은 자연을 단계적인 하나의 운동으로 본 것이며, 이념을 단순히 즉자적으로만 가질 뿐인 죽은 직접성과 외면성 속에 있는 자연이 개별적이며 생명이 있는 것이 되어 결국에는 이 생명 자체를 지양하여, 자연의 진리이자 궁극적인 목적이며 동시에 이념의 진정한 현실인 정신을 낳는 데까지 이르는 완결적인 과정을 밟은 것이다.

자연이 그런 단계적인 과정이라는 데 상응하여 자연과학은 필연적인 체계로 분류된다. 즉 앞서 말한 것처럼 형식적인 통일을 자기 안에 갖지 않는 분산과 고립 상태에 있는 자연에 대한 학인 역학, 내재적인 형식 규정과 존재적인 분화를 갖춘 자연적 개별성에 대한 학인 물리학 그리고 역학처럼 탐구하지 않더라도 그 자신 안에 자기의 실재적인 형식적 구별 자체 내에서 관념적인 통일을 단순히 찾을 수 있도록 존재하는 주관적 자연에 대한 학인 유기체학이다. 이 세 학문은 또한 각자 안에 필연적으로 연결된 부문을 갖는다.

이렇게 자연 스스로 존재한다고 헤겔이 사유한 단계적 과정에 따라 자연과학을 분류한 것은 좋은 일이었으나 자연의 필연적 과정이라 생각된 것은 시간을 포함하지 않는 비역사적인, 단순히 논리적인 단계였기 때문에 피치 못하게 억지스러운 부분이 여럿 발생했다. 이에 대해서는 다음 절에서 설명하려 한다.

여기까지가 헤겔의 자연철학이 갖는 가장 중요한 일반적 특징이다. 이것 말고도 헤겔이 자연에 관한 철학에 기여한 부분으로는 물론 물 자체가 인식 가능하다고 주장한 점, 또한 예를 들어 생물 안에서 단순히 생명만을 보는 것과 반대로 이를 삶과 죽음의 통일이라고 본 점, 혹은 인력만을 보는 생각과 반대로 인력과 척력을 플러스와 마이너스 관계로 해석하여 자연적 사물에 대립물의 침투 법칙을 일반적으로 적용했다는 등의 일반적인 변증법이 있다. 특수한 점에서도 헤겔의 자연관과 자연과학적 견해에는 특기할 만한 점들이 많이 있는데 여기에서는 모두 생략하고 다만 헤겔이 자연철학 중 한 항목에 포함시킨 공간과 시간에 대해 조금 다루어보겠다.

공간과 시간은 논리학이나 정신현상학에서도 주제로 논해지지 않았다. 다만 『논리학』에서 순수량의 예로써 물질과 함께 언급되어 있을 뿐이다. 그런데 『자연철학』에서는 머리 부분에서 공간과 시간이 역학의 첫 대상으로 거론된다. 이 점에는 의미가 있다.

헤겔에게 공간과 시간은 칸트처럼 직관의 형식으로서 주관적이며 단순히 형식적인 것이 아니었다. 이는 객관적인 존재이다. 따라서 이는 직접적이지 않으며 자연적 존재로서 이미 매개된 것이다.

즉 헤겔에 따르면 공간은 자연의 첫 직접적인 규정이며 "그 자기외적 존재의 추상적 일반성, 그 자기외적 존재의 매개 없는 무관심성"[7] 이라고 규정된다. 그리고 시간은 정지된 병렬에 무관심해진 자기외적 존재의 부정적 통일이다.[8] 그리고 이들이 포함하는 모순의 직접적 결과로 물질이 생성되는 것이다.[9]

이 공간·시간·물질에 대한 규정을 보면 '추상적'인 공간과 시간에서 '실재적'인 물질이 생성되었다고 하는 것은 물론 사실에 대한 착오이다. 물질은 시간과 공간을 떠나서 존재하지 않지만 물질 이전에 시간과 공간이 존재하는 것 또한 불가능하다. 그러나 여기에서는 다만 헤겔이 공간과 시간을 그렇게 규정한 데 따르는 긍정적인 의의에만 주목하도록 하자. 그러면 이는 거꾸로 공간과 시간이 물질 밖에 있는 외면적인 형식이 아니라는 주장이 된다. 왜냐하면 공간과 시간은 자기의 통일을 단순히 즉자적으로 갖는 존재인 '자기외적 존재'의 추상이기 때문이다. 헤겔은 이에 대해 다음처럼 말한다.

"사람들은 만물이 시간 안에서 생겨나며 사라진다고 말한다. 그러나 만물, 즉 시간을 채우는 것과 공간을 채우는 것이 버려지면 공허한 시간과 공허한 공간이 남는다. —즉 이 경우 외면성의 추상이 마치 그것만으로 존재하는 것처럼 정립되고 표상된다. 그러나 시간 속에서 만물이 발생하고 소멸하는 것이 아니다. 시간 자체가 이 생성, 발생과 소멸, 존재하는 추상, 만물을 낳으며 태어나는 것을 스스로 잡아먹는 크로노스Chronos**이다. —실재는 시간과 구별되지만 본질

• "자연의 최초의 혹은 직접적인 규정은 자연의 자기외 존재의 추상적인 보편성—곧 이 자기외 존재의 매개가 없는 무관심성과 공간이다."(『철학강요』, 234쪽)

•• 크로노스는 이름 자체가 '시간'을 뜻하는 그리스 신화의 태초신 중 하나이다. 한편 크로노스Kronos는 제우스의 아버지로, 레아가 낳은 자신의 아이를 족족 삼켰다. 민속 신앙에서는

적으로는 시간과 동일한 것이다."• 이런 헤겔의 시간과 공간에 대한 이해는 주목할 만한 것이다.

3. 자연철학의 부정적 의의

앞 절에서 제시한 자연철학의 긍정적 의의는 바로 부정적 의의와 앞뒤 관계를 이루며 이어져 있다.

헤겔에게서 자연은 이념의 타재였다. 자연에는 독자적인 의의가 없으며, 자연은 단순히 신비화된 논리적 개념이 드러나는 한 방식일 뿐이다. 이것이 헤겔 자연철학의 근본적인 규정이다. 그리고 당연한 귀결로서 헤겔 자연철학이 갖는 두 부정적인 특징, 즉 자연에 객관적인 자신의 관계가 아니라 선행하는 논리적 관계가 강요된다는 점과 자연이 역사적 발전사를 가지지 않으며 단순히 공간 속에서 다양한 전개만을 가질 뿐이라는 점이 발생한다.

둘을 동일시하는 경우가 있었는데 두 신은 아무 관련이 없다. 헤겔은 둘을 의도적으로 동일시한 것으로 보인다.

• "만물은 시간 속에서 생멸한다고 말한다. 모든 것은 곧 시간을 충만케 하는 것과 공간을 충만케 하는 것을 다 함께 사상하면 공허한 시간, 공허한 공간이 남는다. 곧, 이때에 외면성이라는 이 추상물이 조정되어 마치 이것들이 독립하여 존재하고 있는 것처럼 생각된다. 그러나 시간 속에서 만물이 생멸하는 것이라기보다는 시간 그 자체가 이 생성, 곧 생기와 소멸, 존재하는 사상 활동, 모든 것을 생산하면서, 동시에 그 산아를 멸절해버리는 크로노스다. 실재적인 것은 물론 시간과는 다르거니와, 그러나 또한 본질적으로 시간과 동일하다."(『철학강요』, 238쪽)

헤겔은 구체적으로 자연의 대상 및 한 대상에서 다른 대상으로의 이행을 서술하는 데 있어 종종 자연이 그 자체로 갖추고 있는 객관적인 관계를 따른다. 그러나 이는 관념론이라는 자신의 입장을 어기는 것이며, 기본적으로 자연은 자신의 관계를 갖는 게 아니라 자연에 선행하는 논리적 개념의 관계를 따라야 한다. 이는 한편으로 자연이 이념의 타재라는 점으로부터 직접 도출된다. 즉 자연은 자신의 원형인 이념이 갖는 이념적인 관계에 당연히 따라야 한다. 그러나 다른 한편으로는 자연 이외의 이념에 따라 구분과 범주가 주어져야 한다. 즉 자연은 이념의 타재이기 때문에 자기외적 존재로서 외면성을 본성으로 삼는다. 외면성을 본성으로 삼는 자연은 분산과 고립 상태에 있으며 상호몰교섭적인 존재이다. 따라서 그러한 자연은 자신의 통일성을 자기 자신이 아니라 다른 것 안에서 갖는다. 이것이 자연이 자기 원리를 자기 이외의 것, 이념에서 갖는 이유이다. 앞서 자연의 한 단계는 다른 단계에서 필연적으로 발생한다는 『자연철학』의 구절을 인용했는데 이어서 다음과 같이 쓰여 있다. "그러나 이는 하나가 다른 것에서 자연적으로 발생하는 것이 아니라 자연의 기초가 되어 있는 내적인 이념 안에서 발생한다. 변용은 단지 개념 자체로만 돌아간다. 왜냐하면 개념의 변화만이 발전이기 때문이다. 그런데 자연에서 개념은 한 면에서는 단순히 내면적인 데 그치고 다른 면에서는 단지 생명 있는 개체로서만 실존한다. 따라서 실존적인 변용은 단지 생명 있는 개체로 한정되는 것이다."[10]

이를 보면 자연이 일반적으로 이행 원리를 자신 안에 갖지 않는다고 한 이유가 명확하다. 자연 안에서는 자기 자신에 의한 변용과 발전이 단지 생물에게만 허용된다. 일반적인 자연은 죽은 것으로서 자기 자신의 발전이 허용되지 않는다. 앞서 우리는 정신현상학을 보면서 자연에서 힘과 힘의 발현이 갖는 모순이 자연 안에서는 해결되지 않으며 자기의식 안으로 돌아와 해결된다는 게 이해되지 않는다고 했었다. 그러나 헤겔에게 바로 자연의 객관적인 진리는 주관성이라는 이유로 그랬던 것이다.

그러나 자연은 생물체가 아니더라도 일반적으로 자기 자신의 필연적 관계를 갖는다. 그리고 이 객관적인 관계만이 자연 그 자체에 구분을 제공한다. 헤겔이 자연을 자연이 아니라 이념에 따라 구분하려 한 것은 다만 사실을 왜곡할 뿐이었다. 이것이 자연철학의 주요하고도 치명적인 결함이었다. 이 기본적인 원인은 앞서 말한 것처럼 당시 자연과학이 아직 자연의 모든 영역에서 자연 그 자체가 갖는 객관적인 관계와 이행을 제시하는 데 이르지 못했기 때문에 많은 곳에서 관계를 상상을 통해 인공적으로 보충할 필요가 있었기 때문이다. 그러나 물론 직접적인 원인은 헤겔의 관념론이다.

자연철학이 갖는 또 하나의 결함은 자연이 발전사를 갖지 않는다

• "그렇다고 두 단계 중 한쪽이 다른 쪽으로부터 자연스럽게 산출되는 것이 아니라 자연의 근거가 되는 내적 이념 가운데서 산출되는 것이다. '변태'란 오직 개념 그 자체에만 속한다. 이는 개념의 변화만이 발전이겠기에 말이다. 그러나 개념은 자연에서 일부는 내적인 것에 지나지 않으며, 일부는 생동적인 개체로서만 현존한다. 따라서 현존하는 변태는 생동적인 개체에 제한된다."(『철학강요』, 230쪽)

고 한 것이다. 자연에는 시간에 따른 전개가 허용되지 않으며 단지 논리적인 전개만이 허용되어 있다. 헤겔의 자연철학에서 자연의 발전사는 전혀 고려되어 있지 않으며, 물론 자연을 구분하는 한 측면에도 포함되지 않는다. 근래에 우주에 대한 칸트의 발전적 이해와 생물에 대한 괴테와 라마르크Jean-Baptiste Pierre Antoine de Monet, chevalier de Lamarck•의 진화론적 이해 등이 있었음에도 자연이 발전하지 않는다고 생각한 것은 어떻게 보더라도 헤겔의 생각이 뒤처졌음을 보여준다. 이는 결국 자연은 정신과 반대로 단순한 분산과 고립이며 "발전은 오직 개념에서만(정신에서만) 허용된다"••는 관념론의 전제에서 나온 귀결이다.

이와 관련하여 자연 그 자체의 역사가 아니라 자연과학의 역사와 자연철학의 관계에 대한 헤겔의 말에도 주목해야 할 것이다. 여기에서 헤겔은 정신현상학과 논리학과 반대로 역사와 이론을 칼같이 분리한다. 즉 그는 다음처럼 말한다. "철학은 자연에 대한 경험과 일치해야 할뿐더러 철학적 과학의 발생과 형성은 경험적인 물리학을 전제이자 제약으로 삼는다. 그러나 어떤 학문의 발생 과정과 준비 단계 및 그 형성은 별개이다. 전자는 후자에게 더 이상 기초로 나타나지 않는다. 여기에서 기초가 되는 것은 오히려 개념의 필연성이어야 한

• 장바티스트 피에르 앙투안 드 모네, 슈발리에 드 라마르크(1744~1829). 프랑스의 생물학자이자 진화론자. 1809년 저서 『동물철학』에서 생물이 환경에 적응해 후천적으로 획득한 형질(획득 형질)이 다음 세대에 유전되어 진화가 일어난다고 하는 용불용설用不用說을 제시하였다.

•• "이는 개념의 변화만이 발전이겠기에 말이다."(『철학강요』, 230쪽)

다."[•11]

여기에서도 또한 '개념의 필연성'이다! 그러나 자연철학에서 개념의 필연성은 그 시대의 여러 자연과학이 어느 정도로 자연의 객관적 관계를 발견했는지라는 발전 수준으로 제약되며 기초 지어진다.

그러나 헤겔의 자연철학이 갖는 주요한 결함은 자연에 자연이 아닌 신비적 이념에 따른 구분을 강요한 점과 자연에게 발전사를 허용하지 않은 점이다. 이와 반대로 우리는 자연을 자연 자신의 연관 속에서 이해하고 자연 또한 역사로 파악해야 한다. 자연철학은 그렇게 개조해야 한다. 그러나 자연철학이라는 이름은 이미 오랫동안 자연과학자가 자연에 대한 공상적인 사변에 붙이는 별명이었기 때문에 지금은 항상 안 좋은 것이 연상된다. 따라서 이 새로운 자연철학은 차라리 자연변증법이라 불러야 한다.

• "철학은 자연의 경험과 일치해야 할 뿐 아니라 철학적인 학문의 발생과 형성은 경험적인 물리학을 그의 전제로 하며 조건으로 삼는다. 그러나 한 학문의 발생 경과와 예비 작업은 그 학문 자체와는 다르다. 학문 그 자체 속에서 그 발생 경과와 예비 작업이 기초로 나타난다는 것은 벌써 불가능하다. 여기서 기초가 되어야 할 것은 오히려 개념의 필연성이다."(『철학강요』, 228쪽)

5장

법철학

▲

1. 프로이센 정부와 헤겔

헤겔은 1818년에 베를린 대학에 부임하여 1820년에 『법철학』[1]을 썼는데 이때 그의 사상에 중요한 전환기가 있었다. 이 전환기를 조각처럼 명확하게 보여주는 것이 법철학이라 할 수 있다. 법철학은 내용 면에서 헤겔이 그때까지 가진 계몽적이며 민주적인 요소를 포기하거나 극심히 제한하고 봉건적인 프로이센을 무비판적으로 승인했으며, 형식 면에서는 그때까지의 동적이며 부정적인 변증법을 현저히 후퇴시키고 이를 대신하는 정적이며 완결적인 절대적 방법을 앞세웠다는 근본적인 특징을 갖는다. 이러한 새로운 경향에 따른 앞의 사상적 내용의 변화가 뒤의 형식의 변화를 낳았다는 것은 말할 필요도 없다.

헤겔이 이렇게 전환한 근본적인 원인은 무엇일까. 그가 가진 속인주의[2]—낭만적 요소의 완전한 결여 혹은 베를린 대학 교수라는 사회적 지위 등—도 직접적인 주관적 이유 중 하나이긴 하지만 근본적인 제약은 물론 객관적인 상황 안에서 찾아야 한다.

먼저 꼽아야 하는 것은 나폴레옹 몰락 이후 찾아온 유럽 전체의 반동기이다. 이 반동기는 각지에서 혁명의 흐름을 후퇴시켰다. 이를 통해 동유럽 국가의 봉건제도는 다시 안정화되었고, 프랑스에서는 부르주아지가 반동화하여 봉건적 세력과 타협했으며, 프로이센에서는 완전히 무력한 부르주아지가 반동을 강화한 구舊지배 세력 앞에 머리를 조아릴 따름이었다. 이에 대해 조금이나마 항쟁을 시도한 것은 부르주아지가 아니라 부르셴샤프트Burschenschaft•를 중심으로 한 낭만적인 지식계급뿐인 상황이었다.

법철학과 깊은 관계를 갖는 이 운동을 중심으로 프로이센의 상태를 조금 살펴보자. 프로이센은 나폴레옹 전쟁 중에 국민을 고무하기 위해 여러 차례 약속한 헌법••을 빈 회의••• 이후 백지화했을 뿐 아니

• 1815년에 창설된 독일의 학생동맹. 자유주의와 통일 독일을 표방하며 1817년의 바르트부르크 축제 등으로 세를 키웠으나 1819년 칼스바트 결의로 탄압되었다. 1848년 혁명에도 관여하는 등 이후에도 지속되었으나 배타적 민족주의로 경도되었고 1935년 나치에 의해 소멸했다.

•• 1813년부터 나폴레옹에 대항해 벌인 해방진쟁 과정에서 독일 제후들은 의회 설립 등을 포함한 헌법 제정을 약속했다. 이 약속은 1815년 독일연합의정서에 '연합에 속한 모든 국가에서는 란트신분제헌법landständische Verfassung이 시행될 것'이라고 정리되었다. 그러나 이 문구의 모호성 등으로 인해 헌법 제정은 독일 연합국가들 간에 편차가 있었으며 프로이센은 1848년

라 도리어 반동정책을 강화했다. 이에 맞서 나폴레옹 전쟁에 다수가 참가하여 자유사상에 감염되어 있던 대학생들이 저항운동을 일으킨 게 부르셴샤프트운동의 발단이다. 학생동맹은 1815년에 예나에서 만들어진 이후 급속히 각지에 파급되어 1818년 10월에는 전독일학생동맹이 결성되기에 이르렀다. 전년인 1817년 10월 바르트부르크 축제Wartburgfest•에서는 유명 반동작가의 책에 대한 분서가 진행되었고, 1819년에는 그 작가 중 한 명인 코체부August Friedrich Ferdinand von Kotzebue••가 학생동맹 소속의 잔트Karl Ludwig Sand•••라는 학생에게 살

3월 혁명이 일어나기까지 헌법을 제정하지 않았다.

••• 1814년에서 1815년까지 오스트리아 제국 수도 빈에서 열린 국제회의. 나폴레옹 전쟁 이후의 유럽 질서 재건과 영토 분할을 목적으로 오스만 제국을 제외한 유럽 각국 대표가 모여서 진행했다. 양보 없는 이해 충돌로 논의가 진척되지 않았으나 1815년 3월에 나폴레옹이 엘바 섬에서 탈출했다는 소식에 급히 타결되어 1815년 6월 9일에 빈 의정서가 체결되었다. 이 의정서를 바탕으로 한 국제 정세를 '빈 체제'라고 한다.

• 1817년 10월 18일과 19일에 독일 바르트부르크에서 예나 대학 학생들이 주축이 되어 열린 축제. 이 축제는 얀의 제자들이 1817년 10월 종교개혁 300주년과 라이프치히 전투(1813년 나폴레옹 군대와 프로이센·오스트리아·러시아 연합군 간에 벌어진 전투) 4주년을 연결 지어 기념한다는 기획으로 열렸으며 1300여 명의 학생들이 참가했다. 이 축제에서는 비민족적이고 보수적인 서적들과 구체제·군국주의를 상징하는 물건들이 불태워졌는데, 이는 1520년 루터Luther의 95개 반박문에 대한 답변으로 교황이 보내온 「대교서Exsurge Domine」를 루터의 제자들이 불태운 데서 유래했다.

•• 아우구스트 프리드리히 페르디난트 폰 코체부(1761~1819). 독일의 극작가. 독일과 러시아를 왕래하다가 러시아 외무부에 협조하는 역할을 맡았고 독일에서 자유주의 및 민족주의를 비판하는 등의 활동을 하다가 독일의 대학생 카를 잔트에게 살해되었다.

••• 카를 루트비히 잔트(1795~1820). 부르셴샤프트운동에 가담한 독일의 대학생. 1819년 3월 23일에 코체부를 단도로 살해했다.

해당했다.

이에 당황한 메테르니히Klemens Wenzel Lothar von Metternich•와 프리드리히 빌헬름 3세Friedrich Wilhelm III••는 1820년 9월 칼스바트 결의•••를 통해 학생동맹 금지, 얀Friedrich Ludwig Jahn 체조학교•••• 폐쇄, 교수와 학생 감독기관인 중앙감독위원회 설립 등을 실시하고 대학 강의·논문·결사를 엄중히 감시했다. 여기에는 밀정을 통한 대규모 데마고그 사냥이 뒤따랐다. 당시 대학에 있던 자유주의 교수들의 활동이 얼마나 통제되었는지는 상상을 넘어선다. 예를 들어 베를린 대학의 신학 교수 데 베테Wilhelm de Wette•••••는 학생 잔트의 모친에게 위로의 편지를 보냈다는 이유로 파면되었고, 슐라이어마허의 설교는 경찰에게 끊임없이 감시받았으며, 아른트Ernst Moritz Arndt••••••는 강의가 금지되고

• 클레멘스 벤첼 로타어 폰 메테르니히(1773~1859). 오스트리아 제국의 정치가이자 외교가. 빈 회의를 주재하고 오스트리아 수상으로서 빈 체제를 지탱했다.

•• 1770~1840. 프로이센의 국왕.

••• 1819년 독일 연합을 구성하는 주요 10개 국이 모여서 만든 결의. 대학법·출판법·수사법이라는 세 개 법안을 골자로 삼았으며 자유주의·민족주의 운동 등을 억압하는 내용을 담고 있었다.

•••• 프리드리히 루트비히 얀(1778~1852)이 세운 체조학교. 얀은 애국적 문인으로 체조운동을 주창하고 독일 국민의 육체 단련을 통한 정신의 각성과 인격의 도야를 주창했다. 1811년 체육관이 세워진 이후에는 조국애와 민족 해방을 바라는 청년들이 모여들었고 프로이센이 주도하는 독일 민족국가의 통일을 주장했다.

••••• 빌헬름 데 베테(1780~1849). 독일의 신학자. 신학에서의 비판적 인간론 확립을 주창했으나 자유주의 혐의를 받아 베를린 대학에서 추방되었다.

•••••• 에른스트 모리츠 아른트(1769~1860). 독일의 시인이자 저술가. 나폴레옹 1세의 지배에

바이마르의 카를 아우구스트 대공Karl August•에게 조차 눈총을 받는 상태였다.

이러한 정세에 대해 프로이센 정부는 단순한 경찰 강화 외에 사상적인 대책도 강구할 필요를 느꼈다. 그 결과 1817년 말에 내무부의 한 부서에 지나지 않았던 종교와 교육에 관한 감독기관을 독립시켜 교육부를 만들고 초대 장관으로 자유주의자를 자칭하는 알텐슈타인Karl vom Stein zum Altenstein•• 남작을 임명했다. 당연히 알텐슈타인의 과제는 학생운동과 그 배경에 있는 낭만적 자유주의 교수들에 대한 사상 선도였다. 알텐슈타인이 생각하기에 그들이 성급하고 미숙한 운동을 펼치는 것은 역사가 필연적이며 점진적으로 올바르게 발전한다는 과정을 알지 못하기 때문이었다. 따라서 그들에게 이 올바른 발전의 방향을 알려주면 혁명적 충동을 좋은 방향으로 향하게 할 수 있으며, 이를 방법적으로 해명하고 교시해줄 수 있는 것은 철학 외에 없었다.[3] 그리고 이 '계몽'적인 귀족정치가에게 그런 철학을 가진 자로 눈에 든 것이 바로 헤겔이었다.

알텐슈타인은 취임 후 첫 번째 업무로 하이델베르크에 있던 헤겔

저항하여 애국 의식을 고양하는 시와 논문을 썼다. 『라인강은 독일의 강이지 독일의 국경이 아니다Der Rhein, Teutschlands Strom, aber nicht Teutschlands Gränze』라는 저작으로 유명하다.

• 1757~1828. 진보적인 정책을 취했으며 괴테와 교류하며 널리 학문을 장려하고 바이마르 공국을 독일의 문화 중심으로 만들었다.

•• 카를 폼 슈타인 줌 알텐슈타인(1770~1840). 프로이센 최초의 교육부 장관. 베를린 대학과 본 대학을 창설했다. 피히테의 영향을 받아 자유주의자에게 관대한 태도를 취했다.

을 피히테가 죽은 뒤 공석으로 남아 있던 베를린 대학 교수 자리에 정중히 초청했다. 헤겔은 이미 이 시절에 하이델베르크 대학 취임 연설(1816)[4]에서도 볼 수 있듯 세계의 현실적인 변혁의 시대는 지나고 사상적 고찰의 시대가 왔다는 상당히 무비판적 실증주의를 노골적으로 드러냈으며, 지위의 안정이라는 점에서 알텐슈타인의 초빙에 큰 기쁨으로 응했다.

따라서 당연한 결과로서 헤겔의 임무는 프로이센 국가를 합리화하는 한편 학생동맹의 운동에 이론적인 근거를 제공하고 있던 소시민적 낭만주의 철학을 극복하는 것이었다. 이 작업은 물론 큰 방향에서는 반동적이다. 그러나 한편으로 프로이센이라는 국가를 시인하는 것은 나중에 서술하듯 단순한 반동에 그치지 않았으며, 또 한편으로는 헤겔이 대립한 학생동맹 운동이 부르주아지 운동이 아니라 다분히 공상적인 소시민적 이론을 가진 운동이었다는 점을 부디 염두에 두어야 한다. 요컨대 헤겔은 왕정복고 시기의 후진적인 독일 소시민이 아니라 부르주아지의 의견을 대표했던 것이다.

헤겔이 이 소시민적인 혁명운동의 이데올로기에 어떻게 대립했는지 조금 살펴보자. 그는 주로 『법철학』 서문에서 프리스가 '대장'이었던 이 낭만주의에 대해 비판하고 있다. 그 요점은 먼저 사회의 도덕 및 법의 객관성과 합리성을 주장하고 "현재 일반적으로 타당하며 승인되고 있는 것을 고의로 멀리하는 것"[•]을 자유라고 생각하는 프리

• "마치 그 밖에 모두에게 인정되고 타당시되는 것에서 일탈하여 뭔가 특별한 것을 안출

스 등의 주관적이며 감정적인 이상주의를 비판한다. 또한 그 결과 낭만주의가 빠지게 되는 합리적 사유에 대한 경멸 및 철학에 감정·신비·꿈 등을 도입하는 것에 대해 비판한다. 이는 낭만주의가 가진 악한 소시민성에 대한 지적으로 완전히 정당하다고 해야 한다.

그러나 헤겔은 이와 함께 낭만주의가 갖는 프로이센의 봉건적 현실에 대한 정당한 혁명성도 모두 부정한다. 그는 프리스가 바르트부르크 축제에서 한 연설 중 "진정으로 공동정신이 지배하는 국민에 있어서는 공공의 일에 속하는 모든 사업의 생명이 아래로부터, 즉 민중에게서 샘솟으며 살아 숨 쉬는 사회가 우정의 성스러운 유대를 통해 단단히 이어져 국민 교육 및 국민적 봉사에 관한 어떠한 개별적인 일에도 헌신할 것이다"라는 구절을 두고 "부끄러워하지 않고 말했다"•5라고 했는데, 성스러운 우정의 유대라는 감상주의는 비난받아야 하겠지만 '모든 사업의 생명이 아래로부터, 민중에게서 주어진다'는 것은 낭만주의가 갖는 혁명성을 보여준다. 이 역시 부정해버렸다는 것은 헤겔이 청년 시절 및 논리학 시절에 가졌던 비판성을 상실하고 무비판적인 실증주의 시기, 더욱이 반동기에 들어섰음을 나타낸다.

해내는 것 (…)."(『법철학』, 임석진 옮김, 한길사, 2008, 34쪽)

• "자칭 철학자라고 하는 이렇듯 경박한 무리의 총수인 프리스 씨는 어느 악명 높은 공공 축제 행사에서 국가와 헌법에 관하여 연설하는 가운데 다음과 같은 말을 부끄럼도 없이 지껄여댔다. '진정한 공동체 정신이 지배하는 국민에게서라면 그가 어떤 공무를 수행하는 경우에도 생명은 아래에 있는 국민에게서 우러나올 것이다. 또한 국민 교육과 국민적 봉사를 위한 모든 업무에서도 생동하는 많은 동아리가 우애로 이어진 성스러운 사슬에 의해 굳게 뭉쳐서 일신을 불사를 것이다' 운운."(『법철학』, 40쪽)

헤겔은 그렇게 소시민적인 낭만주의 혁명운동에 반대하고 프로이센 국가를 합리화했다. 이는 유럽 부르주아지의 일반적 반동화에 따라 헤겔 자신도 반동화했음을 보여주는데, 그렇다고 해서 그가 부르주아지의 이데올로그이기를 멈추고 순전한 봉건 세력의 옹호자 및 어용학자가 된 것은 아니다. 헤겔은 다만 봉건적 세력과 타협해야 하는 독일 부르주아지의 모습을 반영했을 뿐이다. 이는 봉건적 국가 이데올로그라고 할 수 있는 사비니Friedrich Carl von Savigny•와의 대립을 보더라도 명백하다. 헤겔이 어디까지나 부르주아지의 이데올로그였다는 점은 확실히 해두어야 한다. 이를 위해서는 독일 부르주아지 특유의 지위에 대해 조금 알 필요가 있다. 독일 부르주아지는 자기 자신의 발전을 위해 유력한 국가와의 타협 혹은 국가의 비호를 어느 정도까지 불가피하게 필요로 했다. 부르주아지의 무력함과 독일 특유의 사정이 몇 가지 점에서 둘의 이해를 일치시켰기 때문에 이는 필연이었다.

독일의 산업 발달이 시민사회가 더 발전한 영국 및 프랑스의 산업에 압박되지 않기 위해서는 프로이센 등의 정부 보호가 필요했으며, 나폴레옹의 군사적 정략으로 인해 독일이 식민지화되는 것도 독일 산업을 위해 바람직하지는 않았을 것이다. 이러한 이유로도 무력한

• 프리드리히 카를 폰 사비니(1779~1861). 독일의 법학자. 역사법학을 세우고 로마법에 대한 역사적 연구로 알려졌다. 저서로 『현대 로마법 체계System des heutigen römischen Rechts』 등이 있다.

독일의 부르주아지는 군대를 가진 봉건적 세력과 타협할 필요가 있었다.

한편 수백 개의 봉건적인 소국으로 나뉜 독일의 사분오열 상태는 독일의 산업 발달에 견딜 수 없는 질곡이었으며, 독일의 통일은 독일 부르주아지와 지식계급의 치열한 바람이었는데 이는 단지 프로이센 혹은 오스트리아의 힘을 통해서만 이루어질 수 있었다. 또한 프로이센 국내를 보면 프로이센 국왕은 국내 영주들과 이해가 대립하여 이들과 투쟁할 필요가 있는 한에서는 '계몽적'인 입장을 취하고 부르주아지와 이해를 공유했다. 예를 들어 프로이센 정부는 국내 영주들의 반대를 무릅쓰고 19세기가 된 후 극히 형식적이었지만 농노해방령을 두 차례에 걸쳐 발포했다. 이는 귀족의 봉건적 특권을 박탈하여 강력한 중앙집권제를 만드는 한편 우수한 병사의 획득과 농민의 납세력 증대를 위해 국왕에게 필요한 일이었으나, 부르주아지의 발전에 있어서도 필연적 전제가 되는 것이었다. 그러한 공통의 이해가 부르주아지 이데올로그인 헤겔이 프로이센 국가의 봉건적 요소를 합리화하는 원인 중 하나가 되었다.

위와 같은 프로이센의 특수한 사정 때문에 헤겔이 법철학에서 봉건적 세력과 타협한 것은 독일의 진보를 위해 필연적이기도 했다. 그러나 이 타협 안에는 부르주아지가 갖는 반동성 또한 결합되어 있다. 이 반동성은 프랑스 부르주아지가 정권을 획득한 순간 바로 소시민과 노동계급에 대해 노골적으로 드러내고, 영국 부르주아지가 17세기 이래 봉건 세력과의 끊임없는 투쟁과 타협 속에서 보여온 그 반동성이다. 헤겔은 일반적인 독일 지식계급과 마찬가지로 이미 프랑스 혁명에서 자코뱅당이 진정으로 자유와 평등을 요구하자마자 곧바로 이에 대한 동정을 잃었다. 요컨대 부르주아 이데올로그인 헤겔은 이미 정치 논문 「뷔르템베르크 국회 비판Beurteilung der in Druck erschienenen Verhandlungen in der Versammlung der Landstände des Königreichs Württemberg im Jahre 1815 u. 1816」에서 보여주었듯 진정한 민주주의를 두려워한 것이다. 법철학에는 대중이 정치에 참여하는 것에 대한 공포가 명백히 드러나 있다. 이것이 부르주아지가 갖는 진보성의 한계이며 왕정복고기는 이 부르주아적 한계를 공공연히 봉건적 세력과 결부시켰던 것이다.

2. 법철학의 구성

헤겔의 『법철학 강요』는 다음처럼 구분되어 있다.

1부 추상적 법
  1장 소유
  2장 계약
  3장 불법

2부 도덕

1장 기도와 책임

2장 의도와 복지

3장 선과 양심

3부 윤리

1장 가족

2장 시민사회

A. 욕구 체계

B. 사법

C. 경찰과 단체

3장 국가

A. 국내법

1) 내적 헌법

a. 군주권

b. 행정권

c. 입법권

2) 대외주권

B. 국제법

C. 세계사

즉 『법철학 강요』는 2부에 이른바 윤리학을 포함하고 있다. 헤겔의 도덕에 대한 학은 칸트처럼 선험적인 단순한 당위의 학이 아니기 때문에 전체적인 사회법에 대한 학의 일부를 이루고 있는 게 특징이다. 그러나 여기에서는 이 부분 및 추상적 법에 대해서는 생략하고 법철학의 핵심을 이루는 국가론을 중심으로 설명한다.

3. 군주·관료·귀족

위의 사정을 반영하여 봉건적 독일의 부르주아 이데올로그인 헤겔은 국가의 최고 형태를 (봉건적인) 단순한 군주정치나 귀족정치, (시민계급의 기치였던) 단순한 민주정치가 아닌 (이 두 세력이 결합한) 입헌군주제라고 보았다. 입헌군주제에서 비로소 군주권·행정권·입법권은 완전히 통일되어 전일적인 유기체를 이룬다는 것이다.

그러나 이때 군주권·행정권 등에서 표현된 봉건적 세력은 과대한 평가를 받는 한편 입법권 안에 제시된 민주주의는 매우 무참하게 제한되고 있다.

먼저 군주권은 최종 의사결정권으로서 행정권·입법권과 함께 국가권력 중 하나인 동시에 구별되는 세 권력을 하나의 개체로 통일하는 주권이자 전체의 정점인 동시에 단초이다. 군주권을 통해 비로소 국가는 단순한 다수의 집합, 권력들의 집합이 아니라 실체적인 통일이 된다. 그런데 실체적인 통일은 관념적인 통일로서 여러 계기를 자기 안에 포함한다. 따라서 "이 관념성 안에서 국가의 특수한 권력 및 직능이 해소되어—각각은 독립적인 자격을 갖지 않으며 전체 이념으로 규정되고 또한 그런 한에서 인정되는 자격을 갖는 존재로 보유된다".•[6] 이는 딱 생물체에서 생명과 각 부분의 관계와 같다. 그러나 군주권이 직접적 개별성, 더욱이 특별한 태생이라는 자연적 규정과 연결되는 것은 어떤 까닭일까. 헤겔은 이 과정이 순수하게 사변적 성질을 갖추고 있으며 오성으로서는 알 수 없다고 말한다.

행정권은 일반 국민의 의지에서 멀리 벗어난 초월적인 관료정치를 합리화한 것이다. 게다가 헤겔이 생각하는 것은 완전히 프로이센 관료정치의 현실 그 자체이다.[7] 그는 관료가 중간계급의 주요 부분을 이루며 공정함과 지식, 기능이 가장 탁월한 부분이라고 온 곳에서 그 교양과 공평성을 예찬하는데, 이 관료는 헤겔의 국가 그 자체가 그렇듯 시민사회와 완전히 유리된 위로부터의 권력이다. 따라서 헤겔이 이 권력을 위해 반복하여 강조하는 공정함과 지식 등에 대해서는 어떠한 보증도 없다. 단지 관리가 되기 위한 시험제도가 거론되어 있으나 시험제도는 결코 행정권 전체와 시민사회 전체의 동일성을 매개하는 것이 아니며, 시험 응시는 이미 일정한 재력과 교양, 한가함 등을 전제하므로 단순히 시민사회 안의 특권적 부분과의 동일성을 보증하는 가능성을 지닐 뿐이다. 게다가 최고 관리의 지위는 귀족이 특권적으로 차지해야 하는 것이다. 이렇게 보면 행정권에 관한 헤겔의

• "국가의 특수한 권력이나 업무는 해체되면서 동시에 유지되고 있으며, 유지된다 해도 독립된 권한을 갖는 것이 아니라 오직 전체의 이념에 합치되는 한에서 일정한 권한을 가질 뿐이다. 즉 특수한 권력이나 업무는 전체가 갖는 힘을 근간으로 하여 단일한 자기로서 있는 전체 속의 유동적인 부분을 이룬다."(『법철학』, 500쪽)

연역은 완전히 전제적으로 국민에게 강제된 관료정치에 대한 변호임을 알 수 있다.

헤겔은 또한 국가에서의 귀족의 필연성을 증명하려 한다. 그는 군주권과 국회가 적대적으로 될 가능성이 있음을 인정한다. 이 적대 가능성, 헤겔에 따르면 둘의 '추상적 관계'를 매개하여 적대성이 없는 '이성적 관계'로 만드는 것이 군주권 쪽에서는 방금 말한 관료이며, 국회 쪽에서는 귀족계급이다. 군주권과 입법권을 국회 편에 서서 매개하는 귀족이라니, 이게 가능할 것인가! 그러나 가능하다. 그만큼 헤겔이 생각하는 국회는 초월적인 국회이다. 어쨌든 그런 의미에서 귀족계급은 필연이다. 그런데 귀족이 그런 지위를 획득할 수 있는 것은 헤겔에 따르면 귀족이 군주와 국회 양쪽의 성질을 합쳐 가지고 있기 때문이다. 즉 "이 계급은 생존에 대해서는 토지 소유를 기초로 하며, 따라서 그 특수성에 관해서는 자기 자신의 의욕을 갖는 한편 군주적 요소가 포함하는 자연 규정도 가지고"•8 있기 때문이다. 앞은 시민적 요소이며 뒤쪽은 군주적 요소이다. 그러나 그런 자격에 따른 매개란 국회에서 민주적 경향을 견제하는 역할에 지나지 않는다는 것은 자명하다. 또한 헤겔은 귀족이 그런 매개적 필연성과 동시에 그 재산의 질과 양으로 인해 가장 정치에 헌신할 수 있는 좋은 계급이라

• "이 계층은 가족생활을 토대로 하여 생계와 관련해서는 토지 소유를 토대로 하며, 따라서 그의 특수한 욕구를 충족시킨다는 점에서는 자발적인 의욕을 지니고 장자상속을 유지한다는 점에서는 출생의 원리를 군주와 공유하고 있다."(『법철학』, 542쪽)

는 것을 소피스트적으로 논증한다. 즉 "이 계급은 현실 산업이 갖는 불안정성과 영리심 및 점유물 일반의 변화에서 자유로우며, 또한 국가 재산에서도 자유롭고—또한 행정권의 은혜와 집단의 은혜에서도 자유로운 한편 그 재산은 양도할 수 없는 장자 상속 의무가 있는 세습 재산인 결과로 귀족계급은 자유자재로 후환 없이 정치를 위해 진력할 수 있는 것이다".[•9] 그리하여 이 계급은 본질적으로 정치 활동을 하도록 정해져 있으며, 따라서 선거라는 우연적인 것에 의존하지 않고 단지 태생에 따라 국회에서 자리를 차지할 권리를 갖는다. 그리하여 귀족은 드디어 왕위와 사회(?)의 수호자가 된다.

여기까지가 귀족 계급의 필연성에 대한 증명이다. 헤겔이 생각하기에 이 증명은 경험적인 성질을 갖지 않으며 개념 스스로의 자기 증명이라고도 봐야겠지만, 사실은 프로이센의 실상에 대한 완전히 경험적인 서술이며 이에 대한 놀랍도록 서툰 합리화 시도에 지나지 않는다. 헤겔이 저지른 가장 큰 자가당착은 가장 정신적이며 합리적이라고 하는 국가 안에서 자연적인 태생적 특권이 존재할 최대의 장소를 찾으려 한 것, 아니 이 자연적인 것 아래 합리적인 것을 종속시키

• "토지귀족계층이 정치적인 지위와 의의를 지니도록 제도적으로 배치되는 것은 그의 재산이 국가재산에서도, 그리고 상공업이나 이윤 추구나 소유주의 변화에서도 독립해 있고—나아가서는 통치권의 호의나 대중의 호의에서도 독립해 있기 때문이다. 게다가 정치적 사명을 걸머지고 있는 이 계층의 성원은 다른 시민이 갖는 것과 같은, 자기 전재산을 자유롭게 처분하거나 자녀들에 대한 사랑을 동등하게 베풀기 위해 모든 재산을 그들 전원에게 골고루 양도하거나 하는 권리를 결하고 있어서 재산을 마음 내키는 대로 다룰 수 없게 되어 있다—이렇듯 토지귀족의 재산은 양도할 수 없는, 장자상속권을 떠안은 세습재산이다."(『법철학』, 542~543쪽)

려 한 것이다.

헤겔은 이외에도 다수의 봉건적 잔재를 합리화하려는 노력을 하는데 거기서는 이미 베른 시절에 있던 혁명적 정신이 단 한 조각도 보이지 않는다.

지금까지 봉건적 세력에 대한 헤겔의 생각을 살펴보았는데 이제 반대로 민주주의에 대한 생각을 보도록 하자.

4. 국회

헤겔은 국가를 기존의 방법인 변증법, 즉 대립물의 동일로 이해하지 않고 반대로 철두철미하게 조화로운 전일체로, 그 가지들은 서로 협력하는 것으로 이해한다. 그러나 봉건적 지배권력에 대한 시민계급 등의 투쟁이 조금이라도 반영되어 있는 국회는 그 대립적인 성질을 다 덮지 못했다. 그래서 앞서 말한 것처럼 국회는 정부와 대립할 가능성이 있다고 한 것이다. 그러나 대립할 가능성이 있다고 하더라도 본질적으로 서로 대립하는 것은 아니다. "국회에 대한 정부의 태도는 본질적으로 적대적이어서는 안 된다. 이 적대 관계의 필연성을 믿는 것은 슬픈 오류이다"•[10]라고 헤겔은 말한다. 그러나 마르크스

• "의회에 대한 정부의 입장은 본질적으로 적대적이어서는 안 된다. 이 양자의 관계는 필연적으로 적대적이리라는 믿음은 한심할 정도로 잘못된 생각이다."(『법철학』, 537쪽)

Karl Marx에 따르면 이는 '슬픈 진리'이다. 또한 정부는 나쁜 의지를 가지며 국회는 좋은 의지를 가진다는 것은 천민의 사고방식이고, 거꾸로 "국회는 계급들의 개성, 사적인 입장 및 특수한 이익에서 유래하기 때문에 공익을 희생하여 이들을 위해 진력하려는 경향이 있으나, 국가권력의 다른 계기는 이미 스스로 국가라는 입장에 입각하여 일반적 목적에 헌신한다는 반박을 초래할 것이다"•[11]라고 말한다. 즉 국회는 더 좋은 의지를 대표하는 것도 아니며, 구별이 있다면 오히려 사적 이익의 대표와 공적 이익의 대표 사이의 구별이다. 사실 헤겔은 정부 구성원인 관료를 항상 가장 교양 있고 가장 객관적인 계급으로 칭송하기 때문에 나머지 계급은 당연히 더 교양이 낮고 더 주관적이다. 즉 국회는 국회를 초월하는 관료 정부에 대해 대립은커녕 감시라는 직능조차 갖지 않는다. 그렇다면 결국 국회는 정치기관으로서 불필요하지 않을까. 사실 헤겔은 정치에 대한 포괄적인 통찰과 행정에 대한 우수한 능력과 습관을 가진 국가의 최고 관료는 국회 없이도 최선을 이룰 수 있다고 말한다.

그러나 국회는 근대 국가에서 현실로 존재한다. 따라서 헤겔은 이에 대해서 어떤 철학적 해석을 내놓아야 한다. 헤겔은 국회를 독립적

• "계층을 대표하는 의회란 개별성이나 사적인 입장 또는 특수한 이익에 바탕을 둔 것이므로 모름지기 이것은 특수이익을 위하여 공동이익을 희생시키는 데에 그의 영향력을 행사하려는 경향이 있는 것은 아닌가 하는 식이다. 그런데 이에 반하여 국가권력에 속하는 조직 내의 다른 요소들은 그 자체만으로도 국가의 입장에 서서 공동의 이익에 헌신하게 되어 있다는 재반론이 나올 수 있다."(『법철학』, 537쪽)

인 정치권력이 아니라 단순한 정부 혹은 군주와 인민 사이에 있는 매개 기관으로 보았다. 따라서 그는 다음과 같이 말한다. "오직 군주와 인민만이 존재하는 전제국가에서 인민이 행동한다면 단지 조직에 대한 파괴적인 군집으로만 나타난다. 그러나 유기적으로 나타날 때 집단은 그 이익을 합법적이며 정상적인 방법으로 수행한다."•[12] 즉 국회는 '파괴적인 군집'에 대한 국가의 안전핀이다. 앞서 제시한 것처럼 헤겔에게는 귀족계급과 관료가 모두 매개적인 것이었는데, 여기에서는 다시 국회가 매개로 된다. 그리하여 헤겔에게 "헌법은 본질상 매개의 체계"••가 된다. 이 모든 방면에서의 매개적이고 조정적인 입장이 바로 법철학의 근본적 특징인 것이다.

그러나 이 국회라는, 인민 측에 가장 가까운 매개 기관에 헤겔은 모든 방면에서 이중삼중으로 그 기능을 제한하는 운명을 부여한다. 국회는 매개 기관으로서 아래로는 인민의 의지를 대표하는 동시에 위로는 입법권을 갖는다. 그러나 이 입법권은 국회가 독점적으로 갖지 않으며, 최고 결정이 귀속하는 군주적 계기와 가장 객관적이며 가장 정무에 숙련된 '행정권'이라는 두 다른 계기와 함께 나누어 갖는다. 그리고 국회는 다시 두 개의 원으로 나뉘는데 상원은 선거에 따르지 않고 출생을 따르는 귀족계급으로 구성되며, 앞서 말한 대로 하

• "군주와 국민만이 있는 전제국가에서 만약 국민이 행동한다면 오직 조직에 대한 파괴적인 집단으로 행동할 뿐이다. 그러나 군중도 조직적으로 행동에 착수하면 스스로의 이익을 법과 질서에 합당한 방법으로 관철해나간다."(『법철학』, 539쪽)

•• "정치체제 또는 헌법은 본질적으로 매개의 체계이다."(『법철학』, 539쪽)

원에 이르러서야 비로소 국민 안에서의 선택이 이뤄진다. 그런 제한을 통해서 처음으로 국민의 의지 표시가 허용된다. 무엇 때문일까. 그들이 우매하기 때문이다. 인민은 인민 자체의 의지가 무엇인지를 관료와 귀족보다 모르는 것이다! "사람의 의지가 무엇인지, 더 나아가 즉자대자적으로 존재하는 의지, 이성의 의지가 무엇인지 아는 것은 깊은 인식과 통찰의 열매이며 인민이 전혀 알지 못하는 것이다."•[13] 요컨대 헤겔은 군주권 · 행정권 · 입법권에 대해 프로이센 국가의 현 제도를 완전히 그대로 서술했을 뿐이다. 그리고 그는 이를 그대로 국가의 영구한 본질로 보았다.

5. 유기체설

헤겔이 위와 같이 국가를 인민의 의지와 분리하여 초월성을 부여한 것은 법철학에서 뚜렷하게 나타나는 특징인 '국가와 시민사회의 완전한 분리'의 원인이 된다. 헤겔은 국가를 시민사회 안에서 발견하는 관점, 특히 루소가 주창한 사회계약론의 원자론적 · 외면적 · 실용적인 관점을 통렬히 비판하며 자신의 유기적이고 필연적인 철학적

• "누구나 자기가 바라는 것을 안다는 것, 하물며 절대적인 의지, 즉 이성이 바라는 것을 안다는 것은 심오한 인식과 통찰의 결과로 얻어지는 것이지, 국민이 알아서 챙길 일은 아닌 것이다."(『법철학』, 536쪽)

국가관을 대립시킨다. 따라서 헤겔에게 본래 외면적 관계로 결합되어 있는 시민사회는 국가와 본질적으로 다르다. 시민사회 또한 생명과 재산의 보증 수단인 법과 시민의 특수이익 및 공통이익을 위한 외적 질서를 가진다. 그러나 그런 시민 사이의 이해관계에서 귀결되는 것은 '외면적 국가', '오성적 국가'에 지나지 않으며 진정한 국가는 시민사회보다 높은 질서에서 이를 초월하여 존재한다. 헤겔은 사회 및 국가에 대한 루소와 칸트 등의 이러한 자연법적인 이해와 자신의 유기체적 이해를 반복해서 구별하고 있으며, 사실 칸트의 자연법과 헤겔의 유기체설을 본질적인 대립으로 보는 견해가 보통 인정된다. 그러나 이것이 과연 본질적인 대립이냐 하면 그렇지 않다. 헤겔은 자연법학자와 마찬가지로 현실 (시민)사회는 개개 인간의 외적이며 형식적인 결합일 뿐이라는 것을 인정한다. 그는 시민사회의 기구와 사회의 운동 속에서 유기적인 법칙을 찾아낸 게 아니었다. 헤겔은 가까스로 사회 밖에서 유기적인 구조를 관념적으로 발견한 데 지나지 않는다. 시민사회 자체가 기계적이며 외면적으로 이해되었다는 점과 사회의 본질을 인식하고 거기서 필연적으로 국가의 본질을 도출하지 않았다는 점에서 자연법과 유기체설은 차이가 없다. 즉 이 둘은 모두 부르주아지 국가이론이라는 점에서 하나이다. 그러나 물론 칸트와 루소의 자연법과 헤겔의 유기체설 간에 내용적인 차이가 없지는 않다. 자연법은 봉건국가와 투쟁하려는 시민계급의 사회이론으로서 사회 구성원이 국가의 기초가 된다. 한편 유기체설은 봉건적 국가와 타협하고 반동화된 시민계급의 사회이론으로서 모든 개개 시민의 권리를 국가 안에 매몰시킨다. 전자는 독일 시민계급이 프랑스 혁명 전에 가진 이론이며, 후자는 프랑스에서 시민계급이 정권을 획득한 후 독일 시민계급이 얻은 이론이다. 둘은 그 점에서 차이가 있지만 다른 두 시기의 같은 독일 시민계급의 이론이었다는 점에서는 동일하다. 자연법은 필연적으로 유기체설로 발전할 수밖에 없다. 둘 다 사회를 외면적으로 이해하는 데 그쳤을 뿐 사회에 대한 기계적·원자론적 이해를 진정으로 벗어나게 하는 사회의 본질적 대립, 계급 대립을 보지 못했다는 점에서는 완전히 동일하다.

우리는 앞에서 유기체설이 자연법과 대립한다는 일반적인 생각이 잘못되었다는 것을 보았다. 다음으로는 유기체설이 자기 안에서 갖는 결함에 대해 살펴보자. 헤겔의 정신현상학과 논리학의 방법은 변증법이었다. 그러나 베를린 시절의 법철학에서 변증법은 진수와 생명을 상실하여 정지적停止的·완결적·조정적調整的인 방법으로 전락하고 도리어 종종 궤변이 되기까지 한다. 헤겔의 유기체설도 완전히 그런 특징을 갖춘 관념적이며 죽어버린 통일체를 의미하는 데 지나지 않는다. 본래 유기체적 사유는 통제 없는 원자론적 자연법과 달리 조직적인 전체적 사유로서 더 높은 것이어야 한다. 그러나 실제 헤겔의 유기체설은 칸트의 자연법에 비해 이론으로서 전혀 높지 않을뿐더러 반동적이다. 이 까닭은 직접적으로는 헤겔의 유기체설이 유기체가 완전히 응고하여 죽어버린 측면만을 비유로 다루고 유기체의 동적인 부정적 측면은 다루지 않았기 때문이다. 헤겔의 논리학에서는 대립과 모순이 바로 생명과 자기운동의 원인이었다. 따라서 유기체의 본질을 인식하기 위해서는 먼저 그 안에 숨어 있는 모순과 대립을 찾아내어 이를 모순과 대립의 통일로 봐야 했을 것이다. 그런데 '유기체설'은 국가와 사회 속에서 그런 대립을 전혀 찾으려 하지 않는다. 반대로 앞의 서술에서 드러났듯이 사회와 국가 안의 대립과 모순을 되도록 은폐하고 말살까지 시도하며 국가와 사회 안의 모든 계기를 매개적·조정적으로 보려 한다. 이 결과 사회와 국가의 필연적 진전은 정지되고 헤겔 시대에서 사회와 국가는 최후의 절대적 단계에 도달하게 되었다. 이것이 헤겔의 유기체설이 갖는 본질이었다.

6. 법에 대한 무비판적 실증주의, 역사와 이론의 분리

법철학에서도 헤겔은 자신의 특성인 현실적·객관적·실증적인 태도로 법률과 국가, 시민사회를 고찰한다. 그리고 그런 태도를 통해 소시민적인 낭만주의 철학의 관념적·주관적·감정적 태도와 날카롭게 대립했다. 이 결과 민족과 법률, 국가 등은 자신이 내포하는 개인의 주관적 의지에 따라 필연적 법칙이 좌우되지 않으며, 개인은 거꾸로 그 실체 속에서만 구체적이고 이를 넘어설 수 없다. 이러한 객관적인 관점이 역사철학의 영역에서는 의심의 여지 없이 뛰어난 역사관이었다. 역사의 주체인 민족은 헤겔에게 법률·종교·예술·관습 및 산업과 기술 등 전체를 가리키기 때문이다. 그런 물질적·정신적 사회 전체를 인간이 넘어설 수는 없다. 따라서 헤겔이 민족의 구체적 형태로 생각한 국가에 대해 "인간은 인간인 까닭을 모두 국가에게 빚진다. 인간은 국가 안에서만 그 본질을 갖는다"•[14]라고 말하는 것은 당연하다. 그러나 이렇다 하더라도 관찰자이자 연구자로서 우리는 과거의 민족 혹은 현대의 민족 그 자체에서 물러나 국가의 역사적 기원을 묻고 학적 비판의 대상으로 삼을 수 있다.

앞에서 서술한 대로 헤겔의 객관적이며 현실적인 좋은 태도는 법철학에서 슬픈 실증주의로까지 바뀌었는데, 이 나쁜 무비판적 실증주의가 법철학에서, 특히 이론과 역사의 분리, 비역사주의로 나타난다는 게 또 다른 특징이다. 즉 국가와 법의 기원을 물을 필요는 없다. 이는 주어진 그대로 절대적이기 때문이다. 정신현상학과 논리학의 최대 특징은 역사와 이론의 통일이었다. 이것이 바로 변증법의 본질이었는데 법철학의 헤겔은 일반적으로 역사와 이론을 분리하는 듯하다. 예를 들어 그는 국가의 역사적 기원에 대해 다음처럼 말한다. "그러나 국가 일반 혹은 오히려 각 특수한 국가와 그 법, 여러 규정의 역사적 기원이 무엇이며 또한 무엇이었는지, 국가는 최초에 가부장 관계, 공포 또는 신뢰, 집단 등에서 발생했는데 또한 그런 국가의 법이 바탕으로 하는 근거가 어떻게 신의 법·제정법 혹은 계약이나 관습 등으로 의식에 파악되어 확정되었는지 등의 문제는 국가 그 자체의 이념과 관계가 없다. 여기서 논하고 있는 학적 인식에 관해서만

• "국가야말로 절대 궁극 목적인 자유를 실현한 자주독립의 존재이고, 인간이 지니는 모든 가치와 정신의 현실성은 국가를 통해서만 주어지기 때문이다."(『역사철학강의』, 48쪽)

보면 오히려 이들은 단순한 현상으로서 역사학적 사실이다."• 그러나 만약 이것이 사실이라면 '필연적'인 국가는 역사적인 국가와 분리되고 본질은 현상과 분리되어 그 자체로서 이상적으로 이해되어야 한다. 헤겔은 이와 마찬가지 설명을 재판에 대해서도 한다.

"재판관 및 재판은 역사적으로 보면 족장 관계·권력 혹은 임의 선택이라는 형식 속에서 발생했을 것이다. 그러나 이는 사태의 개념과 관련해서는 중요치 않다. 폰 할러Karl Ludwig von Haller••가 저서 『국가학의 부활Restauration der Staats-Wissenschaft』에서 시도한 것처럼 왕후 및 통치자 측에서 생각해 단순히 임의의 호혜나 은혜가 재판의 창설을 낳았다고 보는 것은 얕은 생각이다. 법률 및 국가를 논할 때 중요한 점은 그 제도가 일반적으로 이성적인 즉자대자적 필연이라는 것이며, 이것이 발생하여 창설된 형식 같은 것은 이성적 근거를 고찰하는 데 문제가 되지 않는다."•••15 즉 여기에서도 이성적인 고찰은 역사적

• "그러나 여기서 밝혀두어야 할 것은 국가 일반의, 아니, 오히려 각기 특정한 국가의 역사적 기원이나 법·법규의 역사적 기원은 예나 지금이나 어떠한 것인가, 국가는 애초에 가부장적인 관계에서 발생하였는가, 공포 아니면 신뢰에서 비롯되었는가, 아니면 또 직능단체 등에서 생겨났는가, 그리고 국가의 이러한 법이 기초해 있는 것은 어찌하여 의식을 통해 신의 법이나 실정법으로, 또는 계약이나 관습 등으로 이해되면서 그렇게 고정되어버렸는가 하는 등등에 관한 것은 국가의 이념 그 자체와는 관계없는 문제이고 유독 여기서 논의되는 학문적 인식이라는 면에서 본다면 그것은 한낱 현상과 관련된 사적인 문제이다."(『법철학』, 443쪽)

•• 카를 루트비히 폰 할러(1768~1854). 스위스의 법학자. 프랑스 혁명에 적대감을 나타내고 이를 옹호하는 근대 자연법과 계몽철학과 싸웠다. 헤겔이 『법철학』에서 철저하게 비판했다.

••• "재판관이나 재판의 역사적인 성립은 가부장적 관계나 권력이나 또는 자유의지의 선택이라는 등의 형식을 띠었다고 하겠는데, 이러한 것은 사태의 개념과는 아무 상관도 없는 일이

인 고찰과 별개가 되어 있다. 물론 '폰 할러'처럼 법률과 재판을 지배자의 변덕에 따른 호의나 은혜로 해석하는 것은 부당하다. 이는 역사적 사실에 반하기 때문인데, 모든 법률 현상은 누가 언제 제정했는가라는 역사적 사실을 떠나서는 '이성적'으로 해석할 수 없다. 여기에서도 역사와 이론의 통일이라는 헤겔 철학의 가장 좋은 특성 중 하나가 소실되었다는 게 뚜렷이 나타난다. 즉 법을 역사적인 기원을 묻지 않고 단지 주어진 것으로서 그대로 수용하는 무비판적 실증주의가 나타나 있는 것이다.

그렇게 역사를 배제한 결과 등장하는 중요한 귀결은 법이 (역사적인) 주체를 떠나 스스로 허공에서 발전하는 것으로 파악된다는 점이다. 헤겔 법철학에서 법이 갖는 가장 중요한 특징 중 하나는 주체를 갖지 않는다는 것이다. 그에게 법은 특수한 이해를 가진 특정 계급의 것이 아니라 스스로 발생하는 보편자이다. 법이 항상 스스로 특수한 이해를 초월하는 보편적인 것이라고 칭하는 것은 단지 경험적인 사실이다. 법 연구자가 이를 그대로 반복하는 것은 이해가 천박하거나 그 법에서 이익을 느끼거나 둘 중 하나이다. 아마 법의 영역에 있어 헤겔은 둘 모두였을 것이다. 법철학에서는 법률과 도덕이 시종일관 특

다. 폰 할러 씨의 경우처럼 재판제도의 도입이 왕후나 통치자 쪽에서 시행한, 그저 마음 내키는 대로의 호의나 은혜에서 비롯된 데 지나지 않는 것인 양 간주하는 것은 그대로 무사상을 드러낸 것이다. 이러한 무사상이 문제가 되는 것은 법률이나 국가를 논하는 데서 그들의 제도가 이성적이고 절대적 필연성을 지닌다는 데 중점이 두어지는 것이지, 그러한 제도가 어떻게 성립되고 창시되었는가 하는 형식은 그들의 이성적인 근거를 고찰하는 데서 전혀 중요하지 않다는 점을 전혀 예감조차 하지 못한다는 데 있다."(『법철학』, 405~406쪽)

수와 개별에 대해 일반으로서, 결코 특수에 대립하는 특수로 이해되지 않으며 본질적인 대립이 무시된다.

7. 자본주의 사회의 모순과 헤겔

헤겔이 법을 역사적으로는 물론 계급적으로도 보지 않고, 또한 국가를 대립물의 동일로 보지 않은 것은 그가 베를린 대학의 철학 교수로서 프로이센 정부로부터 국가 공인 철학의 작성을 요구받았다는 개인적 사정으로 인해 현실을 객관적으로 인식하지 못했기 때문이다. 그러나 이와 더불어 그 책임은 시대 그 자체가 져야 한다는 것을 잊어서는 안 된다. 즉 이 시대, 특히 프로이센에서는 사회의 현실적인 대립이 아직 부르주아지와 프롤레타리아트의 대립이라는 가장 적나라한 대립으로 나타나지 않았으며, 선진국인 영국에서도 실업과 빈곤 문제는 식민지 획득으로 일단 해결할 수 있는 정도였다. 따라서 자본주의 사회의 모순은 그에게 결코 본질적인 모순으로 보이지 않았다.

그러나 시민사회의 발달이 생산과 소비의 모순을, 더욱이 부와 빈곤의 대립을 필연적으로 낳게 된다는 점은 영국이라는 예에서 더 이상 숨길 수 없는 사실로 나타나고 있었다. 극도로 저렴한 임금과 열악한 조건 아래 일해야 했던 영국 노동자들은 자연발생적으로 폭동을 일으켰는데 앞 세기의 말에는 단체적·의식적 경제투쟁이 발생하기 시작했다. 정부의 탄압으로 1799년과 이듬해 1800년에는 포괄적인 단결금지령이 내려졌음에도 불구하고 기계를 파괴하는 러다이트 운동이 벌어져 단결과 집회, 출판의 자유가 더욱 맹렬히 요구되었다. 헤겔 『법철학』이 쓰이기 바로 전년도인 1819년에는 이른바 맨체스터 학살•이 일어나 기병단이 반항적인 노동자 수십 명을 살해했다.

헤겔은 계급의 의지를 파악하지는 못했으나 이런 사정들은 의외로 정확히 반영하고 있다. 그는 시민사회가 발달하면 재산과 부의 축적이 "한편으로 특수한 노동의 개별화와 제한 및 이 노동과 결합된 계급의 종속성과 궁핍을 증대시킨다"••[16]고 말한다. 이는 우연이 아니라 필연적인 귀결이다. 헤겔은 빈곤의 필연성뿐 아니라 이 계급이 반항하는 필연성도 인정한다. 그에게는 단순히 궁핍할 뿐만 아니라 '부자·사회·정부'에 반항하는 자들이 천민이었는데 천민은 어떤 조건에서 직접 발생할까. "민중이 사회 구성원으로서 자기를 억제하는 데 필요한 일정한 생활양식 규준 아래로 떨어진다면—이로 인해 자기 활동과 노동을 통해 자립하는 권리와 정의 및 명예감정이 상실된—천민이 발생한다"•••[17]라고 헤겔은 말한다. 즉 그는 사회가 그들

• 맨체스터 학살 혹은 피털루 학살Peterloo Massacre은 1819년 8월 16일, 잉글랜드 맨체스터의 성 피터 광장에서 선거법 개정을 통한 의회체제의 개혁을 요구하던 군중에게 군대가 돌격하여 십수 명을 죽이고 수백 명을 부상시킨 사건이다.

•• "한편으로는 특수적 노동의 개별화와 제한성이 증대하면서 이와 동시에 바로 그 노동에 구속된 계층·계급의 예속과 궁핍의 증대가 수반된다는 사실이다."(『법철학』, 23쪽)

••• "사회 성원에게 필요하다고 여겨지는 일정한 생계의 규모는 저절로 정해지게 마련인

을 억제하는 데 필요한 생존양식을 제공하지 않는 데서 빈곤자의 반항이 발생하고 명예감정이 상실된다고 인정한다. 이는 객관적인 인식이다. 헤겔은 자본주의 사회에서의 빈곤의 필연성과 궁핍한 노동계급의 필연적인 반항이 자본주의 사회의 근본적인 구조에 근거한 객관적이며 필연적인 계기라고 인정한 것이다. 그러나 이는 결코 명확하지 않았다. 따라서 그는 역사적으로 필연적인 노동계급이라는 범주도 완전히 룸펜프롤레타리아로서의 천민과 혼동하고 이를 일반적인 게으름과 부당한 반항, 부정의不正義 등과 연결 지음으로써 부르주아적 심리와 노동계급에 대한 공포를 폭로한다. 그리고 그렇게 노동계급을 룸펜프롤레타리아로 봄으로써 종종 이를 모든 시대와 모든 사회에 존재하는 단순한 사회의 우연이자 비본질적인 것으로 해석하여 그 역사성과 근대 사회에서의 필연성 및 본질성을 대부분 무시하고 있다.

그리 명확한 인식은 아니었지만 어쨌든 헤겔은 빈곤의 해결이 근대 사회의 큰 문제이며 이 문제가 객관적이며 집요한 모순이라고 말한다. 이를 자선사업을 통해 구제한다면 "시민사회의 원리, 개인의 독립과 명예감정이라는 원리"에 반하게 되며, 실업자에게 일자리를 주어 구제한다면 "생산 과잉과 소비 결핍을 일으켜 폐해가 여전히

데, 많은 대중이 그 정도의 생활수준을 밑도는 상태로 영락함으로써 정의감이나 준법정신이나 스스로의 활동과 노동으로 생활을 유지한다는 데 대한 자긍심을 상실하기에 이를 때—이것이 천민의 출현을 가져오게 된다."(『법철학』, 428쪽)

남을뿐더러 더 늘어난다"•라고 옳게 서술한다. 그렇다면 이 필연적인 모순을 헤겔은 어떻게 해결하였는가. 변증법을 통해 시민사회는 먼저 특정 사회로서의 자기를 넘어서 자기 밖에서, 즉 산업이 발달하지 않은 토지에서 소비자와 식민지를 찾아내어 모순을 해결한다.[18] 그렇게 그는 본국의 모순을 식민지로 옮겨서 일단의 해결을 보고 자본주의 사회의 필연적인 모순에 대한 언급을 그친다. 헤겔에게는 이것으로 시민사회의 모순이 끝난 것이다. 사실 이 시대에 영국 본토의 모순은 식민지로 일단 해결되는 듯했다. 헤겔의 『법철학』이 세상에 나온 1820년에는 시민사회의 모순, 시민계급과 노동계급의 대립은 아직 전면적으로 나타나지 않았으며 조정될 가능성이 있는 것처럼 보였다. 게다가 이런 외관은 독일이 아니라 바다 건너 영국의 일이었다. 그런 객관적 조건이 바로 헤겔이 법·사회·국가를 계급적 혹은 대립적인 것으로 보지 못하게 만든 가장 큰 이유이다. 그러나 이러한 시대적 한계의 범위 안에서도 그는 영국 정통 경제학파의 입장에 서서 의외로 자본주의 사회를 객관적으로 통찰했다.

• "이것이 시민사회의 원리나 자립과 명예를 중시하는 개개인의 감정의 원리에는 비록 위배된다 해도 궁핍한 사람들의 생계가 노동을 매개로 하지 않고도 보장될 수 있을 것이다. 그런데 이번에는 반대로 그들의 생계가 노동에 의해 (노동의 기회를 제공함으로써) 매개된다고 한다면, 생산량은 증대되지만 여기에 생산과잉이 초래되어 이를 받아들일 수 있는 소비자가 부족해짐으로써 새로운 화근을 낳게 된다."(『법철학』, 429~430쪽)

6장

역사철학

▲

1. 역사철학[1]의 구성

베를린 대학에서 처음 강의한 『역사철학』의 구성을 나타내면 다음과 같다.

역사철학의 일반적인 이론

1. 동양 세계
   A. 중국
   B. 인도
   C. 페르시아

2. 그리스 세계

A. 그리스적 정신의 요소

B. 미적 개인의 형성

C. 그리스적 정신의 몰락

3. 로마 세계

A. 2차 포에니 전쟁까지의 로마

B. 2차 포에니 전쟁부터 로마 제국으로

C. 이후 로마 제국

4. 게르만 세계

A. 그리스교적 게르만 세계의 요소

B. 중세

C. 새로운 시대

a. 종교 개혁

b. 국가 형성에 미친 영향

c. 계몽과 프랑스 혁명

『역사철학』의 번역서는 이미 두 종류가 있으며 동양 세계부터 게르만 세계에 이르는 이 책의 서술은 극히 평이하므로 여기에서는 개요에 대한 서술과 해설을 피하고 헤겔 역사철학의 일반적인 특색을 주로 그리고자 한다.

2. 역사철학의 일반적 특성과 발전 개념

헤겔의 역사철학은 한마디로 거대하고 신비한 관념론이기는 하나, 한편으로 모든 관념론적인 역사철학자 중에서 그만큼 객관적이며 현실적으로 역사 발전을 자체적인 연결 속에서 살펴보려 한 자는 없었다. 그 결과 그는 종종 유물론을 무의식중에 받아들이기까지 한다. 무엇보다 역사철학의 기본적인 특징은 여기에서도 다시 변증법이다. 실로 이 역사의 영역이 바로 헤겔의 일반화된 변증법의 고향이었던 것이다. 역사에서의 변증법, 즉 역사의 근본적 법칙을 발전이라고 본 것은 그의 객관적이며 현실적인 태도와 나란히, 혹은 오히려 그 결과로서 역사철학의 근본적인 특징을 이룬다. 먼저 이 발전 개념에 대해 살펴보자.

앞서 헤겔이 초기 종교 연구 시절에 헤르더와 몽테스키외로부터 영향을 받았다고 했는데 그들이 바로 역사를 포괄적인 단계적 발전이라고 본 최초의 사람들이었다. 헤겔은 이 둘에게 배워 초기 연구에서 이미 발전을 칸트의 절대적인 이원론의 결함을 보충하는 것으로 봤는데, 그 후 정신현상학에서는 발전에 대한 견해를 통해 칸트의 절대적인 이원론을 완전히 극복했다. 그러나 이는 인식론 내지 논리학이라는 형태에서의 발전이며 역사의 발전은 아니었다. 역사 그 자체를 주제로 삼아 그 근본 법칙으로 발전 개념을 명확히 한 것은 베를린 시절에 처음 진행된 역사철학 강의이다.

그런데 발전이 역사의 법칙이라는 건 누구에게나 떠오르는 것이며 헤겔을 기다릴 것도 없는 것처럼 생각된다. 오히려 역사는 발전 이외의 무엇도 아니라고 생각된다. 그러나 자연과학과 사회과학의 모든 영역에서 진화와 발전의 법칙이 실증된 오늘날의 시대처럼 역사를 필연적인 단계에 따른 발전이라고 보는 것은 쉽지 않았다. 독일 관념론은 칸트의 우주 발전설을 제외하면 오늘날의 객관적인 자연과 역사의 발전이라는 견해를 거의 전개하지 않았으며, 또한 당시의 실제 역사가들도 헤겔 자신이 서술하듯[2] 역사를 도덕적인 교훈을 끌어내는 소재나 주관적인 견해를 마음대로 널뛰게 할 때 쓰는 도구처럼 생각하여 객관적인 발전 법칙을 찾으려는 생각은 하지 않았다.

가장 진보된 사상을 품고 있던 사회주의자와 경제학자들도 마찬가지였다는 점에 대해서 플레하노프Georgii Valentinovich Plekhanov•는 다음과 같이 말한다. "사회과학에 종사하던 사람들이 헤겔 시대에는 이 (발전이라는) 견지에서 저 멀리 떨어져 있었다. 이는 당시 사회주의자와 경제학자들을 회상해보는 것으로 충분하다. 실로 공상적 사회주의자들은 당시 부르주아적 질서를 몹시 해로운 것으로 보았다. 그러나 그들에게 부르주아적 질서는 인간이 저지른 오류인 완전히 우연한 산물이었다. 경제학자들은 부르주아적 질서를 기뻐했다. 그들

• 게오르기 발렌티노비치 플레하노프(1856~1918). 러시아 마르크스주의의 선구자라고 불린다. 저서 『사적 일원론』에서 헤겔과 포이에르바하가 마르크스에 끼친 영향을 강조하며 철학 및 사회사상의 전반적인 발전을 추적하였다. 러시아 사회민주당이 볼셰비키와 멘셰비키로 분열된 이후에 후자의 입장에 서서 제1차 혁명 당시 무장봉기에 반대하고 10월 혁명에도 반대했다.

은 칭찬할 말을 찾지 못할 정도로 기뻐했다. 그러나 역시 그들에게도 이는 진리가 우연히 드러난 것 이상이 아니었다."[3]

그런 일반적인 상태 아래에서 헤르더와 몽테스키외 및 비코Giambattista Vico•가 가까스로 역사를 발전으로 이해했는데, 진정으로 방법을 자각하여 역사의 근본적 법칙에 발전을 둔 것은 헤겔이 처음이었다. 게다가 헤겔의 발전은 단순한 양적인 증가나 반복이 아니라 비약을 수반하며 부정의 부정으로서 더 풍부해져 이전 단계로 돌아간다는 진정한 의미에서의 발전이다. 이런 발전 개념은 오직 헤겔이 처음 시작한 것이었다.

그러나 이는 단순한 새로운 인식에 그치지 않았다. 낡은 것의 필연적 소멸과 새로운 것의 필연적 탄생이라는 발전 개념은 반복해서 말했듯 구지배 세력과 투쟁하는 부르주아지의 역사이론이기도 했다. 헤겔 또한 따라서 "변화 그 자체를 법칙으로 삼는 이 원리에 대해 가톨릭과 같은 여러 종교와—그 현상이 정지 혹은 적어도 고정되어 있다는 것을 진실한 권리로 주장하는—여러 국가들의 반응은 몹시 좋지 않았다"••[4]라고 말했던 것이다.

• 잠바티스타 비코(1668~1744). 이탈리아의 철학자. 역사철학의 기틀을 세웠다. 저서 『새로운 학문』에서 비코는 사람은 자신이 만든 것 혹은 만들 수 있는 것만을 인식할 수 있으며, 역사란 인간 스스로가 만들어가는 발전의 과정이라고 서술하면서 인간의 연구 대상은 인간의 사회와 역사라고 주장했다.

•• "변화에 법칙이 있다고 생각하는 이 원리는 가톨릭 같은 종교나, 또는 정체되고 고정되어 있는 것이야말로 참된 정의라고 주장하는 국가로부터 푸대접을 받았다."(『역사철학강의』, 62쪽)

그러나 헤겔이 역사의 근본 법칙으로 본 발전 개념은 한편으로 그의 관념론 안에서 필연적으로 관념화되어 여러 문제를 낳을 수밖에 없었다.

먼저 헤겔에게는 역사 그 자체가 논리적 이념의 타재에 지나지 않았다. 따라서 발전의 필연성과 발전 단계의 필연성도 역사 스스로 갖추지 않으며 논리적 이념에 따라 외부에서 선험적으로 결정되어 있다. 즉 정신은 원래 정신현상학에서 나타난 것처럼 매개를 통해 단계적으로 자기 완성을 달성한다. 따라서 절대정신의 한 표현인 세계사 또한 필연적이며 단계적으로 발전해야 한다. 혹은 개념은 원래 자기 구분을 행한다는 본성을 가지므로 세계사라는 개념도 필연적으로 자기 안에 구분을 가진다는 식으로 역사의 발전 단계가 설명된다.[5] 이렇게 발전 단계가 역사 안에서 발견되지 않고 선험적으로 정해지므로 현실의 발전 과정과 논리적 발전의 구분이 합치하지 않을 때는 매우 객관적으로 역사 자신의 현실적 발전에 합치하도록 고찰되긴 했으나, 현실의 발전 과정이 왜곡되어 그가 만들어낸 논리적인 구분과 합치하도록 억지로 끼워 맞춰진다. 그리고 이 억지가 온 곳에서 일어난다.

다음으로 헤겔 변증법이 일반적으로 그 비판적 본성을 마지막에 절대적인 완결로 잃었듯 이 발전도 마지막에 이르러 자기를 완결하여 정지한다. 즉 세계정신은 자유의 실현이라는 목적을 가지며, 이 목적은 동양 국가의 1인 전제군주만이 자유로운 최초의 단계로부터 그리스적 세계의 소수가 자유로운 단계를 거쳐 마지막에 기독교 게르만 세계의 만인이 자유로운 과정으로 달성되며 여기에서 역사의 발전은 정지하게 된다. 따라서 발전이라는 가공할 비판적 원리도 헤겔의 역사철학에서는 그 진정한 위력에 이르지 못한다.

셋째로 발전의 단계가 되는 각 민족은 각각 너무 유기적으로 생각된 나머지 스스로 독립적으로 통일되어 있어, 한 민족에서 다른 민족으로의 발전이 내적인 필연성을 가지고 진행되지 않는다. 이는 정신현상학에서 한 의식의 단계가 다음 의식의 단계로 이행할 때 나타난 것과 반대이며 각 민족은 뿔뿔이 나열된다. 헤겔은 그 사이의 연결에 대해 가장 애를 크게 썼음에도 거기서 가장 큰 결함을 드러내고 만다. 이에 대해서는 나중에 따로 서술하겠다.

요컨대 헤겔의 모든 좋은 것은 항상 나쁜 것과 이어져 있다는 사실을 이 발전 개념에서도 볼 수 있다.

3. 문화의 역사성과 상호연관

역사는 그렇게 단계적으로 발전한다. 이를 통해 종교·예술·철학·풍속·습관·도덕·물질적 생산기술 등 인간이 만든 모든 문화는 각각의 단계 속에서 비로소 구체적이며, 이를 떠나 일반적이며 형식적으로 보면 추상에 지나지 않게 된다. 이 단계라는 것은 동양 세계·그리스 세계·게르만 세계 등의 '민족정신'으로 구별된다. 따라서 문화는 민족정신 안에서만, 자신의 민족정신이라는 각인을 통해서만 구체적이라고 할 수 있다.

그러나 이를 본질적인 예술 일반 혹은 종교 일반이 있고, 이 내용은 영원히 불변이며 형식만이 시대와 민족정신의 차이에 따라 달라진다고 해석해서는 안 된다. 각 문화가 민족정신에서 얻는 것이 바로 본질적인 내용이다. 따라서 헤겔은 말한다. "모든 세계사적 민족이 시가와 조형미술, 학문 및 철학까지도 갖는다는 것은 말할 것도 없지만(민족의 차이에 따라 그) 상태와 양식, 방향이 일반적으로 다를 뿐만 아니라 도리어 실제 내용은 더 많이 다르다. 그리고 이 실제 내용은 최고에 대한 구별, 합리성의 구별에 관한 것이다. (…) 형식에만 고전적 형식이 있는 것이 아니라 내용에도 고전적 내용이 있다."•[6](강조는 인용자) 헤겔에게 예술의 고전적 양식과 낭만적인 양식은 단순히 형식상으로 나뉘는 것이 아니다. 그리스 민족이 고전적 형식의 예술을 낳은 것은 실로 그리스 민족의 세계관 자체가 고전적이기 때문이다. 이 근본적인 세계관—헤겔의 말에 따르면 신을 의식하는 방법—이 완결적·직관적·조소적·외면적이기 때문에 예술에 그치지 않고 그리스의 풍속·습관·도덕·철학 등의 모든 문화가 완결적·직관적·조소적·외면적, 요컨대 고전적 형식을 띤 것이다(이는 극히 중요한 형식주의

• "그러므로 세계사에 등장하는 모든 민족에게는 말할 것도 없이 언어예술, 조형예술, 학문, 철학이 존재한다. 그러나 그것들은 민족에 따라 표현양식과 방향성이 다를 뿐만 아니라, 오히려 내용에야말로 큰 차이가 있는데, 그것도 합리성의 차이라는 가장 큰 차이이다. (…) 거기에는 고전적인 형식이 있을 뿐만 아니라, 고전적인 내용도 갖추어져 있어서 형식과 내용이 예술작품 속에서 밀접하게 연관되어 있고, 내용이 고전인 것에 걸맞게 형식도 고전적이다."(『역사철학 강의』, 77쪽)

에 대한 비판을 포함한다).

따라서 헤겔에게는 산업과 기술 또한 일정 단계에서만 일정 수준에 도달할 수 있다. 신분제도로 속박된 자유롭지 않은 산업활동과 무제한적 산업활동은 단순히 근면함의 차이만이 아니라 특정한 민족정신의 단계에 따라 구별되며, 무기와 선박 등의 발명도 특정 발전 단계에서만 가능하다. 예를 들어 화약의 발견은 철이 발견된 시대에만 가능하다고 말한다.[7] 기술의 역사를 그러한 필연성에 따라 이해한 것은 참으로 헤겔의 달견이다. 그런 모든 문화의 역사성을 주장하는 헤겔은 역사성을 무시한 단순한 문화, 단순한 종교 일반, 단순한 예술 일반과 도덕 일반이라는 입장에 머물러 있는 형식주의에 반대한다. 그리고 다시 이 형식주의의 결과 중 하나로 나타나는, 낭만주의자들이 즐겨 행하며 사람을 놀라게 하기 위한 기발한 시도, 모든 시대를 무시한 형식적·외면적 특징에 따른 문화의 비교와 동일시를 강하게 배척한다. 시대를 무시한 비교와 동등화는 종종 기발해 보이며 사람을 경탄시킨다. 그러나 이는 단순히 사물의 본질적 구별(역사성)을 말살해서 얻은 데 불과하다.

"인도의 유명한 서사시를 호메로스와 비교해 시인의 천재성은 공상의 크기에 따른다는 이유 등으로 호메로스의 서사시를 넘는 지위를 부여하거나 신들의 모습이 여러 공상적 특징 혹은 속성에서 유사하다는 이유로 인도 신화 속에 그리스 신화의 인물이 있다고 하는 것이 당연시되거나, 중국 철학을 엘레아학파와 스피노자 철학과 동일시하거나, 기독교 국민과 야만적인 국민 모두에서 용감하거나 헌신적인 예가 나타나기 때문에 각 국민의 인륜과 도덕을 동일시하는 것, 이 모두는 사물의 본질을 말살하여 단순히 표면에만 관여하는 '반성'이 하는 행위이다"•라고 헤겔은 말한다.[8]

모든 문화는 각각의 객관적인 발전 단계 안에 있는 것으로서 필연적으로 구분된다. 이 구분을 무시하고 어떤 둘을 비교하는 것은 외면적으로 닮아 있을지라도 내용에서는 본질적으로 다른 것이다. 마치 박쥐와 새처럼.

그렇게 문화는 각각 세로로 역사성을 가짐으로써 본질적으로 구별되는 동시에, 헤겔에게는 동일한 역사 단계와 동일한 민족정신에 있는 각 문화가 필연적으로 가로로 연관된다. 특정한 시대의 풍속·습관은 법률에 영향을 주며, 법률은 종교에 영향을 주고 종교는 다시 습관과 법률에 영향을 준다. 한 민족과 한 시대의 모든 문화는 서로 영향을 주고받으며 밀접하게 연관을 맺고 공통의 각인을 가진다. 그러나 이는 단순한 상호작용에 그치지 않는다. 이들은 모두에게 공통

• "인도의 유명한 서사시와 호메로스의 서사시를 비교하는 것이 이러한 부류의 시도이며 상상의 위대성이야말로 시인의 재능을 증명해주는 것이라는 이유를 붙여서 인도의 서사시를 호메로스의 시 이상으로 평가하기도 한다. 또 여러 신들의 모습을 나타내는 개개의 공상적인 특징 또는 속성이 비슷하다는 이유에서 그리스신화의 여러 신들이 인도신화에도 등장한다고 여긴다. 같은 의미에서 통일을 기본으로 하는 중국 철학은 훗날 엘레아학파 철학과 스피노자 철학과 동일시되고, 또 추상적인 수나 선에 의한 표현이 이루어지고 있다는 데서 피타고라스적인 것과 그리스도교적인 것이 있다고 여긴다. 또 극히 야만적인 국민들이나 극히 무기력한 국민들에게서도 똑같이 발견되는 용감성, 불요불굴의 용맹심의 실례, 의협심·몰아·헌신의 예를 빌미로 그들 국민에게도 가장 문화가 발달한 기독교 제국에서와 같은, 여차하면 그 이상의 인륜과 도덕이 이와 같은 국민들에게도 있는 것처럼 생각한다. (…) 그것은 반성적 사고의 소산에 지나지 않는다."(『역사철학강의』, 74~75쪽)

된 하나의 원리와 기초를 가진다. 이 원리가 바로 민족정신이다. 그는 이에 대해 다음과 같이 말한다. "그런 원리는 역사에서 정신의 규정태, 즉 하나의 특수한 민족정신이다. 이 규정태 안에 민족은 구체적인 것으로서 의식과 의욕이라는 현실 전체의 모든 측면을 표현한다. 이는 그 민족의 종교·정치조직·윤리·법체계·습관·예술·기술적인 기량 등 모두에 걸친 공통의 각인이다."•[9]

헤겔이 그렇게 역사의 물질적·정신적 요소가 상호영향을 미친다는 데 그치지 않고 이를 넘어선 더 높은 역사 발전의 궁극적 동인을 설정한 것은 위대한 일이다. 왜냐하면 실증주의적 역사가는 생산력·기술·정신적 각 문화가 상호영향을 주었다는 사실을 열거하지만 그중에 무엇이 결정적인지는 결정하지 않은 채로 두는 게 보통이기 때문이다. 상호제약한다는 것은 일방적 제약보다는 진보한 생각이지만 순환론이며 아무것도 설명해주지 않는다.[10]

그런데 헤겔에게 이 역사가 시작하고 끝나는 결정적인 동인인 민족정신을 가장 단순히 직접적이며 전면적으로 표현한 것이 종교이다. 따라서 종교가 한 민족이 갖는 모든 문화의 바탕이 되며 문화 전체에 제약을 가하고 특색을 부여하게 된다.[11] 그리하여 종교는 단순히 정신적인 문화·예술·과학·철학·도덕 등만이 아니라 물질적 생

• "역사에 있어서 그 원리는 정신의 존재방식으로 나타나므로 그것을 나타내는 것이 하나하나의 민족정신이다. 민족정신 속에는 민족의 의식과 의지, 현실적인 모든 측면이 구체적으로 나타난다. 그것은 민족의 종교, 정치체제, 공동정신, 법체계, 도덕, 학문, 예술, 기술적 숙련 모두에 공통된 특색이다."(『역사철학강의』, 71~72쪽)

산기술 · 산업 · 생산관계 · 정치 형태 등의 지반인 동시에 전제이다. 헤겔은 이 사실을 다음과 같은 예로 나타낸다. 사유재산이라는 사실도 기독교라는 종교의 한 단계가 전제됨으로써 비로소 가능하다. 왜냐하면 기독교의 일반적 원리는 "개인이 무한한 가치를 가지며 신의 은총으로 절대적인 정신성이 주어져야 한다는 것"•이기 때문이다. 그 결과 기독교적인 국가와 법률에서 비로소 개인의 자유가 인정되며, 따라서 다시 개인은 재산을 소유할 능력, 게다가 자유로운 재산을 소유할 능력을 갖게 되므로 사유재산도 발생한다는 것이다. 그리고 이는 개인의 자유를 인정하지 않는 동양의 종교에서는 있을 수 없다.[12]

물론 누구에게도 명백하듯이 종교가 모든 문화와 기술 · 경제 · 정치 상태에 대한 결정자라는 것은 오류이다. 오늘날에는 가장 거만한 승려나 목사도 이렇게 믿지 않는다. 이는 다시 나중에 논하도록 하고, 여기에서는 다만 다음의 사실을 지적하는 데 그치려 한다. 즉 한때 프랑스 혁명과 계몽사상의 영향 아래 있었던 청년 헤겔에게는 모든 사회와 문화의 바탕이 되어 있는 종교가 반대로 사회의 전제 상태

• 한국어판 『역사철학강의』에서는 이에 해당하는 문장을 찾을 수 없다. 헤겔의 『역사철학강의』는 1822년부터 1831년까지 총 다섯 번 열린 '세계사의 철학'이라는 과목의 강의를 들은 학생의 노트를 편집하여 헤겔 사후에 출판되었다. 에두아르트 간스가 정리하고 헤겔의 아들인 카를 폰 헤겔Karl von Hegel이 보충한 판본이 기본으로 여겨지나 후대에 게오르크 라손Georg Lasson이 훨씬 상세하게 정리한 판본이 출간되었다. 한국에서 출간된 『역사철학강의』는 카를 폰 헤겔의 두 번째 편집본을 번역한 것이고, 이 책에서 인용하고 있는 일본어 번역본은 라손 판을 번역한 것이다.

와 예속 상태의 단순한 산물에 지나지 않았다는 것, 즉 그때의 헤겔이 기독교에 대해 취했던 태도는 지금 프로이센 정부에게 국보급 철학자가 된 헤겔과 정반대였다.

4. 역사철학의 객관적 성격

헤겔의 역사철학은 궁극적으로 관념론이며 신의 자기직관이라는 과정으로서 하나의 주관적 체계이다. 그러나 그 거대한 관념론의 틀 안에서 헤겔은 역사를 어디까지나 객관적으로, 역사 자체가 인간의 주관적인 의도에서 독립하여 갖는 필연적인 맥락에 따라 고찰하려 노력했다. 헤겔의 특색은 일반적으로 주관적 고찰—즉 단순히 주어진 소재를 주관의 형식으로 정리하는 입장—에 반대하여 객관적으로 대상 그 자체 안에서 법칙을 발견하려 하는 것인데 여기에서도 마찬가지였다. 역사를 기술하는 두 가지 방향 중 하나는 다음처럼 생각한다. 누구나 개방할 수 있고 어떻게든 해석할 수 있는 사료가 한쪽에 쌓여 있다. 이에 대해 다른 한쪽에는 주관 측에 속하는 형식·방법·입장 등이 있다. 후자로 전자를 정리하여 통일하는 것이 역사 기술이라는 것이다. 이때 주관 측의 형식은 도덕이나 논리 혹은 '당파성'이거나 '공평한 입장' 등이다. 그런 다양한 주관적 역사 방법론이 갈 데까지 간 마지막 귀결이며, 따라서 이 모순을 가장 첨예하게 나타낸 것이 리케르트Heinrich Rickert•의 역사과학적 방법일 것이다. 거기서는 주어진 사료가 본래 어떤 의미도 갖지 않는 이질적 다양성, 무한의 연속이며 주관의 형식은 순수하게 형식적인 '개별화의 원리'이다. 이는 역사 기술의 주관적 방법이다.

헤겔의 역사에 대한 태도는 이 주관적 방향과 완전히 반대이다. 그는 그런 입장을 반성적 입장으로서 진정한 철학적 세계사의 입장과 구별한다. 여러 역사적 사실은 아무 주관에게나—따라서 의식 일반에게도—개방되어 있는 것이 아니라 그 자신이 자신에 근거한 유일한 법칙성을 갖고 있다. 이것이 바로 인식되고 기술되어야 할 것이다. 철학적 세계사가 역사 안에서 고찰하려 하는 일반적인 것은 "여러 사건을 인도하는 혼 그 자체, 여러 행동, 온갖 개인 및 온갖 사건의 머큐리(사신), 온갖 민족과 세계의 지도자이다".••[13]

이는 역사에 대한 헤겔의 완전히 객관적인 태도를 나타내는데, 더욱이 이 객관적인 입장은 역사란 역사를 보는 사람과 역사를 기술하는 사람의 주관에서 독립적이라고 주장하는 동시에 역사를 만들어내는 역사상 개인의 주관적인 열정과 의도·관심에서도 독립적이라고 주장한다. 개인은 역사를 주관적인 의도로 만들 수도 바꿀 수도

• 하인리히 리케르트(1863~1936). 독일의 철학자. 신칸트학파 중 서남학파(바이덴파)의 대표자. 자연과학과 문화과학의 방법론적 구별을 정초했다. 저서로는 『문화과학과 자연과학』 등이 있다.

•• "왜냐하면 이념은 영혼을 이끄는 헤르메스 같아서 이념이야말로 민족과 세계를 이끄는 진정한 손이고, 정신이 지니는 이성적이고 필연적인 의사는 어느 시대에나 현실 사건을 이끌기 때문이다."(『역사철학강의』, 18쪽)

없으며, 또한 개인에게 주어진 특정 시대를 탈출할 수도 없다. 역사에서 개인의 역할에 대한 이러한 생각 역시 헤겔 역사철학의 객관성을 보여주는 특징이다.

헤겔은 역사에서 개인의 역할을 유물사관과 마찬가지로 옳게 평가했다. 헤겔이 보기에 개인의 주관적인 충동과 의도 및 이로 행해지는 행동은 도덕적으로 아무리 좋은 것이라 하더라도 그 자체로는 세계사에 무가치하다. 이에 대해 그는 다음과 같이 말한다.

"우리가 처음으로 접하는 역사의 광경은—인간의 갖가지 욕구·열정·관심 및 그 관심에 따라 만들어지는 갖가지 표상과 목적, 인간의 여러 성격과 재능에서 시작되는—인간의 온갖 행동이다. 게다가 이 활동이 연출되는 데는 이러한 욕구·열정·관심 등만이 그 동인이 된다. 개인들은 확실히 한편에서 더 일반적인 목적, 선한 의욕을 갖지만 이 선 그 자체는 한정된 선으로서 의욕되어 있을 뿐이다. 예를 들어 그 선이 숭고한 조국애라고 하더라도 이는 세계 및 그 일반적 목적과 비교하면 하찮은 일국의 조국애이다. 또는 단순한 자기 가족에 대한 사랑, 자기 친구에 대한 사랑, 염치와 정직함 일반이라고 할 만한 것이다. 한마디로 모든 덕은 이 부류의 선에 속한다. 우리는 분명 그런 덕 안에서 이들의 주관 그 자체의 내부 및 그 활동 권내의 이성 규정이 실현되어 있는 것을 볼 수도 있다. 그러나 이는 전 인류 대중—우리가 이를 개별자로서 그 밖의 개인과 비교해야 한다면—과 비교하면 정말로 하찮은 개인 하나하나이다."[14]

헤겔은 그렇게 개인의 주관적인 충동·욕구·관심·성격 등을 세계사적 의의에 비하면 하찮은 것이라고 본다.

물론 그는 개인의 주관적인 관심과 그에 따른 행동이 역사에 필수적이라고 인정한다. 이 행동을 통해서만 역사가 짜여져 나아가기 때문이다. 그리고 이 개인이 행동하기 위해서는 어떤 일반적인 목적 안에서 자신의 개인적인 욕망에 대한 충족을 찾아내는 것이 필수이다. 이는 개인의 무한한 권리이다. 헤겔은 역사에는 일반적인 목적, 궁극적인 목적이 있고 이것이 진리가 되기 위해서는 실현되어야 하는데 이를 행하는 것이 인간의 주관적인 개인적 행위이며 이 두 계기를 통해 세계사가 구체적으로 생성된다고 말한다.[15] 이는 정신현상학에서의 진리와 확실성의 합일에 해당한다.

이런 뜻에서 개인의 주관적인 관심과 행동은 역사에게 필연적인 계기이다. 그럼에도 개인이 세계사에서 지니는 역할은 정말로 극히 미미하다. 세계사는 그런 주관적인 우연적 의도가 단순히 합계된 것이 아니다. 서로 말살하거나 도우면서 결국 부정되어 만들어지는 철과 같은 필연성의 발걸음이 곧 세계사의 도정인 것이다. 이런 의미에서 개인의 열정과 관심은 일반적인 목적이 달성되기 위한 단순한 수

• "우리가 맨 처음 접하는 역사 광경은 욕구, 열정, 이해, 성격, 재능으로 일어나는 인간의 여러 행동이다. 그리고 이 활동 무대에서는 이들 욕구, 열정, 이해만이 사람들을 행동하게 하는 주요 동기이다. 물론 거기에는 공공 목적이나 선의, 숭고한 애국심 등이 있기는 하다. 그러나 이와 같은 여러 가지 덕과 공공 목적은 현실세계와 그것이 창조해내는 것에 비하면 보잘 것이 없다. 우리는 이들 몇몇 개인 안에, 그리고 그들의 활동범위 안에 이성의 규정(이성의 원리, 의미, 본질)이 실현되어 있음을 볼 수도 있다. 그러나 그런 것들은 인류 대다수에 비하면 보잘 것 없다."(『역사철학강의』, 30쪽)

단에 지나지 않는다.

위 사실은 또한 역사상의 개인과 민족의 관계로도 볼 수 있다. 역사의 실체는 개인이 아니라 세계정신이며 이 구체적인 형태가 민족정신이다. 개인은 역사의 실체인 민족정신을 주관적인 의지로 만들거나 바꾸지도 벗어나지도 못한다. "개인은 이 실체 안에 있는 것이다. (…) 어떤 개인도 이 실체에서 탈출할 수 없다. 개인은 다른 여러 개별적인 개인들과 자기를 구별할 수는 있어도 민족정신과 자신을 구별할 수는 없다. 그는 다른 수많은 개인보다 뛰어난 인식 능력을 지닐 수는 있어도 그 민족정신을 넘어설 수는 없다"•[16]는 것이다. 마르크스는 『정치경제학 비판을 위하여』 서문에서 인간은 자기 생활을 사회적으로 생산하기 위해 그들 의식으로부터 독립한 특정한 필연적인 여러 관계 속으로 들어간다고 말했는데, 지금 헤겔이 역사 속에서 개인의 역할을 보는 관점과 비슷하다. 그리고 헤겔이 말하는 탈출할 수 없는 민족정신이란 종교·법률·학문·풍속·습관·그 민족이 달성한 물질적 생산을 위한 기술 등 모두를 총칭하는 것이다.

개인은 아무리 위대하더라도 그 실체인 민족정신을 벗어날 수 없다. 위인과 영웅이라 불리는 사람들도 그런 실체를 초월했기 때문이 아니라 실체의 동향을 통찰하여 자기 자신을 최대한 그에 맞추거나 조응하여 계급을 인도했기 때문에 위대했던 것이다. 이 실체로서의 민족정신에 대해서는 다음 절에서 더 자세히 고찰하겠다.

• 한국어판 『역사철학강의』에서는 이에 해당하는 문장을 찾을 수 없다.

5. 민족과 그 성쇠

헤겔에게 세계정신을 계속해서 이어나가는 운반자인 민족은 유기적인 통일을 갖는 하나의 개체였다. 헤겔은 이에 대해 다음처럼 말한다. "민족정신은 하나의 자연적 개체이다. 그러한 것으로서 부흥하여 강대해지고 퇴락하여 사멸한다. 제한된 정신은 유한성의 본성으로 인해 무상하다. 이는 살아 있는 것이며 그런 한에서 본질적으로 활동이다."•[17] 그리고 민족은 가장 아름답고 가장 활동적인 '청년 시절'에서 '장년 시절'을 거쳐 마침내 습관적으로 자기가 달성한 것을 단순히 향수하는 데 그치는 '노년 시절'에 이른다. 법철학에서 국가를 유기체라고 한 것과 동일하게 역사철학에서는 민족정신을 완결적인 유기체로 보고 있다.

이렇게 민족을 청년·장년·노년이라는 각 시기를 겪고 마침내 사멸하는 것으로 본다는 점에서 그는 최근 슈펭글러Oswald Spengler••와 같은 역사철학의 선구자로 불린다.

그런데 이 민족유기체설은 정확히 국가유기체설이 변증법적으로

• "그러나 정신은 자기 사명을 완수하고, 자기 능력을 발휘하여 몰락해가는 것이며, 정신적인 활동이 행하는 것은 눈에 보이는 형태로 나타난다. 정신은 그 본질상 행동하는 것이고, 자기 본래의 모습을 행위 내지 작품으로 나타낸다. 자기가 대상이 되어, 자기 존재를 전면에 내세운다. 민족정신도 마찬가지이다."(『역사철학강의』, 81쪽)

•• 오스발트 슈펭글러(1880~1936). 독일의 문화 철학자. 주저 『서구의 몰락』에서 인간의 역사를 생애 주기로 표현했다.

보이면서 사실은 전혀 그렇지 않았던 것과 마찬가지로 전혀 변증법적이지 않다. 이는 한 민족의 사멸과 다른 민족으로의 이행이 설명될 때 가장 신랄하게 나타난다.[18] 헤겔은 이 한 민족의 사멸과 다음 민족으로의 이행을 애써 합리화하려 노력했지만, 이는 외면적이며 기계적인 것으로 머물러 있다. 이때 그는 수학에 대해 비난한 것을 자기 스스로 행하고 있다. 즉 처음에 구별을 고정하고—민족을 각각 독립적인 자연적 개체라고 규정하고—다음에 이를 통일하려 한다. 하지만 이는 불가능하다. 세계사는 사실 내면적인 필연성을 통해 발전한다. 한 단계는 다음 단계로 필연적으로 이행한다. 그런데 만약 헤겔이 이 이행을 우리가 납득할 수 있도록 진정한 변증법으로 설명할 수 있었다면 역사를 움직이는 주체는 바로 민족이 아니라는 것, 원래 그러한 자연적 개체와 같은 민족 개념은 불가능한 것으로 드러났을 것이다.

헤겔은 한 민족에서 다른 민족으로의 이행을 어떻게 생각하고 있을까. 이는 한 민족이 산 채로 다른 민족으로 전화하거나 한 민족이 강대해지는 것이 동시에 자신의 사멸과 다른 민족의 부흥을 포함한다는 변증법적인 이행이 아니라, 반대로 한 민족이 그 자체로 노쇠하여 사멸하고 이어 다른 민족이 이와 현실적인 연관 없이 다른 곳에서 부흥한다는, 헤겔과 어울리지 않는 지극히 원자론적이며 기계적인 과정이다. 이때 당연히 관념적인 세계정신이 이 과정의 근본적인 동력이 되어 이행을 진정으로 매개한다고 생각될 것이다. 그러나 규정된 세계정신 중 하나로서 민족정신은 한 민족의 목적과 동력이 되어 이를 발전시키고 완성하기는 하지만 이 민족이 다른 민족으로 전화할 경우 세계정신은 전혀 도움이 되지 않는다. 정확히 형이상학적인 생물학에서 유전자가 부모에게서 자식으로 이어지듯, 또는 이어달리기에서 바턴이 다음 주자로 전달되듯 세계정신은 민족 사이에서 외면적으로 계승될 뿐이다.

헤겔은 한 민족에서 다른 민족으로 이행하는 필연성을 자기 목적이 달성된 한 민족은 사멸해야 한다는 점에서 구한다. 따라서 "목적을 달성했을 때 그 민족이 해야 할 일은 더 이상 이 세계 속에는 아무것도 없다" 또는 "한 민족이 세계사 속에서 두 번 시대의 선을 그을 수는 없다"•[19]라고 말한다. 그러나 이걸로는 이유가 되지 않는다. 민족은 개개 인간처럼 정해진 자연적 수명을 지니지 않기 때문에 한 목적을 달성한 민족이 왜 다시 나아가 더 높은 목적을 세우고 이를 위해 노력해선 안 되는지가 당연하게 의문이 될 수 있다.

그러나 한 민족이 목적에 도달했다는 것은 자기사유에 달했다는 것이다. 헤겔은 사유에 달한 민족은 사멸해야 한다는 이유 또한 들고 있다. 그에 따르면 정신은 일반적으로 자기직관뿐 아니라 자기사유에 달하는 것을 목적으로 삼는데 한 민족이 그 사유에 도달한다는 것은 그 민족이 그때까지 이루던 긴밀한 실체적 통일이 무너지고 개인이 각각 독립하여 자기 자신의 내부로 은둔하는 것이다. 그렇게 통일적인 관심을 잃고 민족은 해체하여 사멸한다. 따라서 그리스의 쇠망

• 한국어판 『역사철학강의』에서는 이에 해당하는 문장을 찾을 수 없다.

은 소크라테스와 더불어 시작되었다. 학문의 발생은 민족 쇠망의 징조라는 것이다.[20]

그러나 그런 이유에서 우리는 절대로 납득할 수 없다. 여기에서는 사유가 완전히 수동적인 자기완성을 향수하는 것, 나아가 현실에서 유리된 비사회적이며 독선적인 것으로 생각되고 있으며, 생각이 세계를 지배한다고 한 계몽사상가의 말 속에서 나타나는 사유의 긍정적인 면, 행동의 지침이 되는 사유는 고려되고 있지 않다. 사유를 전자처럼 생각하는 사람들에게는 이 설명이 민족이 사멸하는 이유로 받아들여질지 모른다. 그러나 그 경우에도 완성된 민족이 다시 이어지는 더 높은 단계의 담당자가 될 수 없는 이유는 전혀 밝혀진 바가 없다. 그리고 이 앞 단계를 완성하지도 않은 다른 민족이 갑자기 나타나 다음 단계의 담당자가 되어야 하는 이유에 대해서는 말할 것도 없다.

헤겔 철학에서 낙하산식으로 진행된 이 민족의 이행은 우리를 납득시키지 못할뿐더러 다름 아닌 헤겔 자신도 만족시키지 못했다. 따라서 그는 예를 들어 그리스의 쇠망을 천상의 언어를 통해 관념적으로 설명하는 한편 지상의 언어를 통해 정치적으로 설명하고 있다. 즉 그리스가 그렇게 분열 상태에 놓여 마침내 붕괴한 것은 그리스 주변의 강대국들이 그리스를 한 나라로 통일하게 두지 않고 분열 상태로 둘 필요가 있었던 데에 유래한다는 것이다.[21]

일반적으로 한 민족에서 다른 민족으로의 발전 및 민족 안의 발전 과정을 도저히 민족정신이라는 신비스러운 것으로 설명할 수 없다는 사실은 때때로 헤겔 자신이 가장 잘 느낄 수밖에 없는 것이었다. 이러한 점은 『역사철학』 온 곳에서 나타난다. 앞에서와 같이 그리스의 붕괴를 관념적으로 설명하고 나서 나중에 '정치적'·'외적' 사정을 '다급히' 더하거나, "중세 도시에 이르면 관념론에 당연한 공물을 지불한 뒤"• 도시의 역사를 승려와 귀족에 대한 평민의 투쟁과 부유한 시민에 대한 평민의 투쟁으로 설명하거나, 종교개혁에 이르면 보편적 정신의 그윽함과 미묘함을 우리에게 나타내 보여준 뒤 어떤 민족의 종교관 및 그 민족 내부에서 일어나는 모든 해방운동에 대한 설명을 그 민족의 경제적 활동 속에서 구해야 한다고 우리에게 솔직하게 말하는 혼란을 온 곳에서 보여주고 있는 것이다.[22]

요컨대 헤겔은 "관념론의 애매모호한 고지에서 어쩔 수 없이 경제적 여러 관계라는 구체적 지반으로 종종 하강할 수밖에 없었다. 그가 경제적 여러 관계라는 구체적 지반에 호소할 때마다 경제가 그를 헛소리—관념론이 이 헛소리로 그를 인도했다—에서 떼어냈다. 경제적 발전이 모든 역사 과정을 제약하는 우선 조건이 된 것이다".[23]

헤겔이 자기의 변증법에 충실했다면 역사의 주체는 민족이나 민족정신이 아니라 계급이라는 것을 깨달았어야 했다. 또한 역사 과정을 참으로 그 내적 필연성에서 설명하려 한다면 신비로운 관념론을 버리고 지상의 물질적 지반 위에 서야 한다.

• 한국어판 『역사철학강의』에서는 이에 해당하는 문장을 찾을 수 없다.

7장

미학

▲

1. 미학[1]의 구성

호토Heinrich Gustav Hotho•가 편찬한 『미학강의』는 모두 세 권을 이루는 방대한 규모이다. 그 구성은 다음과 같다.

서론

1. 예술미의 이념 즉 이데아
   1) 미의 개념 일반

• 하인리히 구스타프 호토(1802~1873). 독일의 미술사가. 독일과 네덜란드의 회화를 연구하고 미술사의 총체적 파악을 위해 노력했다. 헤겔의 『미학강의』를 정리한 것으로 유명하다.

2) 자연미

3) 예술미 즉 이데아

2. 예술미의 특수 형식

1) 상징적

2) 고전적

3) 낭만적

3. 개별 예술

1) 건축

2) 조각

3) 낭만적 예술

A. 회화

B. 음악

C. 문학

위에서 서론은 헤겔이 쓴 것이지만 나머지는 모두 호토가 강의를 정리한 것이다.

헤겔은 첫 부분에서 이념의 형식 중 하나인 감성적 형태를 갖는 이념, 즉 이데아가 무엇인지를 밝힌다. 여기에서 예술미는 정신이 창조한 것으로서 자연미에 비해 높다. 두 번째 부분에서는 예술미, 즉 이데아가 개념상 필연적으로 세 단계를 거쳐 역사적으로 발전한다.

이 세 단계는 상징적·고전적·낭만적이라는 세 예술 단계이다. 세 번째 부분에서는 이 세 예술 형식이 감성적 형태까지 실재화한다는 미美 이념의 본성에 따라 각 개별 예술로 구체화된다. 상징적 형식은 특히 건축, 고전적 형식은 특히 조각, 낭만적 형식은 특히 회화·음악·문화가 된다.

여기에서는 물론 이 모두를 서술할 수 없으므로 헤겔 미학의 일반적 특성을 다루는 데 그친다.

2. 주지주의 예술이론

헤겔은 철학의 영역에서 감정·지적 직관·종교적 체험 등으로 합리적인 인식을 대신하고 결국 학으로의 철학을 부정하는 소시민계급의 낭만주의 철학을 신흥 시민계급의 이데올로그로서 반대해왔다. 철학의 영역에서 그랬던 그는 예술의 영역에서도 그랬다. 헤겔의 예술이론은 시민계급의 예술이론으로 모든 면에 주지주의•가 침습하여 예술의 독자성은 궁극적으로 합리적 인식인 철학을 위해 부정되기까지 한다. 예술이 하는 것을 철학이 더 잘하는 것이다. 이 점은 그의 종교철학에서도 마찬가지이다. 헤겔의 주지적인 종교철학은 결국 종교의 독자성을 부정한다. 신에게는 종교적 방법으로만 도달

• 주지주의 또는 지성주의는 의지나 감정보다 지성을 중요시하는 사상이다.

할 수 있는 것이 아니라 합리적인 인식으로도 도달할 수 있다. 도리어 사유는 종교적인 방법보다 더 구체적으로 신을 파악할 수 있는 것이다.

예술이론 영역에 대한 헤겔의 주지주의를 특히 독일 소시민계급의 예술이론이었던 당시 낭만주의와 대비하여 살펴보자.

헤겔에 따르면 예술이란 절대자를 감성적으로 파악하는 것, 달리 말하면 자연 및 인간 사회의 진리(절대자)를 감성적으로 파악하여 표현하는 것이다. 예술은 감정을 흥분시키는 것도 가라앉히는 것도 아니다. 이들은 예술의 본질적인 임무에서 오는 결과 중 하나이다. 예술의 임무란 어디까지나 자연과 인간 사회를 감성적으로 파악하고 표현하는 것으로 객관적으로 규정되어 있다. 따라서 그 임무는 철학과 동일하다. 단지 파악과 표현의 방법이 다를 뿐이다. 이 객관적 현실에 대한 파악과 표현은 물론 단순한 사실 묘사와는 다르다. 헤겔은 예술의 임무는 모든 우연성을 띤 단순한 현실이 아닌 현실에 대한 즉자대자적 진리 파악이라고 특히 구별하는데 그런데도, 아니 그러므로 그의 예술이론은 리얼리즘이다. 그리하여 예술에 대한 헤겔의 규정은 객관적·내용적이며, 이 점에서 칸트의 주관적·형식적 예술 규정과 대립하는 동시에 인식을 예술의 목적으로 삼는다는 점에서는 낭만주의가 갖는 항수적인 예술지상주의적 예술이론과도 대립한다.

헤겔은 그렇게 예술의 임무를 현실의 진리를 파악하고 표현하는 것으로 이해했다. 그리고 이는 종교 및 철학과 공통으로 갖는 임무이다. 종교는 표상적, 철학은 개념적, 예술은 감성적이라는 서로 다른 방법으로 이를 파악한다. 그런데 칸트와 달리 헤겔에게 감성은 표상·개념과 대립하여 독자적인 가치를 지니지 않으며 그 밑에 속하고 위치가 낮은 추상적인 인식이다. 따라서 예술 발달의 역사를 보면 그러한 불충분한 인식인 감성이 점차 초극되어 예술의 최고 단계인 근대 낭만주의에 이르러서는 이념이 감성이 아닌 표상이나 개념이라는 수단도 사용하게 되었다. 이는 근대에 이르러 더 풍부해진 인간 인식의 내용 전체를 위치가 낮은 감각적 방법으로는 다 표현할 수 없게 되었기 때문이다. 이렇게 종교와 철학, 특히 철학이 예술을 대행하게 된다. 이러한 귀결은 헤겔이 예술에 철학과 같은 임무를 지게 한 당연한 결과인데, 옳고 그름은 둘째 치더라도 이것은 현실을 회피하고 관념의 세계에서 자아도취에 빠져 있는 사람들의 예술이론이 아니라, 자연과 사회를 합리적으로 인식하여 여기에 현실적으로 관여해나가려 하는 사람들의 예술이론이라는 것만은 의심의 여지가 없다. 현실의 생산적 생활과 정치적 생활에서 유리된 소시민과 몰락한 귀족계급의 이데올로그인 슐레겔 형제Schlegel•와 티크Johann Ludwig Tieck••, 노발리스Novalis••• 등은 자신의 개인적인 내면생활에 틀어박힌 결과

• 아우구스트 빌헬름 슐레겔August Wilhelm Schlegel(1767~1845)과 카를 빌헬름 프레드리히 슐레겔Karl Wilhelm Friedrich Schlegel(1772~1829). 두 형제 모두 독일의 시인이자 비평가로 초기 독일 낭만주의 운동을 주도했다.

•• 요한 루트비히 티크(1773~1853). 독일의 작가. 슐레겔 형제와 함께 초기 독일 낭판파의 대표자이다.

••• 1772~1801. 노발리스는 필명이고 본명은 게오르크 프리드리히 폰 하르덴베르크Georg

합리적 요소를 거부하고 감정에만 바탕을 둔 예술지상주의 경향에 빠져 있다. 이 예술이론의 기초가 되는 것이 바로 피히테의 자아 철학과 셸링의 지적 직관의 철학인데 이들 또한 헤겔 철학과 전면적으로 대립하는 세계관이었다.

다음으로 헤겔의 예술이론은 계몽적·민주적이라는 점에서 낭만주의의 고답적인 이론과 대립한다. 헤겔에게 예술은 교양 있는 소수가 아니라 어디까지나 국민의 것이어야 한다. 이 점에서도 그의 예술이론은 낭판파와 대립한다. 낭만파의 예술에서 주요 개념인 낭만적 아이러니는 더할 나위 없이 고답적인 것으로 단지 선택받은 소수에게만 이해되는 것이다. 게다가 브란데스Georg Brandes•가 지적하듯 낭만파는 적극적으로 민중의 무지를 우롱하고 독자가 알 수 없도록 하는 문장을 즐겨 썼다. 그러나 헤겔에게 예술은 본래 공중의 것이다. "예술은 소수 한정된 범위의 높은 교양을 지닌 사람들을 위한 것이 아니라 국민 전체의 것이다"••2라고 말하며 그는 『미학강의』 온 곳에서 낭만주의자의 고답적 태도와 현실에 대한 진지함이 결여된 태

Friedrich von Hardenberg이다. 독일 초기 낭만주의의 주요 작가로 『푸른 꽃』, 『밤의 찬가』 등 많은 작품을 남겼다.

• 기오 브란데스(1842~1927). 덴마크의 문예평론가. 지나치게 미를 추구하는 문학을 비판하면서 신사실주의와 자연주의 원리를 내세웠다.

•• "왜냐하면 예술은 교양 있는 폐쇄적인 사회에 속하는 소수의 사람들을 위해서 있는 것이 아니라 일반적으로 민족 전체를 위해서 있기 때문이다."(『헤겔의 미학강의1』, 두행숙 옮김, 은행나무, 2011, 478쪽)

도를 공격하고 있다.

헤겔은 낭만주의자들의 그러한 낭만적 아이러니를 중심으로 고답적인 면에서 다소 적극적인 분파와 대립하여 자신의 민주성과 계몽성이라는 특색을 나타냄과 동시에 한편으로는 또 내면적이며 현실에 대해 소극적인 유약한 낭만주의 분파에 대해서는 헤겔 미학의 다른 특색인 고전적 경향을 드러낸다.

노발리스, 바켄로더Wilhelm Heinrich Wackenroder• 등의 시인에게는 비유와 상징이 예술에게 본질적인 것이다. 그들은 그런 불명확한 것이 아니면 그윽하고 침침한 섬세한 마음의 내면을 표현할 수 없는 것이다. 이에 반해 헤겔 미학의 고전적 경향은 그리스의 명확하고 웅건한 조각을 예술의 이상으로 삼는다. 그에 따르면 마음의 내면세계는 명확히 표현할 수 없는 것이 아니며 마음속에 있는 것은 모조리 말하고 표현할 수 있다. 만약 어떤 예술가가 자신이 표현할 수 있는 것 이상을 가지고 있다고 한다면 거짓말이다. 표현할 수 있는 것이 그 예술가의 전부이며 표현할 수 없는 것은 그 예술가가 아니라는 게 헤겔의 주장이다. "진정한 예술은 감정이 외적인 것을 통해서 그 희미한 울림을 전한다는 식의 깊은 곳에 감추어진 게 아니라 자신과 타인 모두에 대해 전모를 드러내고 나와 타인의 마음속에 들어가서 스스로

• 빌헬름 하인리히 바켄로더(1773~1798). 독일의 낭만파 소설가. 예술과 신앙의 융합을 제창했다. 저서로 『예술을 사랑하는 어느 수도사의 심정 토로』 등을 남겼다.

를 명확히 남김없이 비추어낸다."• "가장 높은 것, 가장 훌륭한 것은 말로 표현할 수 없는 것이 아니며 시인은 작품에 표현한 것 이상의 깊이를 갖는다는 일은 없으며, 작품은 예술가의 최상이고 그가 현실에 존재하는 진리가 바로 그이며 내면에 머물러 있는 것은 아직 그가 아니다."••[3] 그런 내면적 생활을 외면적 생활에서 완전히 고립시켜 '내면적 생활'이 일차적이고 '외면적 생활'이 파생적이라고 보는 관념론은 헤겔이 보기에 나쁜 관념론이다. 헤겔은 인간을 고립적으로 그려내는 것은 잘못이며, 인간은 반드시 구체적으로 자연 및 사회 환경 안에서 존재한다고 주장한다. 즉 심성의 예술을 배척한 것이다. 그에 따르면 인간은 먼저 풍토와 기후, 지대 등의 외적 자연 안에서 존재한다(예를 들면 아랍인을 사막과 열풍, 오아시스와 분리하여 그 자체로 그리는 것은 추상적이다). 다음으로 인간은 이 자연적 환경에 실천적으로 관계할 필요에서 다양한 도구와 무기, 주거 등을 만들고 특수한 환경을 조성한다. 다시 이에 더해서 "지배와 복종, 가족, 친척, 재산, 시골과 도시 생활, 종교 예배, 군사, 시민 및 정치적 생활, 사교" 등 요컨대 정치·경

• "참된 예술에서는 감정이 폐쇄된 채 외면에 나직이 울리며 지나치기만 해서는 안 된다. 거기에서는 감정이 온전히 표현되고 아주 명확하게 외형으로 두루 드러나야 한다."(『헤겔의 미학강의1』, 507쪽)

•• "가장 고귀하고 뛰어난 것은 '말로 표현될 수 없는 것'이 아니라 그 반대이기 때문이다. 즉 시인은 작품에 드러난 것보다 더 위대한 깊이를 자기 안에 갖고 있는 것이 아니다. 오히려 예술가의 작품이야말로 그가 만들어낸 최고의 업적이고 참된 것이다. 외적으로 존재하는 것은 예술가 자신이지만, 예술가의 내면에 머물러 있는 것은 예술가 자신이 아니다."(『헤겔의 미학강의1』, 507~508쪽)

제·사회·문화라는 일정한 상태로 살며, 그런 환경과 구체적으로 통일되어야 비로소 현실적인 인간이라고 주장한다.[•4] 인간을 완전히 전면적으로 이해하는 것이다. 그런데 심성의 시인들은 개인의 주관적인 생활만을 유일한 생활로 생각하고 외부의 현실적인 사회생활을 경멸한다. 이에 대해 헤겔은 다음처럼 말한다. "만약 근대에 나타난 관념론의 아지랑이 같은 생각을 받아들인다면 외적 세계라는 측면은 완전히 아무래도 좋은 것, 내면적 세계인 정신에 비해 낮고 무가치한 것이기 때문에 예술은 이 상대적 세계와 모든 관계를 끊어야 한다고 할 수 있을 듯하다."[••5] 예술은 그런 꺼려야 할 세계와 관계를 끊을 뿐 아니라 이 세계에 침잠하고 예속되어 오성적 사유로 고생하는 인간을 구하는 일이 바로 그 임무처럼 생각된다. 그러나 물론 사실은 반대이다. 외부 자연과 인간 사회가 내면적 세계의 구체적 기초이며 그 안에 바로 인간의 내면생활이 현현한다. 그렇게 주장하는 헤겔은 현실적·적극적·낙천적이며 향상하고자 하는 시민계급의 심리를 보

• "그러나 인간은 구체적이고 외적인 현존성도 지니고 있으며, 거기에서 주체로서 자신 속에 응집되면서도 이 주관적인 통일성 안에서 외면성과 관계하며 머문다. (…) 이러한 정신적인 관계들도 역시 모두가 외적인 현존성을 띤다. 그러므로 인간이 존재하는 현실적인 주위세계에는 명령이나 복종, 가족, 친척, 소유, 전원생활, 도시생활, 종교의식, 전쟁수행, 시민 정치의 실상, 서로 다른 사교 방식 등 일반적으로 모든 상황과 행동에 따른 다양한 관습들이 같이 존재한다."(『헤겔의 미학강의1』, 433쪽)

•• "그러므로 만약 오늘날 몽롱한 것을 이상인 양 상상하려고 고집한다면, 이는 마치 외적 측면은 전혀 중요하지 않고 내적인 정신에 비해 비천하고 무가치한 것이라고 단언하고, 예술은 그와 같은 세상의 상대적인 것들과 모든 관계를 끊어야 한다고 주장하는 것과 같다."(『헤겔의 미학강의1』, 433쪽)

여준다. 이에 대해 봉건적 독일의 낭만주의는 몰락한 소귀족과 무력한 소시민계급의 현실에 대한 반감과 도피를, 즉 당시 그들의 희망 없는 사회적 지위를 나타낸 것이었다.[6]

3. 근대 사회와 예술

법철학에서 헤겔은 반동적이며 비변증법적이었다. 즉 그는 현실의 국가를 사회의 최고 형태로 시인하고, 국가에서 모순을 찾아내어 자기운동으로 인식하는 일을 전혀 하지 않고 반대로 본질적인 대립을 잠재워 모든 방면에서 이를 매개자이자 조정자로 인식했다. 그러나 정치에서 비교적 멀리 떨어진 예술 영역에서 헤겔은 현존하는 국가에 대해 반드시 반동적·비변증법적이지 않았다. 오히려 법철학과는 반대로 근대 국가는 분열적·추상적·산문적散文的이며 필연적으로 예술을 사멸시키므로 근대 국가와 예술은 서로 모순된다고 서술한다. 달리 말하면 근대 국가를 위해서 예술을 사멸시키거나 예술을 위해 근대 국가를 변혁하거나 둘 중 하나를 선택해야 하는 것이다. 헤겔은 앞길을 선택했지만 어쨌든 그런 근본적인 모순에 당면한 미학은 소비에트 예술 이론가 리프쉬츠Mikhail Lifshitz•가 말한 것처럼 '비판적·혁명적'이다. 헤겔이 미학에서 근대 사회를 어떻게 생각했

• 미하일 리프쉬츠(1905~1983). 소비에트연방의 문예 비평가이자 예술철학자.

는지 조금 자세히 살펴보자.

헤겔에 따르면 고대 영웅시대는 예술을 위한 이상적인 대상이었지만 근대 국가 아래의 사회와 인간은 본질적으로 예술의 대상이 될 수 없는 것이며, 따라서 근대 국가는 예술의 지반일 수도 없다. 왜냐하면 근대 국가의 생활은 모든 방면에서 일반과 개별·주관과 객관·윤리적 전체와 개인 등의 분열을 나타내기 때문이다. 예술미의 이데아는 본래 칸트가 나타낸 것처럼 분열된 것의 합일이다. 예를 들어 단순한 일반적인 것은 추상적 사유의 대상이지 직관의 대상이 아니다. 또한 단순한 개별적인 것은 날것 그대로의 자연이며 단순한 감각의 대상일 뿐이다. 이성과 감성적 형태의 합일인 이데아는 그러한 일반적인 것과 개별적인 것의 통일이며 상호침투이다. 근대의 국가적 사회에서는 예술을 위해 필연인 이러한 통일이 모든 방면에서 분열되어 있는 것이다.

먼저 국가에서는 법률과 개인이 대립한다. 근대 국가에서 법률은 개개 사람들의 심정과 전혀 무관하게 타당하다. 개개 인간은 자기 주관의 외부에 초월적으로 존재하는 법률에 타율적으로 복종해야 한다. 고대 영웅시대에는 이런 일이 없었다. 일반적인 법률은 개개 영웅의 심정 안에 존재하며 이를 벗어나 외부에 존재하지 않았다. 외면적인 법률이 생김과 동시에 일반과 개별, 이성적인 것과 감성적인 것이 각각 추상적으로 분열된다.

또한 고대에서는 인간의 주관적인 의도와 거기서 나오는 객관적인 결과는 별개가 아니었다. 그런데 근대 사회에서는 이 둘이 별개가 되어 책임은 주관이 의식한 범위 안에 머무르고 그 외는 객관적인 것으로서 주관과 별개이다. 또한 고대에는 인간 하나하나가 가족과 씨족 등 '윤리적 전체'를 떠나서 존재할 수 없는 것으로서 이들이 조소적 전일체를 이루었으나, 근대 국가 안에서는 인간 하나하나가 윤리적 전체에서 분리되어 추상적인 단순한 법인이 된다.[7]

그러한 근대 사회는 모든 방면에서 분열적이고 '산문적'이며, 따라서 그런 사회의 개개 인간은 완전히 추상적이며 산문적이다. 그러나 근대 국가는 그 밑에 있는 개인의 가치를 더욱 추상적으로 만드는 또 한 가지 이유를 갖는다. 영웅시대와 달리 근대에서는 국가 정치가 다양하게 갈라지고 그 분과 또한 여러 단계로 나뉘어 개인은 단지 그중 한 단계의 사무를 할 뿐인데, 그런데다가 자유로운 재량이 극도로 제한되어 있어 많은 선례와 상급 기관의 감독하에 그 사무가 이루어지는 상태에 있기 때문이다.

여기까지가 『미학강의』에서 헤겔이 그려낸 근대 국가(즉 사회)의 상황이다. 이는 결코 법철학에서 왕관을 씌웠던 그 국가가 아니다. 무미건조하고 황량한 세계이다. 그런 상태에서 예술은 필연적으로 쇠미할 수밖에 없다. 우선 예술의 주제인 인간은 극히 작은 범위에서 사소한 자유를 즐기는 일상적인 인물만이 가능한데, 너무나 작고 자유롭지 않기 때문에 예술은 자연스레 인간의 현실적 생활이 아니라 의욕·감정·심리 상태 등 주관적 측면을 특히 부각해 내면화하고 관념화한다. 여기에서는 예술이 완전히 유물론적으로, 즉 사회의 추상성과 산문성으로 인해 쇠퇴하게 된다.

그리하여 헤겔은 근대 국가는 본질적으로 추상적·산문적이며, 따라서 이와 예술은 서로 배척하는 모순 관계라고 주장했다. 뮤즈 여신을 위해 헤겔은 현실 국가의 정情 없음을 원망하기까지 하는 듯하다. 이는 법철학의 헤겔과는 전혀 다른 태도이다. 그런데 산문적 사회와 예술의 모순 앞에서 헤겔은 이를 해결해야 할 의무를 가진다. 산문적 사회 그 자체를 지양하여 새로이 예술을 수용하고 발전시킬 수 있는 사회를 만드는 조건을 찾아내거나, 산문적 사회를 그대로 합리화하는 한편 예술을 본래 사멸해야 할 것으로 하거나 둘 중 하나를 골라야 한다. 전자는 현실적이며 실천적인 길이고 바로 헤겔이 지금까지 취해온 현실적인 태도와 필연적으로 이어지는 길이다. 후자는 관념적이며 비실천적인 길이다. 헤겔은 후자를 골랐다. 그는 산문적인 현실을 필연적이며 합리적인 것으로 승인하고, 따라서 『미학강의』에서 몇몇 현실적인 입장과의 모순을 무릅쓰고 이제는 관념적으로(합리적이라고 한 현실이 예술을 해칠 리 없으므로) 예술은 예술 스스로 갖는 운명에 따라 망한다고 말한다.

그가 어떻게 현실을 합리화하고 거기에 최고의 왕관을 씌웠는지는 법철학에서 본 대로이다. 현실의 역사는 그의 시대로 마지막 최고 단계에 도달해버린 것이다. 그러나 현실을 합리화하고 필연으로 만드는 것도 미학에서는 긍정적이지 않고 부정적이며 불가피한 필연성으로서 인정하는 듯하다. 예를 들면 산문적 사회를 개혁하여 이를 영웅시대의 이상적 사회로 돌아가게 하는 영웅적 시도가 흔히 산문적인 근대 사회를 혐오스럽게 생각하는 예술가들의 대상이 되곤 하는데 헤겔에 따르면 그런 예술은 진정한 예술이 아니다. 왜냐하면 필연성이 없는 공상적인 시도이기 때문이다. 젊은 괴테와 실러는 그런 주제를 곧잘 다룬다. 예를 들어 실러의 『군도』에 나오는 모어Moor•는 법률 사회를 지양하려 하지만 결국 좌절하고, 그리스적 영웅이고자 한 발렌슈타인Albrecht von Wallenstein••은 마지막에 부하에게 배신당하며, 괴테의 괴츠Götz•••는 올바른 의도로 기존의 정치적 관계를 변혁하려 했지만 결국 파멸에 빠진다. 그렇게 봉건 소귀족이 과거를 꿈꾸면서 생성되고 있는 산문적인 근대 국가를 반역하는 것은 헤겔에 따르면 무익한 싸움이다. 그러한 싸움이 되는 투쟁은 진지한 예술의 대상이 될 수 없으며 마치 돈키호테처럼 단지 희극의 대상일 뿐이다. 헤겔이 근대적 국가의 필연성에 대한 과거 쪽, 즉 몰락 귀족의 반항을 희극이라고 본 것은 완전히 옳았다. 그러나 미래 쪽에서의 지양에는 아직 생각이 미치지 않았다. 따라서 그에게 근대 국가의 산문성은 어쩔 수 없는 슬픈 필연이었다.

• 희곡 『군도』의 주인공. 백작의 아들로 태어나지만 가문을 떠나서 산적의 우두머리가 되고 귀족과 싸우다 허무함 속에서 비극적인 결말을 맞는다.

•• 알브레히트 폰 발렌슈타인(1583~1634). 보헤미아의 군인이자 정치가. 30년 전쟁(1583~1634년에 유럽에서 벌어진 종교전쟁)에서 신성로마제국의 황제 페르디난트 2세에게 충성하는 사령관으로 활약했으나 정치적 신념 때문에 황제와 사이가 틀어져 결국 버려지고 부하에게 암살당했다. 이를 주제로 실러는 3부작 희곡 『발렌슈타인』을 썼다.

••• 본명은 고트프리트 폰 베를리힝겐Gottfried von Berlichingen(1480~1562). 괴츠는 약칭이다. 신성로마제국의 기사이자 용병. 괴테의 희곡 『괴츠 폰 베를리힝겐Götz von Berlichingen』에서는 괴츠가 역사와 다르게 농민을 위해 싸우다 명예롭게 죽는다.

미학에서 근대 국가를 합리화하려는 헤겔의 태도가 소극적이라는 것은 유대인의 지위에 대한 그의 말만 봐도 알 수 있다. 그는 근대 국가에서 유대인의 지위는 불합리하며, 따라서 이 불합리에 대한 반역은 반드시 승인되어야 한다고 보았다. 그러나 헤겔에 따르면 유대인의 지위는 또한 이미 법률적으로 고정되어 있고 국가권력으로 특정 지위가 지정되어 있는 한 여기에 반항하는 것은 이성적이라고 할 수 없다. 왜냐하면 자기를 압박하는 필연적인 것에 대해 이를 극복하는 수단을 갖지 않는 경우에는 그 필연성이 자기에게 힘을 가하는 것을 조용히 참아내고 현실의 자유를 포기하여 "적어도 주관적인 자유를 잃지 않도록 노력하는 것이 이성적인 인간이 해야 할 일이기 때문"•이다. 유대인의 사회적 지위에 대한 헤겔의 생각은 매우 흥미롭다. 여기서 헤겔이 설교하는 것은 포기이다. 현실의 자유가 아니라 주관적인(비현실적인) 자유이더라도 여전히 이성적이라는 것은 "이성적인 것은 현실적이다"라는 법철학에서의 명제와 완전히 모순된다. 여기에서 헤겔은 힘겨운 변명을 하고 있다.

이렇게 산문적 현실이 필연화되어 산문적이지 않게 된다는 것이 '이론적'으로 증명됨과 더불어, 헤겔은 한편으로 예술의 쇠멸을 현실의 산문성을 통해 현실적으로 설명하기를 멈추고 예술 자체의 본질을 통해 형이상학적으로 설명하게 된다. 이때 그는 현실적인 입장을

• "투쟁을 하더라도 아무런 도움이 되지 못할 때는 그 투쟁을 비껴서 최소한 주관적인 자유라는 형식적인 독자성 속으로 물러나는 것도 분별 있는 일이다."(『헤겔의 미학강의1』, 368쪽)

버리고 "예술이 근대에서 쇠미한 것은 근대 사회에 고난이 많거나 산문적으로 된 데 기인하지 않는다. 그러한 외면적인 원인에서 생긴 단순한 우연적인 불행이 아니다"•[8]라고 앞과 모순된 말을 한다. 그리고 위에서 언급한 대로 예술에서 철학으로 가는 형이상학적인 이행을 설파하거나, 혹은 다시 예술은 원래 자기 고유한 문제를 갖는데 그 내용이 감각적이며 직관적인 방법으로 남김없이 해명되어 어떤 해결되지 않는 어둠이 남지 않게 되면 예술은 그 임무를 마치고 쇠멸한다는 새로운 생각을 설파한다.

그러나 그런 형이상학적 연역은 잘못일뿐더러 불필요하다. 왜냐하면 예술은 인류가 존속하는 한 사멸하지 않기 때문이다.

마지막으로 말할 필요도 없지만 헤겔이 산문적 근대 국가의 본질을 일반과 개별·전체와 부분·주관과 객관의 대립과 분열이라고 본 것은 피상적이며 오류이다. 본질적인 대립은 그런 형식적인 대립이 아니라 계급 대립이다. 상품 경제와 인간성의 대립이다. 그는 추상적인 형식적 일반성으로서의 법률에 개별성으로서의 개개 인간을 하나같이 대립시키고 있다. 왕후와 귀족, 시민과 농민도 하나같이 법률에 대해서는 마찬가지 자격을 가지고 대립한다. 이는 그가 갖는 역사적 제약에서 온 인식의 불충분함이었다.[9]

• "그에 반해 예술은 그것이 발전해온 과정에서 그 입장을 살펴볼 때 상황이 완전히 변했다. 그러나 우리는 이를 예술이 외적인 시대의 궁핍함에 따른 범속한 의미나 부족한 관심 때문에 우연히 불행에 부딪힌 것이라고 간주할 필요는 없다."(『헤겔의 미학강의2』, 540쪽)

4. 상징적 · 고전적 · 낭만적[10]

헤겔 미학에서 근본적인 개념인 상징적 · 고전적 · 낭만적이라는 세 예술 형식은 예술미의 이념 그 자체에서 필연적으로 발생하는 것이다.

원래 상징적 · 고전적 · 낭만적이라는 말은 (헤겔 이전에도 이후에도 그랬지만) 개개 예술 이론가에 따라 극히 자의적으로, 비조직적으로 사용되었는데 헤겔은 여기에 깊은 의미를 부여하고 셋을 필연적으로 연관 지어 자기 미학의 근본적인 구분 원리로 삼았다.

즉 예술미는 형태와 결합된 이념인데 이 이념과 형태가 결합되는 세 가지 양식에서 세 예술 형식이 발생한다. 첫 단계에서 이념은 자기에 걸맞은 형태를 찾아낼 수 없다. 이념 자신이 아직 추상적이기 때문이다. 그렇지만 이념은 자연 안에서 자기를 위한 형태를 구하기 위해 방랑한다. 그러나 여기서는 이념과 형태의 진정한 합일에 도달하지 못한다. 이것이, 즉 상징적 예술이다. 다음으로 이념과 형태가 그러한 불일치를 극복하고 완전한 합일에 도달하는 것이 고전적 예술이다. 원래 예술미로서의 이념, 즉 이데아는 이념과 형태의 합일인데 그런 점에서 말하면 고전적 예술이야말로 헤겔에게 예술의 전형이다. 사실 헤겔은 자신의 취향에 따라서도 고전적 예술을 예술의 극치로 보았다. 고전적 예술에서 도달하는 이념과 형태의 합치는, 즉 이념과 '인체라고 하는 형태'의 합치이다. 앞의 상징적 예술에서 이념은 모든 자연현상 안에서 자기 형태를 구하려 했으나 발견하지 못했다. 하지만 고전적 형식에서 이념은 완전히 자기에게 걸맞은 형태를 인간의 신체에서 발견한다. 그리스 조각 안에 전형을 갖는 고전적 예술은 이념의 내용이 남김없이 형태로 표현되는 한편 형태의 표현에는 무엇 하나 이념을 나타내지 않는 것, 불필요한 것이 없다는 완전한 융융 상태에 도달했다. 이것이 예술의 이론적 상태이다.

그런데 고전적 예술에는 한 가지 제한이 있다. 이념이 인간의 신체로 완전히 표현되어 거기서 벗어나지 않는다는 것은 이념이 여전히 유한적·감성적 영역에 머물러 절대적·영구적·정신적인 것으로 규정되지 않았음을 의미한다. 그러나 사실 이념은 절대적·무한적·정신적이다. 따라서 여기에 다시 이념은 감각적 형태와의 결합을 파괴하고 이를 초탈하여 자기에게 어울리는 더 높은 예술 형식을 낳는다. 이것이 낭만적 예술이다. 이 관계는 그리스 신과 기독교 신의 비교를 통해 명백해진다. 그리스 신은 본래 유한한 형태적 이념이었다. 따라서 이는 신상이라는 조각 형태로 표현되었다. 그러나 기독교 신은 감성적인 이념이 아니라 정신적인 이념이다. 따라서 이는 인간 심성의 내면을 무대로 삼으며 감성이 아니라 표상으로만 언표할 수 있다. 이 두 신의 예에서 볼 수 있듯 낭만적 예술에서 이념은 정신적인 이념 또는 정신인 이념이기 때문에 감각적인 것으로 표현할 수 없으며 인간의 내면적인 표상의 세계 속에서 감각이 아니라 내면적 심성과 감정에 작용한다.

그러나 헤겔에 따르면 예술은 본래 이념과 감성적 형태의 합일이며 이에 대해서 감성적 측면은 불가결한 계기였다. 따라서 그렇게 감성적 형태를 버리고 주체의 내면에 들어간 낭만적 예술은 이미 예술이기를 그친 것이라고 할 수 있다. 그리하여 헤겔에게 예술은 사실상 낭만적 예술을 끝으로 소멸하게 된다.

여기까지가 예술 그 자체를 나누는 세 부문의 논리적인, 즉 이념 그 자체의 필연적인 발전에서 이루어진 연역이다. 그런데 이 세 구분은 바로 동시에 예술 그 자체의 역사적 발전의 세 가지 큰 단계이다. 이념의 자기 발전 혹은 이념과 형태의 결합 양식이라는 등 이념 그 자체를 의인화한 헤겔의 신비적 표현을 우리의 말로 고치면, 이는 인간에 의한 객관계의 예술적 파악, 자기 사상의 예술적 표현의 역사를 가리킨다. 상징적 · 고전적 · 낭만적이라고 불리는 예술의 형식들은 대략 역사적으로 잇달아 발생했다. 다만 상징적 예술은 다른 두 형식에 비해 다소 애매하지만 기술적으로 불충분한 동양 민족의 표현 수단에 따른 치졸한 외계 묘사와 그 세계관인 애니미즘의 표현 그리고 전제적 지배자의 거대한 조영 등을 포함해, 요컨대 예술의 원시 시대에 대한 총칭일 것이다. 이 형식은 정신성이 신체성에 억눌려 있는 건축을 자기 전형으로 삼는다. 다음 고전 예술은 아직 단순한 아테네 공화정의 사회 조직과 인간 심리를 인체라는 감성적 형태로 충분히 표현할 수 있었던 시대의 예술을 가리키며, 낭만적 예술은 주로 그 이후 조각으로는 더 이상 남김없이 표현할 수 없게 된 복잡한 사회 현상의 시대, 인간의 사회 · 정치적 활동에서 내면세계로 추방된 종교 시대의 예술을 말한다. 어느 것이든 상징적 · 고전적 · 낭만적 예술 형식은 역사적으로 잇달아 나타난 형식이다. 그리고 이것이 동시에 논리적 필연에 따른 예술의 논리적 구분이 되고 있는 것이다. 따라서 헤겔 미학에서는 체계에 대한 서술이 동시에 역사에 대한 서술이기도 하다.

이러한 체계의 역사적 성격은 조각·회화·음악·문학 등의 여러 특수한 예술 구분에도 적용된다. 이 특수한 예술은 보통 모든 시대를 통해 그 전체가 동시에 공존한다. 어떤 시대에는 이 예술만 융성하고 다른 시대에는 저 예술만 융성하는 방식이 아니다. 따라서 여러 특수한 예술의 구분은 초역사적인 것으로 생각되어 보통 비역사적으로, 예를 들면 표현 재료·음향·색채·문자 등으로 분류된다. 그러나 그런 분류로는 어떤 시대에서 다수의 예술 중 하나가 헤게모니를 가진다는 사실, 예를 들어 그리스 시대의 조각, 근대의 문학, 고대 동양에서의 건축 등의 우위를 설명할 수 없다. 헤겔에게는 특수한 예술 구분 역시 논리적 필연이며, 따라서 역사적이다. 즉 건축은 특히 상징적 예술 형식에 속하며 조각은 특히 고전적 예술 형식에, 회화와 음악, 문학은 특히 낭만적 예술 형식에 속한다. 그리고 낭만적 예술 형식에 속하는 셋 또한 임의가 아니라 정신적인 것이 감성적인 것을 점차 극복하여 이탈하는 순서로, 즉 회화·음악·문학의 순서로 배열되어 있다.

그런데 헤겔은 일반적으로 논리와 역사의 동일성에 있어 항상 논리 쪽을 기초와 원형으로 삼았다. 그리고 이 현실의 원형인 논리는 절대적이며 완결적이기 때문에 모든 방면에서 발전 과정에 있는 현실에 대해 자기를 강화하고 현실을 종종 왜곡하는 결과를 낳았다. 체계와 구분은 내용을 위한 체계이며 구분이어야 함에도 체계와 구분이 절대화된다. 미학의 경우에도 예를 들어 고전적·낭만적이라는 두 예술 형식 외에 그와 동등한 가치를 가지고 대립하는 상징적 형식이 필요한지는 의문이다. 이 세 형식이 필요하다 치더라도 헤겔이 구분한 것처럼 엄밀한 경계를 가져야 하는지는 여전히 의문스럽다. 그러나 이는 체계를 위해 필요하며 게다가 이 체계가 역사를 짊어진다.

그러나 그런 결점에도 헤겔의 예술 형식에 대한 사상을 다른 예술학자들과 비교해보면 헤겔의 사상이 얼마나 필연성을 갖는지, 따라서 얼마나 엄밀하고 학적인지 알 수 있다. 예를 들어 고전적·낭만적이라는 두 개념을 예술의 본질적인 두 형식으로서 명확히 의식화한 것은 슐레겔 형제였다. 헤겔 스스로 말하는 바와 같이 그들의 이론에 많은 빚을 지고 있다는 것은 의심의 여지가 없는 사실이다. 그러나 이 두 개념에 대한 슐레겔 형제의 의식에는 '고전적'과 '낭만적'에 고대적과 근대적, 외면적과 내면적, 감성적과 정신적, 조각적과 회화적, 정적과 동적이라는 식으로 어떤 연관도 없이 단지 생각나는 대로 서로 대립하는 두 징표가 배분되어 있을 뿐이며, 두 개념 사이는 물론 이 많은 징표들 상호 간에도 어떠한 필연적 관계가 사유되지 않았다.[11] 또한 고전적·낭만적이라는 이 두 개념도 다만 고대 예술과 근대 예술이라는 양대 예술의 특성을 나타낼 뿐이며 동양 및 기타 예술을 포함한 전 예술 영역에서의 필연적인 지위는 밝혀지지 않았다. 헤겔은 이를 예술의 3대 부문 중 두 부문을 이루는 것으로, 예술의 근본적인 이념에서 필연적으로 연역하여 이른바 학술 개념으로까지 고양한 것이다. 이는 슐레겔 형제의 이론과는 이론적으로 큰 차이를 갖는다고 할 수 있다.

헤겔은 학이 체계적인 지知라는 것을 정신현상학에서 반복하여 주장했다. 그러나 그는 결코 이를 단순한 표제로만 제창한 게 아니다. 예를 들어 미학이 그랬듯 그는 인간의 힘이 닿는 한 광범한 지식 영역의 모든 면을 각 원리의 필연적인 전개에 따라 조직된 체계지로까지 끌어올리는 노고를 완수한 것이다.

8장

한 사람으로서의 헤겔

▲

1. 헤겔의 사생활

헤겔은 청년 시절 일반적으로 고독하며 교제를 꺼리는 편이었는데 베를린 시절에는 자주 밖에 나가 다양한 사람들과 교제를 하기도 했다. 봄이나 여름에 날씨가 좋은 날이면 온 가족이 모여 교외로 소풍을 나가는 일도 잦았다. 연극과 연주회에도 갔다. 호토는 "같이 연극을 보러 갈 때 헤겔은 좋은 동반자였다"고 말한다. 극장에 가면 무엇에든 바로 손뼉을 치려 기다리고, 큰 소리로 우스갯소리를 하고, 좋아하는 가수나 배우에게는 하찮은 것에도 맞춰주는 등 꽤 붙임성이 좋았다. 사육제에서는 가장무도회에 꾸미고 참여하기도 했다. 파노라마나 동물 서커스 등 신기한 행사가 있으면 아이들을 데리고 보러 갔다.

살롱의 좌담에서는 되도록 학문적인 이야기를 피하고 정치와 사회 뉴스를 화제로 삼았고 농담도 하면서 유쾌하게 대화했다. 이런 곳에서는 아까 매도한 것을 다시 칭찬하고 이전에 칭찬한 것을 나중에는 헐뜯어 제자가 화를 내며 책망하면, 크게 웃었다.

헤겔은 담백하여 먹고 입는 것에는 특별히 좋아하는 것이 없었다. 로젠크란츠Johann Karl Friedrich Rosenkranz•는 헤겔 사후에 헤겔의 부인에게 헤겔이 좋아하던 음식을 물어보자 부인은 매우 이상한 질문을 받은 것처럼 놀랐다는 이야기를 전하고 있다.

헤겔은 특별히 좋아하는 음식은 없었지만 커피는 좋은 걸 즐겼던 것 같다. 모조품인 치커리 커피Zichorien••는 좋아하지 않았다. 1800년 11월 2일 셸링에게 보낸 편지를 보면 맥주는 "몸 관계상 마셔야 한다"고 말했다. 헤겔은 밤베르크의 필스너Pilsner 맥주를 즐겨 마셨다. 담배는 꽤 좋아했고 특히 코담배를 애용했다. 실러와 마찬가지로 교실에서도 코담배를 피웠다.

밤에는 어느 모임에 나가서 자주 놀았다. 베를린 시대에는 휘스트whist라는 카드놀이를 했는데 그전에는 럼블rumble이나 타록tarock

---

• 요한 카를 프리드리히 로젠크란츠(1805~1879). 독일의 철학자. 저서로 『헤겔 전기Georg Wilhelm Friedrich Hegels Leben』, 『헤겔의 체계에 관한 비판적 해명Kritische Erläuterungen des Hegelschen Systems.』, 『독일 국민철학자로서의 헤겔Hegel als deutscher Nationalphilosoph』 등이 있다.

•• 지나친 커피 소비가 자국의 맥주 산업을 위협한다고 생각한 프로이센의 프리드리히 2세Friedrich II가 1777년 커피 금지령을 내리자 서민들은 커피와 비슷한 색과 맛을 내는 치커리 뿌리를 차로 만들어 커피 대용으로 마셨다.

같은 놀이를 했다. 카드 게임은 꽤 잘했다. 로젠크란츠에 따르면 프랑크푸르트 시절에 쓴 것 중 「카드놀이에서의 오성과 정열Verstand und Leidenschaft beim Kartenspiel」이라는 논문이 있다고 한다. 또한 청년 시절부터 체스도 두었다.

헤겔은 좌담에서는 유창했고 머리도 민첩하게 움직였는데, 한번 진지한 이야기로 들어서면 극도로 머뭇거리고 판단을 내리지 못했다. 하찮은 것일수록 오히려 더 말이 막혔다.

남의 말에 감정이 상하는 일은 거의 없었다. 그를 화나게 하는 건 매우 어려웠다. 다만 무지하면서 거만한 사람, 잘 알지 못하면서 아는 체하는 사람 등에게는 신경질을 냈다. 법철학에서 상상할 수 있듯 보수적인 영국 헌법에는 호의를 가졌다. 1831년 선거법 개정안•은 헌법의 기초를 위협한다고 생각해 반대했다. 또한 귀족과 자산가, 고위 관료 등에 대해서는 지위를 존중하여 예의를 잊지 않았다. 이런 점에서는 속인이었다.

일반적으로 그는 조금도 낭만적이거나 이른바 천재적인 점이 없었으며 어디까지나 현실적이었다. 언행도 위대한 천재에게 흔히 보

• 영국 휘그당 소속의 찰스 그레이Charles Grey 총리는 1831년 하원 선거구 조정, 유권자 50만 명 증가를 골자로 하는 선거법 개정안을 제출했다. 헤겔은 이를 「영국 선거법 개정안에 대해Uber die englische Reformbill」라는 논문으로 비판했는데, 이는 『법철학』 이후 첫 정치적 논문이며 헤겔의 마지막 논문이기도 하다. 헤겔은 군주권·통치권·입법권으로 이뤄지는 자신의 삼권분립론을 기초로 선거법 개정안이 본질적인 문제를 외면한 채 '민주적'이고 '평등한' 선거라는 추상적 정치사상에 기대고 있으며, 국민의 자유를 위협하고 헌법을 훼손하는 귀족 세력을 견제하기 위해서는 군주권이 강화되어야 하는데 선거법 개정안은 이에 역행한다고 생각했다.

이는 기괴한 점이 전혀 없었으며 보통 사람이었고 보통 남편, 보통 아버지였다. 이는 주관적인 피히테나 셸링의 성격과 다른 점이다. 이런 현실적인 성격은 물론 그의 장점이기도 했지만 단점이기도 했다. 이러한 성격 때문에 봉건적인 독일의 여러 비속한 현실, 불합리한 현실을 그대로 시인하고 만족했던 것이다. 이점은 같은 슈바벤 출신인 실러하고도 다르다.

위에서 밝힌 사생활 속의 헤겔은 주로 베를린 시절에 이미 명성과 지위, 생활의 안정 등을 얻은 뒤의 모습이다. 청년 시절의 헤겔은 물론 이렇게 정신적인 여유를 갖지는 못했다. 그런 영역에 이르기까지는 프랑크푸르트 시절까지의 긴 학창 시절은 물론이고 그 후에도 이어진 영영 끝나지 않을 것 같은 학업 시절이 있었다는 것을 잊어선 안 된다. 베를린 시절에도 한동안 교제를 일체 끊고 승려 같은 생활을 보내기도 했다.

또한 예나 시절 이후 하이델베르크 대학의 교수가 되기까지, 대학 교수가 되기 위해 상당한 초조함 속에서 여러 수단으로 활동을 펼쳤다. 결코 사회적 지위에 초연하지는 않았다. 특히 예나 대학에서는 경제적인 고난도 더해졌기 때문에 헤겔의 초조함은 극심했다. 그의 고난을 구해주는 건 언제나 니트함머였다. 헤겔이 이 우정에 얼마나 감사했는지는 니트함머와의 왕복 서간에 잘 드러난다.

헤겔의 사생활을 가장 흥미롭게 전해주는 것으로는 로젠크란츠의 『헤겔 전기』 중 베를린에서 부인과 나눈 대화 내용이 있으며, 헤겔의 풍모를 가장 면밀하게 여실히 전해주는 것으로는 호토가 『생과 예술의 예비연구Vorstudien für Leben und Kunst』에서 전하는 대목이 있다. 먼저 로젠크란츠의 이야기를 소개한다.

“헤겔은 우리 집 손님으로 자주 찾아왔습니다. 그중에서도 숙부와는 특히 친하여 둘은 자주 즐거이 이야기를 나누었습니다. 저희와 이야기하는 건 대체로 여자들끼리 모여 나누는 내용들이었고 그 밖의 어려운 이야기는 없었습니다. 어떤 곳에 가도 자기를 낮춰 그 자리의 분위기에 맞추면서도 그걸 사람들이 전혀 느끼지 못하게 하는 건 이 인간적인 철학자의 보기 드문 호감 가는 성품이었습니다. 예술가와 예술의 고귀한 목적에 관해 얘기한다든지 경제학자와 어려운 경제 이야기를 나눌 때도 그의 이야기 속에는 현학적인 부분이 전혀 보이지 않았습니다. 다정한 어머니와는 교육에 대해 마음에서 우러나오듯 말을 하고 품위 있는 귀부인하고는 화장품 고르는 법에 대해 즐겁게 대화했습니다.

헤겔은 특히 화장품에 대해 잘 알아서 새로운 제품이 나오면 좀처럼 놓치는 일이 없었고 때로는 직접 골라 부인에게 사주기도 했습니다. 부인의 요리를 칭찬하거나 세세한 요리 방식까지 간섭하면서 일부러 대단한 요리통인 것처럼 행세할 때가 있었는데 실제로는 전혀 그렇지 않습니다. 헤겔 가는 이런 점에서도 검소함이 중시되었습니다.

남편이자 아버지 그리고 한 집의 가장으로서 그를 보는 건 기쁜 일입니다. 아이들이 따르고 22살 연하인 부인이 받들며, 부인의 상냥함과 아이들의 존경 속에서 끊임없이 성실하게 연구를 계속하는 헤겔을 보면서 정말로 기쁨을 느꼈습니다.

식사 때의 대화는 함께하거나 조용히 있는 것 어느 쪽도 좋다는 식이었습니다. 헤겔은 말을 잘하지는 못했고 목이 안 좋았기 때문에 막힘없이 유창하게 말이 나오는 편은 아니었습니다. 슈바벤 사투리가 남아 있었고 항상 말할 때마다 팔을 움직였습니다. 하지만 그런 버릇에 익숙해지면 반복해서 하는 말에는 보통 깊은 뜻이 있거나 재치가 넘친다는 것 그리고 이것이 형식적으로도 전혀 비난할 점이 아니라는 것을 알게 됩니다.

놀이를 할 때는 상대에게 겸손했고 카드놀이에서는 이기건 지건 유쾌해 보였습니다. 상대의 교활한 수법을 나무라는 등 이 사랑스러운 철학자가 웃으면서 화를 내는 모습을 볼 때면 정말로 호감이 갔습니다. 이럴 땐 대개 몇 가지 관용구를 썼는데 시시해 보이는 말도 그가 쓰면 의미를 갖게 되었습니다. 또한 자기가 특히 아끼는 사람을 놀리는 걸 좋아했습니다. 예를 들면 좋아하던 간스 교수Eduard Gans• 가 카드놀이를 하면서 다른 얘기로 게임을 멈추거나 하면 농담 섞인 공격의 대상이 되어야 했습니다. 이럴 땐 '말하기 바빠서 손이 멈췄네!'라고 크게 즐거운 목소리로 혼냅니다. 또 게임이 잘 풀려서 상대가 궁지에 몰려 낼 패가 없어졌을 땐 기분 좋아하면서 '자, 이쯤이 포기할 땐가'라고 웃곤 했습니다. 지금도 이럴 때 자주 쓰이는 말이지요."[1]

• 에두아르트 간스(1797~1839). 독일의 법학자. 법학의 기초를 철학에서 찾으려 했다. 헤겔의 제자로 헤겔의 『법철학』과 『역사철학』 강의록 편집에 참여했다.

2. 헤겔의 풍모

헤겔의 풍모는 호토가 『생과 예술의 예비연구』에서 잘 그려내고 있다. 다음 이야기는 1822년 헤겔이 네덜란드 여행에서 돌아오기 직전의 일이다. "어느 아침, 자기소개를 하기 위해 처음 헤겔의 방에 조마조마한 마음으로, 그러나 어떤 믿음을 가지고 들어간 것은 내가 학생 생활을 막 시작했을 때였다. 그는 넓은 책상 앞에 앉아 있었는데 가득 쌓이고 여기저기 널려 있던 책과 종이를 급히 치워주었다. 일찍 노인같이 되어버린 몸은 굽었으나 그 밑에는 옹골찬 힘이 숨어 있었다. 아무렇게나 어깨에 걸친 실내복은 작아진 몸을 덮어 바닥까지 닿아 있었다. 사람을 경외하게 하는 고상함이나 사람을 끌어당기는 다정함 같은 모습은 전혀 보이지 않았다. 그의 동작에서 볼 수 있는 특징은 무엇보다 먼저 예스럽고 시민적인 품행 방정한 중용이었다. 얼굴의 첫인상을 나는 잊을 수 없다. 얼굴 어디에도 생기가 없으며 늘어져 죽은 것처럼 축 처지고 격렬한 정열은 아무 데도 보이지 않았다. 그러나 낮에도 밤에도 묵묵히 일해온 사유의 전 과정이 얼굴 모든 곳에 반영되어 있었다. 얼굴은 자못 그에게 어울리게 코도 그렇고 꽤 뒤로 기울어져 있었지만 높은 이마, 차분한 턱은 매우 품위 있었다. 아무리 큰일이건 작은 일이건 충실하게 마음에서 성의를 가지고 임하는 그 품위, 최대한의 힘으로 오직 진리 안에서만 궁극의 만족을 찾아온 명석한 의식이 갖는 품위, 이는 언군 어느 곳에도 더할 나위 없이 개성적으로 뚜렷이 나타나 있었다."

3. 강단 위의 헤겔

같은 곳에서 호토는 다시 강단 위에서의 헤겔의 모습을 극히 세밀하게 그리고 있다. "며칠 후 그를 교단에서 봤을 때 나는 그 강의 방식에도 사유 맥락에도 적응하지 못했다. 그는 어딘가 피곤하고 심기가 좋지 않은 듯 머리를 숙인 채 꾀죄하게 교단 앞에 앉아 책장을 넘기거나 말하면서 시종 길쭉한 공책을 앞뒤와 위아래로 훑어보거나 했다. 끊임없이 기침을 하면서 이야기를 끊어 문장이 하나하나 따로 떨어져서 가까스로 입에서 나왔다. 말 하나하나, 구절 하나하나가 힘겹게 입에서 나왔고 비금속적인 목소리로 길게 늘어지는 슈바벤 방언 때문에 한마디 한마디가 더할 나위 없이 중요한 말인 것처럼 대단히 센 강세를 주어 발음되었다. 그러나 이런 사정에도 전체적인 모습은 사람들에게 깊은 경의와 존숭尊崇의 감정을 품게 하며, 소박하고 극히 진지한 태도는 사람을 계속 끌어당기는 면이 있었다. 나는 헤겔의 말을 잘 이해하지 못하여 그 강의를 불쾌하게 생각했는데 무언가 벗어나기 힘든 것이 있어 나를 사로잡았다.

그러나 잠시 지나 열정과 끈기 덕에 그런 강의가 갖는 외면적인 측면에도 드디어 익숙해지자 강의 내용에 담긴 뛰어난 사상이 점차 눈에 보이게 되어 이전의 결함도 그 자신 안에서만 완성의 표준을 갖는 하나의 전체 속으로 꿰어 들어갔다."

"그는 더할 나위 없이 힘찬 사상을 사물의 바닥, 다시 그 밑에서 추구하기를 그치지 않았다. 그리고 이 사상은 살아 움직여야 하며, 따라서 수년 전부터 생각되었고 이후 항상 새로이 생각되고 완성되어 온 것이더라도 다시 한 번 그의 마음속에서 또렷하게 모습을 드러내야 했다. 그런 어려움과 격렬한 노고 끝에 얻은 것을 눈앞에 보이듯 그려내기 위해서는 헤겔과 같은 강의 방식 말고는 생각할 수 없었다.

태고의 예언자가 언어와 격렬한 격투를 하면 할수록 그만큼 적나라하게 절반은 정복하고 절반은 이겨내지 못하는 깊은 사상을 말한 것처럼, 그 또한 곤란한 표현 속에서 싸우고 그것을 이겨내는 것이다. 그는 완전히 문제 속으로 몰입하여 한마디로 문제 그 자체를 위해 문제 그 자체를 전개하려는 것처럼 보인다."

"이야기 시작부터 벌써 막혀 있다. 그래서 다시 처음부터 시작한다. 그러나 다시 멈추어 선다. 말하는가 싶더니 생각한다. 적당한 말은 영원히 나오지 않을 것처럼 보인다. 잠시 지나면 다시 최대한의 자신감을 가지고 그 언어가 등장한다. 잠깐 들으면 흔해 빠진 말인 것 같지만 도저히 남이 따라할 수 없는 적절한 말이다. 진부하게 들리지만 사실 유일하게 옳은 말이다. 가장 근본적인 것은 언제나 나중에 나오는 것 같지만, 알지 못하는 동안 어느새 최대한 완전하게 표현되어 있다."

"듣는 사람은 한 문장이 가진 뚜렷한 의미를 파악하면 앞을 바라며 더 진행하기를 바란다. 그러나 그게 되지 않는다. 사상은 앞으로 나아가지 않고 비슷한 말을 반복하며 몇 번이나 같은 곳을 빙글빙글 돈다. 그러나 마비된 집중력은 흩어지고 헤매다가 사라진다. 그러다 몇 분 후에 비로소 갑자기 놀란 듯 강의로 돌아간다."

"한눈에는 도저히 해결할 수 없을 것처럼 보이는 것 한가운데서 그의 힘센 정신은 위대한 자신감에 가득 찬 유열과 정적으로 쳐들어가서 활동을 시작한다. 그렇게 드디어 목소리는 높아지고 눈은 청중 위에서 날카롭게 빛나며 깊은 자신감을 담은 눈빛 속에서 조용히 타오르는 불꽃이 빛난다. 그러자 그는 더 이상 언어 부족에 전혀 시달리지 않으며 영혼의 모든 깊이와 모든 높이를 끄집어낸다."

4. 괴테와 헤겔의 개인적인 교류

'서로의 영역에서 올림피아의 제우스'인 괴테와 헤겔의 관계는 어땠을까. 이 흥미로운 화제를 조금 살펴보자.

헤겔은 예나 시절 처음 괴테를 만났다. 헤겔이 30세, 괴테가 51세 때였다. 이때 괴테는 헤겔에게 이중적인 입장을 지녔다. 한 가지는 당대의 대문학자인 괴테이며, 다른 한 가지는 예나 대학 감독 지위에 있는 바이마르 궁정 중신인 괴테였다. 예나 대학 강사 자격이 있었던 헤겔은 1801년 가을 바이마르에 있던 괴테에게 취임 인사를 하러 갔다. 당시 바이마르의 괴테와 가까웠던 실러가 같은 뷔르템베르크 출신의 후배인 헤겔을 괴테에게 추거했기 때문에, 물론 셸링만큼은 아니었지만 괴테는 헤겔에게 호의를 가졌던 것 같다.

1803년 가을에 예나에 간 괴테는 11월 27일 자 편지에서 헤겔과 함께 즐거운 시간을 보냈다고 전하며 헤겔은 "정말 뛰어난 남자"지만 표현이 서툴다고 썼다.[2] 1805년 2월에는 괴테가 힘을 써준 덕분에 헤겔은 강사에서 원외교수로 임명되어 연봉 100탈러를 받게 되었다. 1806년에 괴테는 예나에서 헤겔을 수차례 만났다. 당시 나폴레옹과 프로이센 사이의 풍운이 심상치 않았고 프로이센에 속한 바이마르 공국의 모습은 안정되지 않았는데 괴테는 헤겔과 철학에 관한 이야기 등을 논했다. 그런데 마침내 10월에 예나는 나폴레옹에게 점령되었고 헤겔의 집은 프랑스 병사에게 습격당했다. 이때 괴테는 바이마르에서 예나에 있는 친구들에게 회람 안부를 보냈는데 수취인 중에는 헤겔도 있었다. 괴테는 헤겔이 매우 궁하다는 걸 듣고는 10탈러를 전해주라고 크네벨Karl Ludwig von Knebel•에게 부탁하기까지 했다.

이 시절 저축이 거의 없어진 헤겔은 매우 곤란한 상태에 있었다. 그가 얼마나 당황했는지는 1807년 1월에 괴테에게 보낸 편지가 또렷이 보여준다. 그는 최근 전임 자리가 난 식물학 교수 봉급으로 자기 봉급을 올려주도록 괴테에게 부탁하며 대신 식물학 강의를 하겠다고 했다. 물론 박학한 헤겔은 식물학 강의도 훌륭하게 했겠지만 후임이 이미 정해져 있어 이는 실현되지 않았다.[3]

그 후 헤겔은 예나를 떠났기 때문에 둘의 사이는 다소 멀어졌지만 1818년 베를린 대학 교수로 취임하기 위해 하이델베르크를 떠날 때

• 카를 루트비히 폰 크네벨(1744~1834). 독일의 시인이자 번역가. 괴테를 카를 아우구스트에게 소개했다. 『괴테와의 서한집Briefwechsel mit Goethe』이 알려져 있다.

한 번, 1827년 파리 피서 휴가 여행에서 돌아올 때 한 번 헤겔은 바이마르의 괴테를 방문했다. 이때의 둘의 만남은 주목할 만한 것이었다. 10월 16일 밤 파리에서 돌아오면서 바이마르에 도착한 헤겔은 바로 괴테의 집을 방문했는데, 괴테와 가족이 매우 정중히 맞이하여 19일까지 머물렀다. 이동안 아우구스트 대공Karl August•을 만나고 괴테의 초대로 벨베데레 정원Belvedere••에 함께 가기도 했다.

이 체류 기간 중 세 번째 날인 18일 목요일에 이뤄진 괴테와 헤겔의 대화는 에커만Johann Peter Eckermann•••이 잘 전하고 있는데, 두 거인이 가진 사상적인 입장의 특색을 잘 나타내어 매우 흥미로우므로 그 부분을 모두 소개한다.

"헤겔이 왔다. 괴테는 헤겔이 철학에서 이룬 약간의 성과에 대해서는 특별히 감탄하지 않았지만 개인에 대해서는 깊이 탄복하고 있다. 괴테는 오늘 저녁 헤겔을 주빈으로 차 모임을 열었다. 젤터Carl Friedrich Zelter••••도 자리에 함께했지만 그날 밤 중에 떠날 예정이었다.

• 카를 아우구스트 작센-바이마르-아이제나흐 대공Karl August von Saxen-Weimar-Eisenach(1757~1828). 진보적인 정책을 취했으며 괴테와 교류하며 널리 학문을 장려하고 바이마르 공국을 독일의 문화 중심으로 만들었다.

•• 바이마르에 있는 벨베데레 성 밖의 수목 정원. 카를 아우구스트는 프랑스 식이었던 이 공원을 1811년부터 영국식 조경 공원으로 바꾸었다.

••• 요한 페터 에커만(1792~1854). 독일의 작가. 괴테의 비서를 지내면서 괴테의 담화를 기록하여 남겼다. 헤겔 전집의 편집자이기도 하다. 저서로 『괴테와의 대화Gespräche mit Goethe』가 있다.

•••• 카를 프리드리히 젤터(1758~1832). 독일의 음악가. 괴테와 실러의 시로 작곡했다. 바흐 음악의 신봉자로서 멘델스존을 가르쳤다.

이야기는 변증법의 본질로 옮겨갔다. 헤겔은 말했다. '이는 요컨대 어떤 인간 안에도 내재하는, 규제되어 방법적으로 완성된 모순의 정신에 다름 아닙니다. 그리고 이 천부는 참과 거짓을 나누는 데 그 위대한 힘을 나타내는 것입니다.'

괴테가 끼어들었다. '그런데 그런 정신의 기술이나 기량은 자주 남용되어 거짓을 참으로, 참을 거짓으로 만들지 않습니까.'

헤겔은 대답했다. '물론 그런 일도 있지만 그건 정신적으로 병적인 사람들만의 이야기입니다.'

괴테는 말했다. '그렇다면 자연 연구가 훨씬 뛰어납니다. 자연에 관한 연구에서는 그런 병적인 일은 일어나지 않지요. 왜냐하면 이 영역에서 우리가 관찰하는 것은 무한히 영원한 참된 것이며, 대상을 관찰하거나 취급할 때 순수하고 정직하지 않은 자는 누구나 바로 자격 없는 자로서 물리칩니다. 저는 또한 많은 변증법 환자들이 자연 연구로 쾌유될 것이라 확신하고 있습니다.'"[4]

이 두 사람의 대화를 읽고 우리가 먼저 알게 되는 것은 괴테가 헤겔 변증법의 결함 중 하나를 매우 적절하게 지적했다는 점이다. 헤겔의 변증법은 자연을 그 바탕으로 삼으려 하지 않고 거꾸로 자연을 제외하는 것이었다. 그런데 괴테의 말처럼 자연이야말로 사상의 진위를 판별하는 가장 큰 기준이다. 헤겔은 이 물질적인 기초를 제외함으로써 변증법을 종종 소피스트적 혹은 신비적인 것으로 만들 수밖에 없었다.

헤겔은 당시 괴테의 마차로 젤터와 괴테의 가족과 함께 벨베데레에 가서 하루 놀았던 것이 지극히 유쾌한 일이었던 듯 아내에게 그 상황을 자세히 알렸다. 다 같이 아름다운 공원을 산책한 뒤 2시에 "괴테와 훌륭하고 맛있는 오찬을, 더할 나위 없이 기분 좋은 식욕을 느끼면서" 먹었다. "나는 괴테에게 프랑스에 대한 정치적·문학적 견해와 관심사를 많이 얘기해야 했소. 어느 것에도 괴테는 대단히 기뻐했소. 그는 매우 힘이 넘치며 건강하고 대부분 예전 그대로였으며, 즉 항상 젊고—어느 정도 조용해졌는데—존경할 만한 선량하고 쾌활한 왕이기 때문에, 보다 보면 천재성과 이겨낼 수 없는 재능의 힘을 지닌 고귀한 인간이 숨어 있다는 것을 잊게 되는구려."[5]

헤겔은 괴테와 울리케Ulrike von Levetzow• 사이에 앉았는데, 젤터와 의사인 포겔, 에케르만, 아들 아우구스트 폰 괴테, 괴테의 손자 베르터와 볼프강도 식탁에 함께했다.

헤겔은 이후 1829년 9월 23일 칼스바트에서 돌아오면서 다시 한 번 바이마르를 방문하여 괴테를 만났다. 마지막 만남이었다.

말할 것도 없이 둘의 사상적인 관계는 서로 영향을 주고받는 관계가 아니라 거의 괴테가 헤겔에게 일방적으로 영향을 준 관계였다. 따라서 헤겔이 처음 바이마르에 있던 괴테에게 예나 대학의 사강사Privatdozent•• 취임 인사를 하러 갔던 때부터 때때로 편지를 주고받으며

• 울리케 폰 레베초프. 울리케는 당시의 부족한 정보에 기인한 오역이다. 울리케는 괴테가 마지막으로 사랑한 여인이었지만 괴테에게 오지 않았다. 이때 헤겔 옆에 앉은 여인은 괴테의 며느리인 오틸리에 폰 괴테Ottilie von Goethe였다.

•• 독일의 사강사는 박사학위 취득 후 교수자격 논문 과정을 거치면 얻게 되는 자격이며

마지막 만남에 이르기까지 괴테를 대하는 헤겔의 태도에는 시종일관 존경하는 마음이 넘쳤다. 앞에서의 편지에서 볼 수 있듯 헤겔이 이미 영예의 정상에 있던 시대에조차 헤겔은 괴테를 존경하고 있었다.

1825년 4월 24일 자 편지에서 헤겔은 어떤 의미에서 괴테에게 가르침을 받았는지 명확하게 밝히고 있다. "나의 정신적 발전의 흔적을 보면 어디서든 당신이 그 안에 들어가 있다는 것을 보게 됩니다. 나는 당신의 자식 중 하나라고 불리고 있을 겁니다. 제 마음은 추상화에 저항하여 지탱하는 힘을 당신에게서 얻고 있습니다. 그리고 당신이 낳아 만든 것을 길잡이 등불로 삼아 진로를 바른 방향으로 삼아 왔습니다"[6]라는 말은 헤겔에게 괴테가 어떤 사람이었는지 적절히 보여준다. 괴테의 가장 큰 특징은 어디까지나 현실적이라는 점인데 괴테의 이러한 태도야말로 헤겔에게 가장 좋은 '길잡이 등불'이었던 것이다. 왜냐하면 독일 관념론 철학자 중에서 가장 현실적이었던 헤겔의 위험성은 항상 관념론적인 변증법과 고정적인 체계 때문에 현실을 관념적으로 왜곡해야 하는 처지에 빠지게 되는 것이었기 때문이다. 그는 실제로 자신의 위험성을 의식하여 괴테에게 고백했듯 이를 피하여 올바른 방향으로 진로를 향하게 하는 인도자로서 괴테를 보았을 것이다.

그렇다면 괴테는 헤겔을 어떻게 보았을까. 괴테는 에커만이 말한 것처럼 헤겔의 목눌한 인품은 좋아했지만 헤겔의 철학을 좋아하지는

계약 강사와 같은 직업명이기도 하다.

않았다. 에커만이 전하고 있는 헤겔 철학에 대한 괴테의 감상이 헤겔 철학에 대한 그의 태도를 가장 잘 나타내고 있다. 괴테는 1832년 1월 15일 바른하겐Varnhagen•이 전한 헤겔이 죽었다는 소식에 답하여 "그의 학설의 바탕은 내 시야 밖에 있네. 그러나 그의 작업이 나에게 도달한 데서는, 아니 내 작업에 들어선 곳에서 나는 항상 진정한 정신적 이익을 얻었다네"[7]라고 말했는데, 이 편지에서 헤겔 학설의 바탕이 괴테의 시야 밖에 있었다는 전반부는 진실된 고백이라고 생각되지만, 후반은 아마 고인에 대한 의례라는 의미가 상당히 포함되어 있다고 봐야 할 것이다. 오히려 헤겔 철학에 대한 그의 진정한 태도는 에커만이 전하고 있는 하인리히Hermann Friedrich Wilhelm Hinrichs••의 『고대 비극의 본질Das Wesen der antiken Tragödie in ästhetischen Vorlesungen』에 대한 괴테의 비평에서 드러난다. 하인리히는 헤겔의 하이델베르크 시절 제자이다. 헤겔이 1822년에 하인리히가 쓴 『철학과 내적 연관이 있는 종교Religion im innern Verhältniss zur Wissenschaft』에 여러 조언을 해주고 유명한 서문을 써줬을 만큼 그는 완전한 헤겔 학도였다. 괴테는 이에 대해 "그러나 솔직히 말하면 북부 독일 해안 출신으로 날 때부터 강건한 하인리히 같은 남자가 헤겔 철학의 영향을 받아 얽매이지 않은 자연의 직관과 사유를 잃고 인공적이며 답답한 방식으로 점

• 독일의 전기 작가인 카를 아우구스트 바른하겐 엔제Karl August Varnhagen von Ense (1785~1858)로 추정된다.

•• 헤르만 프리드리히 빌헬름 하인리히(1794~1861). 할레 대학의 철학 교수. 헤겔의 제자로 노장 헤겔학파에 속한다.

점 생각하거나 표현하게 되어, 우리가 그의 책을 볼 때 이해가 완전히 멈추어 무얼 읽고 있는지 모르겠는 부분을 만난다는 것은 유감이다"[8]라고 말하는데, 아마 이 비평은 그대로 하인리히의 스승인 헤겔에게 적용해도 될 것이다.

괴테는 헤겔 철학의 전체 구성에 대해서도 그렇게 생각했는데, 다만 『엔치클로페디』에서 헤겔의 색채론•이 명확히 괴테의 이론을 지지하고 있다는 점에 대해서는 깊이 기뻐했으며, 1817년 7월에는 그에 대한 감사의 편지를 보냈다. 이 밖에도 헤겔이 1828년 2월 편지에서 괴테의 원현상原現像••이라는 생각을 찬탄하여 자신의 절대자와 비교한 것도 괴테를 대단히 기쁘게 했다.

그러나 이런 합치는 단순히 부분적인 합치이며 괴테는 헤겔 철학을 전체적으로 결코 반기지 않았다. 괴테를 헤겔과 이어준 것은 철학이 아니라 오히려 인품이었다. 헤겔의 소박하고 중후한 인품에 대해 괴테는 마지막까지 호의를 잃지 않았다. 베를린에서 융융한 명성을 얻고 있던 헤겔의 소식을 들은 괴테는 기뻐했으며, 1820년 10월 편지에서 "여러 곳에서 당신이 젊은이들을 육성하기 위해 쏟은 노력이

• 헤겔은 『엔치클로페디』의 「자연철학」 221절에서 색을 빛의 단순한 분산과 합성이라고 보는 뉴턴의 색채론을 기계론이라고 비판하고 색을 총체성에서 보려 한 괴테의 색채론에 손을 들어준다.

•• 괴테가 말하는 '원현상'이란 인간의 직관을 매개로 하여 드러나는 모순양립적인 자연의 형상이다. 괴테는 『색채론』에서 '빛과 밝음'이라는 원현상, '암흑과 어둠'이라는 원현상 그리고 이 대립적 관계 속에서 나타나는 '흐림'과 '색채' 등의 원현상들은 이성적 사유가 아니라 직관을 통해 그 모습을 드러낸다고 했다.

더할 나위 없는 효과를 낳고 있다고 들어 기뻐하고 있습니다"[9]라고 썼다. 1824년 5월 3일에도 괴테는 호의에 가득 찬 편지를 보냈다. "내가 지금부터 하게 될 모든 일이 당신이 지금까지 쌓고 세워온 것과 항상 이어지기를 바랍니다. 당신이 저에 대해 오래전부터 품어온 극히 아름다운 호의가 사라지지 않기를 바랍니다. 그리고 저는 그 호의를 점차 전개해나가는 제 혼이 갖는 비할 바 없이 아름다운 꽃 중 하나로, 어디까지나 기뻐할 이유로 생각한다는 걸 확신해주십시오."[10] 이들은 괴테가 헤겔의 인품을 사랑했다는 증거이다.

5. 괴테와 헤겔 비교

여기까지가 양쪽에서 살펴본 둘의 입장이었는데 객관적으로 둘의 역사적 지위는 어떤 것이었을까. 괴테와 헤겔은 각각 문학과 철학 영역에서 18·19세기 독일 최대의 부르주아 이데올로그였다. 유럽 전체에 걸친 프랑스 혁명을 중심으로 한 부르주아 혁명기에 봉건적 독일의 이데올로그로서 둘은 각각 위대한 천재성과 더불어 왜소한 속인주의를, 독일적 현실에 대한 부정적 혁명 정신과 함께 이에 대한 타협과 포기를 동시에 가지고 있었다는 것은 부인할 수 없는 사실이다. 이 점에서 한눈에는 이상할 정도로 (그러나 사실은 전혀 이상하지 않게) 둘은 일치한다. 그러나 둘의 속물적 경향은 지금 잠시 접어두고 둘이 어떤 방면에서 각각 위대했는지를 간단히 비교해보자.

아까 괴테의 현실적 경향이 헤겔에게 길잡이 등불이었음을 확인했는데, 위대한 부르주아 이데올로그인 괴테의 최대 특징은 현실적이며 또한 진보적이었다는 것이다. 실러는 혁명적이며 현실과 타협하기를 꺼렸다고 보통 얘기된다. 그러나 그가 현실과 타협하지 않고 고매한 정신을 유지할 수 있던 것은 사실 현실에서 눈을 돌려 칸트적 이상주의 속으로 도피했기 때문이다. 그런데 괴테는 반대로 한 번도 관념의 세계로 고양되지 않고 항상 현실 위에 발을 딛고 있었다. 특히 자연에 대한 친근감은 그 젊음의 원천이 되었다고 할 수 있다. 괴테에게는 그만큼 현실적인 생활이 첫째였으며 관념은 둘째, 셋째였다. "태초에 행위가 있었다"•는 것이다. 그는 실로 독일인이 철학적인 문제 해결에 몰두하는 것을 비웃으며 영국인이 솔직한 실무적 이성으로 전 세계를 정복하는 것을 찬탄했다.[11]

실러에 비해 괴테가 현실적이었던 것처럼 칸트에 비하면 헤겔도 현실적이었다. 괴테에 비하면 여전히 관념론자이긴 하지만 독일 관념론 철학자 누구에 비하더라도 더 현실적이었다. 그는 종종 관념론적 체계의 요구를 잊고 많은 곳에서 완전히 유물론자가 된다. 이 점에서 두 제우스는 공통적인 특성을 가지고 있었다. 그러나 헤겔에게 현실은 주로 사회와 역사 방면에서 생각되고 자연은 제외되었는데 괴테는 자연을 직접적인 대상으로서 항상 가까이했다. 자연을 경멸

• 괴테의 『파우스트』에서 파우스트는 "태초에 말씀이 있었다"는 요한복음의 구절을 이렇게 바꾸어놓고 만족해한다.

한 벌은 가공할 만한 것이다. 이 점에서 괴테와 비교되는 헤겔의 관념성이 나타난다.

헤겔의 자연관은 괴테에 비해 극히 후진적이었다. 자연은 논리적 이념의 외화에 지나지 않으며, 시간적인 발전을 갖지 않고 단순히 공간 내에서 다양하게 전개된다고 한 점은 헤겔 자연철학의 결정적인 결함이다. 천문학과 지질학, 동식물의 생리학과 유기화학 등이 이미 상당히 연구되어 칸트의 우주발전론과 라마르크 및 괴테의 진화론 등이 등장해 자연이 시간적으로 발전한다는 사실이 명백해졌음에도 불구하고, 자연의 공간적 전개 등과 같은 견해를 가졌다는 것은 시대에 뒤처졌다고 하지 않을 수 없다. 이런 점에서 괴테는 자연의 발전 이론을 역사적으로 형성해온 가장 중요한 참여자 중 한 명이었다. 또한 광학 및 해부학에서의 그의 공헌은 불후의 것이다. 산업이 발달하지 않은 초라한 독일에 있으면서도 자연에 대한 연구와 자연관에 있어서 그는 유럽의 최첨단에 서 있었다. 이는 헤겔과의 큰 차이다.

또한 괴테는 근대적 기술의 발달과 이를 통한 자연의 정복에 매우 큰 기대를 품고 있었다. 기계의 발달은 최근에도 많은 예술가들에게 사상적인 적이었는데, 특히 당시 회고적인 독일 낭만주의자들에게는 예술의 파괴자 외에 그 무엇도 아니었다. 그러나 괴테는 기계적 기술 발전에 대해 완전히 부르주아적인 쾌활한 희망을 이어간다. "그리고 나는 라인과 도나우가 이어지는 날까지 살아 있고 싶다. 이것 역시 대사업이어서 나는 특히 우리 독일의 재정 궁핍을 생각하건대 성공 여부에 대해 우려하고 있다. 마지막으로 나는 영국이 수에즈 운하를 개통하는 것을 살아 있는 동안 보고 싶다"[12]고 말한다. 『파우스트』의 주제는 바로 이 기술을 통한 자연의 정복이라는 가장 건전한 부르주아적 이상이다.

그런데 헤겔에게는 근대 사회의 기계 발달이 바람직하지 않다. 『미학강의』에서 말하듯 우리 주변에 기계적 제품이 늘어가는 것이 근대 사회를 산문적으로 만드는 원인 중 하나이며, 이 기계 및 근대적 상업이 예술의 적이다. 그리고 그는 그때 예술에게 바람직했던 세계로서 공업과 상업이 없었던 과거 영웅시대를 그리운 듯 회상한다. 그러나 괴테는 살아 있는 동안 수에즈 운하 개통을 보고 싶다고 말하면서 희망에 찬 미래를 바라고 있다. 이것도 큰 차이일 것이다. 이런 점에서 괴테는 새로운 진정한 부르주아지 이데올로그였지만, 헤겔은 반대로 수많은 봉건적인 것을 버리지 못했다.

그러나 헤겔이 괴테보다 결정적으로 나은 점이 있다. 다른 모든 결함을 채우고도 남는 점이다. 이는, 즉 헤겔의 변증법이다. 괴테가 궤변과 헷갈린 변증법이 아니라 모순과 비약과 부정적 정신의 변증법이다. 괴테에게 자연과 사회는 정지하는 것이 아니라 발전하는 것이었다. 그러나 이는 점차적인 발전에 지나지 않았다. 그러나 점차적인 발전, 영원히 이어지는 단순한 점차적인 발전이란 결국 아무런 발전도 아니라는 것을 가장 잘 나타낸 사람이 다름 아닌 헤겔이다. 헤겔은 발전을 내재적인 모순에서 발생하는 자기운동이라고 생각하고 이는 필연적으로 비약·비연속을 가진다는 것을 증명하여 발전을 가장 깊이 있게 파악한 철학자이다. 정신현상학과 논리학에서의 이 발전이론은 괴테의 어떤 특성에 비해서도 더 위대하다고 할 수 있다.

지금까지가 각 영역에서의 제우스인 괴테와 헤겔의 주된 차이와 동일점인데, 이외에도 기성종교에 대한 무관심 내지는 적대심을 꼽을 수 있을 것이다. 둘은 공통으로 기독교, 특히 가톨릭의 다양한 미신적 측면에 대해 혐오감을 품고 있었다. 마지막으로 둘의 공통적인 특징인 현실적이고 실증적인 경향이 다른 측면에서는 봉건적 독일을 무비판적으로 시인하고 타협에 빠진 원인이 되었다는 것도 잊어서는 안 된다는 점을 덧붙여둔다.

6. 헤겔과 나폴레옹

1806년 10월 헤겔이 예나에서 『정신현상학』을 막 마무리하려 할 때 예나 전투•가 일어나 프랑스 군대가 예나에 몰려들어왔다. 이때 원고를 싸매고 도망가던 헤겔이 우연히 말 위의 나폴레옹을 보고 '세계정신'이라고 말했다는 것은 유명하다.[13]

헤겔은 나폴레옹을 시종 감탄의 마음으로 바라보았다. '독일'의 적인 나폴레옹에게 그는 한 번도 적대심을 품은 적이 없었다. 그리하여

• 1806년 10월에 나폴레옹 1세의 프랑스 제국군과 프리드리히 빌헬름 3세의 프로이센 왕국군 사이에 벌어진 전투. 프랑스군이 대승을 거둬 나폴레옹은 프로이센의 도시들을 점령하고 수도인 베를린까지 입성하게 된다. 독일 전역의 승패를 결정지은 전투라고 할 수 있다.

쿠노 피셔Kuno Fischer•는 애국적이지 않던 밤베르크 신문 시절의 헤겔에 대해, 당시 위세 당당했던 나폴레옹을 두고 반反나폴레옹이라고 한마디만 써도 신문이 즉시 폐간될 정도였기 때문에 어쩔 수 없는 일이었다고 변호했다.[14] 그러나 이는 헤겔을 위해서는 명백히 쓸데없는 참견이다. 진보적인 인텔리겐치아인 그는 검과 나폴레옹 법전••으로 독일의 봉건적 유제를 산산조각내줄 나폴레옹에게 겉뿐이 아닌 마음에서 찬탄을 했던 것이다.

헤겔이 나폴레옹에게 어떤 감정을 가졌는지는 1808년 2월 당시 밤베르크에서 신문 편집을 하던 그가 니트함머에게 보낸 편지에서도 뚜렷이 드러난다. 이 편지는 라인 동맹•••도 머지않아 베스트팔렌 공국••••처럼 나폴레옹 법전과 입헌체제를 채용하게 될 것이라는 기사가 밤베르크 신문에 실린 며칠 후에 쓰였는데, 헤겔은 편지에서 이렇게 말한다. "그러나 프랑스 혹은 베스트팔렌 헌법보다 더 앞서는

• 1824~1907. 독일의 철학사가. 본래 헤겔학파에 속해 있었으나 칸트 철학의 부활에 기여하였다. 신칸트학파를 제창한 학자 중 한 명이다. 주요 저작으로는 『근대철학사Geschichte der neuern Philosophie』(총 10권)가 있다.

•• 법 앞의 평등·사유재산의 절대성·계약의 자유 등을 기본 원리로 나폴레옹 1세가 1804년에 제정한 프랑스의 민법전이다. 유럽뿐만 아니라 신대륙의 법률에도 커다란 영향을 미쳤다.

••• 1806년 나폴레옹 1세가 프로이센 및 러시아와 프랑스 사이의 완충지대를 만들기 위해 결성한 독일 영방국가들(프로이센과 오스트리아를 제외한 16개 국)의 동맹체제.

•••• 1807년 나폴레옹 1세는 베스트팔렌 왕국을 수립한 뒤 자신의 셋째 동생 제롬 보나파르트Jérôme Bonaparte를 왕위에 앉혔다.

부분까지 채용되리라는 희망의 중요성에 비하면 나폴레옹 법전 실시의 중요성은 하찮은 것입니다. 이 일은 아마 자기 식견을 통해 자발적으로 이루어지지는 않을 것입니다.—대체 어디에 그런 일이 있을까요. 없을 것입니다. 그러나 이 채용이 천상의 의지, 즉 프랑스 황제의 의지이기만 하다면 기존의 어떠한 정당성, 어떠한 책임성, 어떠한 민주성도 지니지 않은 채 인간 개개의 자의와 작은 재능에만 맡겨져 왔던 중앙 집권 및 제도라는 근대 특유의 형식은 사라질 것입니다."[15]

헤겔은 정당성과 책임성, 민주성이 없는 현존하는 정체政體를 부정하여 지양해야 한다고 생각했는데 이는 절대로 왕후 쪽에서 자발적으로 이루어질 수 없다는 사실을 알고 있었다. 그러나 독일에서는 프랑스와 같이 부르주아지가 민중을 동원할 만한 힘을 갖고 있지 못했다. 따라서 독일의 진보적 인텔리겐치아는 비참한 독일을 구원할 힘을 나폴레옹 침략군 안에서 본 것이다. 헤겔이 나폴레옹에게 기대하고 감사했던 이유는 한마디로 나폴레옹이 정당성과 책임성, 민주성을 갖지 않는 정치를 파괴하여 정당성과 책임성, 민주성을 갖는 새로운 입헌제도를 가져올 수 있기 때문이었다.

헤겔을 애국자로서 변호하려는 많은 시도가 있지만 헤겔이 조국 독일을 침략한 나폴레옹에게 감탄하고 감사한 것은 움직일 수 없는 사실이다. 굳이 헤겔을 애국적 철학자로 보려 한다면, 나폴레옹을 헤겔의 조국 그 자체가 아니라 조국의 봉건적 질곡을 파괴하는 자였다고 보면 될 것이다.

1814년 4월 나폴레옹이 동맹군• 때문에 마침내 퐁텐블로에서 퇴위하게 되었을 때 헤겔은 니트함머에게 편지를 보냈는데, 거기서 동맹군에 대한 기쁨이 아니라 오히려 나폴레옹에 대한 슬픔을 표현했다. "우리 주위에서 거대한 사건이 일어나고 있습니다. 거인적 천재가 자기 스스로 괴멸되어가는 것을 보는 건 놀랄 만한 광경입니다.—이는 지금껏 있었던 일 중 가장 비극적인 사건입니다. 절도 있고 범상한 수많은 사람들이 절대적으로 느린 무게로 끊임없이 봐주지 않고 오랫동안 그 둔중한 납빛 압력을 계속 가해서 마침내 고귀한 것을 끌어내리고 자신과 같은 수준으로, 혹은 자기보다 낮게 만들어버린 것입니다."[16] 헤겔은 여기서 나폴레옹과 그 적들(독일과 오스트리아의 봉건적 정부)의 대립을 천재와 우중의 대립으로 보고 있다. 여기서 나타난 나폴레옹에 대한 높은 평가와 그 적들에 대한 경멸적인 평가는 감출 수 없는 사실이다.

7. 빈 여행, 헤겔과 음악[17]

헤겔은 1824년 9월부터 10월까지 한 달 이상에 걸쳐 빈 여행을 했다. 빈 시내와 명소, 특히 벨베데레·리히텐슈타인·에스테르하지 등

• 영국을 중심으로 프랑스에 대항하기 위해 유럽 국가가 결성한 대프랑스 동맹의 군대. 동맹군은 1814년 나폴레옹이 이끄는 프랑스군을 압도하고 파리에 입성했다.

의 박물관과 카를 대공Erzherzog Karl•이 소장한 스케치와 동판화 수집품 등에 흥미를 느껴 둘러보았다. 그러나 도시에서 무엇보다 헤겔의 마음을 사로잡은 것은 미술이 아니라 음악이었다. 냉정하고 중후한 헤겔이 한평생 잠시나마 고삐가 풀린 적이 있었다면 빈에서 이탈리아 오페라에 푹 빠졌던 것도 확실히 그중 하나일 것이다. 이때는 "이탈리아 오페라 입장료하고 돌아갈 여비가 있는 한, 빈에 머물겠소!"라고 아내에게 써서 보냈을 정도의 탐닉이었다. 또한 "루비니Giovanni Battista Rubini••와 돈첼리Domenico Donzelli•••, 얼마나 더 이 두 테너의 목소리와 형식, 부드러움과 매끄러움, 강함과 울림을 들어야 할까! 둘의 이중창은 지고한 힘참을 보여준다오. 베이스 가수 라블라체Luigi Lablache••••는 주역도 아무것도 아닌데 이 사람의 힘차지만 부드러운 베이스에 나는 경탄하지 않을 수 없구려! 그렇소! 그런 남자의 목소리를 사람들은 들어야 하오. 울림, 순수, 힘, 완전한 자유요"라고, 54세인 헤겔이 마치 청년처럼 이탈리아 오페라를 예찬하고 있다.

헤겔은 아내에게 보내는 편지에 왜 이탈리아 오페라가 베를린 성

• 1771~1847, 오스트리아의 귀족. 나폴레옹과 싸워 아스페른-에슬링 전투에서 승리했다.

•• 조반니 바티스타 루비니(1794~1854). 이탈리아의 테너. 비브라토와 흐느끼는 느낌의 노래로 벨칸토Bel canto(아름다운 소리를 내는 데 치중하는 오페라의 기교적 창법) 시대의 기틀을 닦았다.

••• 도메니코 돈첼리(1790~1873). 이탈리아의 테너. 건장한 목소리로 파리와 유럽 등에서 활약했다.

•••• 루이지 라블라체(1794~1858). 이탈리아의 오페라 가수. 유쾌한 연기와 힘차고 빠른 베이스가 특징이며 모차르트의 오페라 『돈 조반니』 배역으로 유명했다.

악보다 좋은지, 또한 왜 로시니가 베를린에서는 받아들여지지 않는지 그 이유도 밝히고 있다. "이들의, 특히 남성 음악의 아름다움에 비하면 부드럽다는 점을 제외하고 베를린에 있는 어느 목소리의 울림도 탁하고 거칠며 투박하거나 힘이 없다오. 마치 맥주와 투명한 황금색을 띤 독한 와인을 비교하는 것과도 같소. 불처럼 독한 술 말이오. 노래하기와 소리 내기를 조금도 게을리 하지 않으며, 단지 배운 대로 암송하고 있는 게 아니라오. 거기에는 그의 전 인격이 담겨 있소. 남자 가수들과 특히 포도르 부인Joséphine Fodor•은 스스로 생각해서 표정과 장식을 만들어낸다오." 이것이 헤겔이 말하는 독일 성악과 이탈리아 성악의 차이다. 또한 로시니에 대해서는 "나는 왜 독일, 특히 베를린에서 로시니 음악이 매도되는지 완전히 알게 되었소. 모든 문제는 음악 그 자체가 아니라 노래 자체에 달려 있었던 것이오. 그것만으로도 하나의 음악으로 통하는 기악부는 바이올린이나 피아노로도 연주할 수 있소. 그러나 로시니의 음악은 오직 노래했을 때만 의미를 갖는다오". 그는 로시니에게 완전히 마음을 빼앗겼다. "로시니의 세비야 이발사! 2회 차. 나는 이제 나의 취미 수준을 완전히 떨어뜨려버렸다오. 이 로시니의 피가로가 모차르트의 노체Nozze보다•• 얼마나 더 내 마음을 채워주는지 알 수 없구려.—가수들도 더할 나위 없이 애정을 담아서 연기하고 노래한다오.—얼마나 훌륭하고 거부

• 조세핀 포도르(1789?-1870). 프랑스의 소프라노.

•• 모차르트의 오페라 『피가로의 결혼』. 노체는 이탈리아어로 결혼을 뜻한다.

하기 어려운 매력인지. 빈에서 떠나는 것은 불가능하오. (…) 로시니의 음악은 가슴의 음악이라오." 이것이 빈에서의 헤겔의 상태였다.

헤겔은 그렇게 빈에는 오직 로시니 음악 하나밖에 없는 것처럼 로시니에 몰두했다. 그런데 과연 빈 음악은 당시 로시니 하나였을까. 그렇지 않다. 독일 음악의 대표자인 베토벤이 있었다. 헤겔이 빈을 방문한 1824년은 베토벤 활동의 절정기였다. 5월에 교향곡 9번과 장엄미사• 일부가 이곳 극장에서 처음으로 연주되었을 때는 총수입이 2500 글루덴Gulden이나 되었다는 것으로도 알 수 있듯 많은 빈 사람들이 모였다. 그러나 헤겔은 빈에 있으면서 이 세계 제일가는 음악가에 대해서는 아무 말도 하지 않았다. 이는 참으로 이상한 일인데 어떤 이유 때문이었을까. 한 가지 추측해보자면 이때(7월부터 11월까지) 베토벤은 바덴에 가 있어서 빈에는 없었다는 사실도 큰 상관이 있을 것이다. 또한 베토벤의 기악곡은 귀족들이 주로 즐겼고 로시니의 오페라처럼 대중적으로 연주되는 기회가 적었기 때문에 타지에서 온 헤겔이 접할 수 없었다는 이유도 있을 것이다. 그러나 가장 큰 이유는 음악에 대한 헤겔의 경험이 미숙하다는 사실일 것이다. 글로크너Hermann Glockner••도 언급하고 있듯 빈에 머문 이 한 달이 헤겔에게는 음악을 체험할 수 있었던 유일한 기회였기 때문에, 상당히 높은

• 베토벤의 『장엄미사 라장조 Op. 123』(1823년). 장엄미사는 가톨릭의 특별한 의식에 쓰이는 미사곡을 가리킨다. 베토벤은 이를 자신의 최고작으로 꼽았다.

•• 헤르만 글로크너(1896~1979). 독일의 철학자. 신헤겔주의의 대표자 가운데 한 명이다.

수준의 음악적 훈련을 필요로 하는 베토벤 등의 독일 음악을 이해하지 못하고 바로 빠져들 수 있는 로시니의 감각적 시민 음악에 열중했을 것이다. 호토가 찬송하는 투로 스승을 추억하는 글에서 "음악에서도 모든 걸작은 선생님의 귀, 정신에 쉽게 이해되었다"고 말한 것은 상당히 의례적인 것이라고 봐야 할 것이다.

그러나 헤겔 자신도 로시니보다 더 좋은 음악이 있다는 것을 어느 정도 의식했다는 사실은 앞의 편지에 "나는 이제 나의 취미 수준을 완전히 떨어뜨려버렸다오"라고 말하는 데서도 알 수 있다.

그러나 역시 헤겔에게 독일 기악은 이탈리아 성악에 미치지 못하는 것이었다. 『미학강의』에서 그는 이탈리아 사람은 태생적으로 가요와 선율에 대한 재능을 가지는 한편, 북방 민족은 기악과 오페라를 타고나지만 마치 오렌지나무가 북방에서는 완전히 땅에 길들지 않았던 것처럼 여러 노력에도 이 재능의 육성은 별로 성공하지 못했다고 말한다.[18] 이는 명백히 바흐·하이든·모차르트·베토벤이 만들어낸 빛나는 독일 음악의 전통에 대한 지식이 불충분함을 표명하는 것이다. 그러나 이는 물론 그때까지 헤겔이 음악과 비교적 연이 없었던 환경의 책임이다. 다른 예술에 대한 헤겔의 풍부한 감수성과 이해력은 기회가 있었다면 그가 좋은 음악을 단시일 안에 받아들였을 거라 상상하게 만든다. 그러나 우리의 큰 흥미를 끄는 건 구성적인 체계가인 그가 빈에서 감각적이며 선율적인 이탈리아 오페라에 마음을 빼앗겼다는 점이다.

헤겔 철학 연구의 관점

허만원許萬元 •

들어가며

여기서 다뤄진 미타 세키스케의 젊은 날의 노작 『헤겔 철학으로의 길』(1934년)은 마르크스주의의 원천 중 하나인 헤겔 철학을 비판적으로 수용하려 시도하고 해설한 일본인의 첫 저작이었다. 이 점에 대해서는 이미 도사카 준戸坂潤이 평한 것처럼 이 책은 당시 "거의 유일하게 학적으로 정리된 헤겔 해설서"였으며 기념적인 귀중한 역

• 1933~2005. 제주도 출신의 변증법 연구자이다. 도쿄에서 조선인 학교에 재학 중 교장의 권유로 주오 대학에서 철학을 공부하고 도쿄 도립대학 대학원에 진학해 박사학위를 취득했다. 이후 재일 조선인으로는 최초로 도쿄 도립대학 교수로 취임했으며, 1983년에 리츠메이칸 대학으로 이적했다. 주요 저서로 『변증법의 이론弁証法の 理論』과 『헤겔의 현실성과 개념적 파악의 논리ヘーゲルにおける現実性と概念的把握の 論理』가 있다.

사적 문헌 중 하나에 속한다고 할 수 있다.

1930년대는 파시즘의 폭풍이 불어 닥치고 국내외 모두가 엄한 사상 탄압에 허덕이던 시대였다. 용기 있는 젊은 지식인들이 일어나 일찍이 1932년에 '유물론연구회'를 조직해서 대항했다. 그들은 유물론연구회 아래 결집하여 다방면에 걸쳐 여러 문제에 대해 끊임없이 집단적인 연구 토론을 거듭하여 일본의 유물론을 단번에 세계적 수준에까지 높여갔다. 미타의 이 노작도 유물론연구회 창립 2년 후에 쓰였으며, 이 책 자체도 유물론연구회의 집단적 연구 성과 중 하나였다고 할 수 있다. 따라서 도사카 준도 이 책에는 "주로 유물론연구회에서 연구·보급된 학적 상식"이 반영되어 있다고 평한 것이다.

이 책은 '헤겔 철학으로의 길'이라는 이름대로 직접적으로는 헤겔 철학에 대한 입문서 내지는 해설서로 쓰였다. 만약 이 책이 단순한 해설서라면 여기에 나의 해설을 더하는 것은 완전히 사족에 지나지 않을 것이다. 그러나 이 책은 저자 자신이 말하듯 단순한 해설서가 아니라 "비판적 해설"을 하는 책이며 "우리의 전진을 위해서 헤겔을 이해"한다는 자세 아래 쓰였다. 따라서 이 책은 독자에게 헤겔 연구에 대한 새로운 관점 내지 지침을 제시하고자 한다. 내가 해야 할 일은 단지 독자에게 이 책의 의의를 더 잘 이해할 수 있도록 해설의 전제가 되어 있는 당시 저자의 사상을 규명하는 것이다. 이를 통해 다시 이 책의 한계도 명확해질 것이다.

저자 해설의 관점

이 책의 임무는 두 방면을 갖는다. 첫째는 헤겔 왜곡에 대한 대외적 비판이며, 둘째는 헤겔 철학에 있는 합리적인 측면의 긍정적 섭취이다. 물론 이 두 방면은 밀접하게 결합되어 있으며 합리적인 것의 긍정적 섭취에 성공해야 바로 헤겔 왜곡에 대한 비판도 충분히 해내게 될 것이다. 저자가 이 책에서 헤겔로부터 합리적인 것을 섭취하는 데 주로 노력하고 있는 이유도 그 때문일 것이다.

그러면 당시에 헤겔은 어떻게 왜곡되었을까. 이 책의 서문은 헤겔에 대한 왜곡으로 다음의 세 가지를 지적한다.

첫 번째는 변증법에 대한 왜곡이다. 특히 변증법에서 '부정의 부정 법칙'이 '정반합'이라는 도식으로 환원되어 "변증법이 갖는 부정적이며 비판적인 정신은 쏙 빼놓은 채 '합'을 '정'과 '반'의 단순한 합산이나 무난한 중간물로 이해한다". 이는 절충주의일 뿐이며 현실을 무차별적으로 합리화하는 '무비판적 실증주의'로 이끄는 것이라고 단죄된다. 물론 헤겔에게도 그런 일면이 있다는 점을 부인할 수는 없다.

두 번째 헤겔 왜곡은 헤겔 철학을 '생철학' 또는 '비합리주의 철학'으로 떠받드는 신헤겔주의자 일부에서 나타나는 경향이다. 그러나 저자는 "헤겔은 어느 시기에도 그런 비합리에 가담하지 않았다"라고 일축한다.

세 번째 헤겔 왜곡은 헤겔을 '국가주의 철학자'로 이해하고 헤겔 철학의 본질을 법철학의 '유기체설'로 보는 경향이다. 이에 대해 저자는 확실히 법철학이 "헤겔 반동기의 기념비"이긴 하나, 결코 본질적인 헤겔을 대표하지 않으며 오히려 "논리학과 정신현상학에서 나타난 본질적인 헤겔"을 중시해야 한다고 강조한다.

위 세 가지가 당시 헤겔 왜곡에 대한 저자 비판의 요지라고 할 수 있다. 그리고 위 비판이 이 책 전체의 특징을 규정한다고도 볼 수 있다. 첫째로 이 책에서 저자는 가능한 헤겔 철학을 합리적으로 이해하려 노력하며 헤겔을 철저한 합리주의자로 그리고 있다. 둘째로 저자는 헤겔 철학의 합리적인 측면을 '변증법'으로 규정하고 가장 본질적인 헤겔을 대표하는 저서로 『정신현상학』과 『논리학』을 중시하여 반동기의 『법철학』과 구별한다. 저자는 "헤겔에게서 배워야 할 것은 변증법이다. 오직 변증법이 전부라고 해도 된다"라고까지 말한다. 사실 이 책 전체가 변증법 해설이라는 특징을 띤다고 볼 수 있다.

그렇다면 저자가 변증법을 어떠한 것으로 생각했는지, 저자의 변증법관을 물어야 할 것이다. 이 책의 서문에서 저자는 자신의 변증법관에 대해 다루고 있다고 할 수 있다. 먼저 이를 검토해보자.

저자는 변증법의 법칙으로 대표적인 3법칙(질과 양의 상호전화 법칙, 대립물 상호침투 법칙, 부정의 부정 법칙)을 지적한 뒤 다음과 같이 말한다.

"변증법은 객관적 세계의 법칙이다. 따라서 변증법적이라는 것은 객관적인 사태 그 자체의 법칙을 따르려는 것이다. 헤겔의 철학 전체를 통해서 볼 수 있는 한 가지 특색은 그것이 어디까지나 객관적이라는 것이다. 그러므로 헤겔은 주관적인 필연성도, 외면적인 필연성도 아닌 사태 그 자체의 필연성에 따라야 한다고 말한다."

이 문장 속에는 변증법 그 자체가 포함하고 있는 객관성에 대한 요청과 “사태 그 자체의 필연성”에 따른다는 내재성에 대한 요청이 실로 잘 지적되어 있다. 그리고 저자는 이 변증법의 객관성과 내재성 때문에 헤겔을 “모든 관념론자 중에서 헤겔만큼 객관적이었던 자는 없다고 할 수 있다”라고 높게 평가하며 “그는 여러 유물론자들보다 더 유물론적이었다”라고까지 말한다. 물론 저자는 헤겔의 관념론적 본질을 결코 잊지 않았다.

“헤겔의 나쁜 것의 기본은 객관적 세계의 법칙이 인간 두뇌에 단순히 반영되었을 뿐인 논리적인 것이 거꾸로 절대화되어 객관적 세계의 원형이자 기초·산출자가 되었다는 데 있다.” 요컨대 파생적인 것을 본원적으로 보는 전도, 본원성에 대한 혼동 속에 헤겔의 관념론적 본질이 있었다. 그럼에도 변증법은 헤겔의 관념론적 전제를 종종 배반하여 치고나가는 위력을 가지고 있었다. 앞서 저자가 “그는 여러 유물론자들보다 더 유물론적이었다”고 지적하는 것도 그 점을 강조한 것이다. 어쨌든 변증법의 객관적 본질은 더 나아가 인식론과 논리학에서 어느 유물론자도 이루지 못한 대변혁을 가져오게 되었다.

“또한 단순히 주관적인 사유형식의 학인 형식논리학을 객관적인 세계관으로의 논리학으로까지 높인 점, 단순한 방법론으로의 인식론을 인식사 그 자체인 인식론으로 만든 점 등에서 헤겔의 치열한 객관적 경향을 볼 수 있다. 이것 또한 우리가 헤겔에 대해 배워야 할 점이다.” 요컨대 변증법의 객관적 본질이 논리학을 객관적인 세계관으로서의 논리학으로 높이고, 인식론을 인식사와 통일된 것으로 이끈 것이다. 이것이 바로 '우리가 섭취해야 하는 것'이라고 저자는 강조한다. 이러한 파악은 당시 유물론연구회가 가졌던 일반적 요청에 즉응하는 것이기도 했다. 유물론연구회의 젊은 리더 중 한 명인 나가타 히로시永田広志는 유물변증법의 논리학으로서 '모사론의 논리학'을 내걸고 이는 세계관으로서의 논리학이어야 한다고 강조했다.

"모사론의 논리학이기 때문에 유물변증법은 객관 세계의 일반적 영상을 내용으로 가질 수 있는 것이다. 그리고 객관 세계의 일반적 영상을 내용으로 삼는다는 것은 동시에 세계관임을 뜻한다. 동시에 세계관이 아닌 논리학은 유물론의 논리학일 수 없다."(『유이켄唯研』, 1933년 4월호)

모사론에 입각해 세계관으로서의 논리학을 수립하는 것, 이는 당시 유물론연구회의 일반적 요청이었으며, 미타도 이 노선에 즉응하여 변증법 창시자인 헤겔 안에서 주관적인 형식논리학을 지양한 객관적 세계관으로서의 논리학을 보고 이를 섭취할 대상으로 지적한 것이다.

이 정도가 이 책의 서문에 제시된 저자의 변증법관일 것이다. 이는 독자에게 이 책을 읽는 법을 암시하기도 한다.

저자의 변증법관

이 책의 본문 서술은 대체로 연대순에 따라 헤겔의 주요 저작들을 해설하는 형태를 취하고 있다. 그러나 섭취해야 할 대상을 '변증법'으로 삼는 저자에게 '본질적인 헤겔'을 대표하는 저작은 역시 『정신현상학』과 『논리학』이었다. 이 책 전체를 언급할 여유가 없기 때문에 우리도 이 두 대표적인 저작의 해설에서 나타난 저자의 변증법관을 검토하는 것으로 만족해야 한다.

정신현상학 해설의 둘째 절에서 저자는 다음처럼 말한다.

"정신현상학은 본래 인식론이다. 그것이 다루는 모든 내용은 사유와 존재, 의식과 대상의 관계인데 이 관계가 바로 인식론의 주제이다. 물론 정신현상학은 의식의 '개체 발생' 및 '계통 발생'의 역사이기도 하며 하나의 세계관이기도 하다."

실로 이 문장 안에는 정신현상학에 대한 저자의 관점이 잘 요약되어 있다고 할 수 있다. 즉 정신현상학이란 원래 인식론이지만 단순한 인식론이 아니라 개인 및 인류의 인식사를 포괄하며 세계관을 포함한다는 것이다. 왜 인식론은 세계관을 포함하는가. 답은 간단하다. "원래 인식은 바로 존재와 사유라는 두 가지가 동일해지는 것이므로" 존재론적 성격과 세계관을 포함하는 것은 당연하다.

그렇다면 왜 인식론은 인식사와 동일한 것일까. 이는 바로 변증법의 본질에서 생기는 문제이다. 논리적인 것과 역사적인 것의 통일은 변증법의 본질에서 유래하는 중요한 사상이며 인식론이란 순화된 인식사 이외의 그 무엇도 아니다. '논리=역사'설을 나쁜 헤겔주의라고 단죄한 후기 주장과 반대로 이 시기의 저자는 논리적인 것과 역사적인 것의 동일성을 변증법의 핵심으로 보았다. 이미 이 책의 서론에서도 다음처럼 쓰고 있다.

"'역사적인 것'과 '논리적인 것'의 동일이라는 헤겔의 가장 중요한 사상은 실로 부정의 부정 법칙을 매개로 성립하고 있다. 그렇다면 이는 우리가 철저하게 연구해야 할 대상이다."

그러나 논리와 역사의 동일성이라는 변증법의 중요한 원칙도 헤겔에게는 관념론적 전제 때문에 왜곡된 형태를 띤다. 이에 대해 저자는 미학을 해설하는 부분에서도 간단명료하게 다음과 같이 말한다.

"그런데 헤겔은 일반적으로 논리와 역사의 동일성에 있어 항상 논리 쪽을 기초와 원형으로 삼았다."

이러한 본원성에 대한 관념론적 혼동은 중대한 결과를 낳는다. 즉 논리의 자기완결이라는 요청에서 존재의 역사의 자기완결을 이끌어내어 결국 "모든 것이 필연적으로 소멸한다는 이론적 방법인 변증법"이 정지하는 결과가 되는 것이다. 그렇다 하더라도 저자는 만년과 같이 결코 논리와 역사의 동일성 그 자체를 비난하고 있지는 않다. 오히려 비난하는 것은 논리와 역사의 동일성에 대한 관념론적 왜곡이다.

어쨌든 헤겔은 논리와 역사의 동일성이라는 원칙을 정신현상학에 적용함으로써 이를 획기적인 인식론으로 완성시켰다. 즉 낮은 단계에서 높은 단계로의, 표면적인 것에서 깊은 내면적인 것으로의 의식의 발전이라는 인식사를 내용으로 삼는 인식론, 인식사와 통일한 인식론이 된 것이다. 이는 헤겔의 큰 공적이었다. 지금까지가 대체로 정신현상학에 대한 저자의 관점이라고 볼 수 있다.

그렇다면 이러한 인식론인 정신현상학과 논리학은 어떤 관계에 있는 것일까. 또한 둘의 관계는 어떠해야 하는가. 실로 이 둘의 관계를 둘러싼 문제가 당시 유물론연구회의 주요한 관심사이기도 했다. 실제로 미타도 '인식론과 결합된 논리학'이라는 특별한 절을 만들어서 둘의 관계에 대해 언급한다. 여기에는 당시 유물론연구회에서 있었던 '인식론으로서의 변증법'을 둘러싼 논쟁의 성과가 충분히 반영되어 있다고 볼 수 있다.

"헤겔은 논리학이 인식론 및 인식사와 결합해야 한다는 것을 가르친 최초의 철학자이다. 헤겔 논리학이 단순히 주관적인 사유형식의 학이 아니라 객관적인 사물 그 자체의 운동법칙의 학이라는 것은 보통 헤겔 논리학의 최대 특징으로 가장 먼저 거론되는 점이다."

논리학은 인식론과 결합해야 한다. 논리학이 인식론과 결합함으로써 비로소 논리학은 단순한 주관적인 사유의 형식에 관한 학이 아니라 객관적인 사물의 운동 법칙에 관한 학이 되며 세계관이 될 수 있다고 저자는 이해하고 있다. 따라서 "논리학이 단순한 논리의 학이 아니라 존재 일반의 학이라는 것은 어디까지나 헤겔 논리학의 본질적인 특성이다"라고도 한다.

그렇다면 논리학과 인식론의 결합은 어떤 점에서 제시되고 있는가. 저자에 따르면 이는 범주를 취급하는 방식에서 제시된다. 즉 칸트와 달리 헤겔 논리학에서 "범주는 유동적으로 상호이행하며, 전체가 하나의 발전적인 체계 안에서 조직되어 있다"는 것이다. 그리고 이 범주들의 유동성과 발전성을 가능하게 하는 것이 인식사 혹은 인식론이다.

“범주의 고정화에 대비되는 이러한 유동성과 발전성은 무엇을 통해 얻어진 것일까. 이는 앞의 경우와 마찬가지로 그 껍질은 신비화되어 있으나 근본에 있어서 범주는 인류의 인식사 안에서 생겨났다는 것, 논리적인 것은 원래 역사적인 것을 ‘순수화’한 성과라는 것, 요컨대 논리학은 인식론 바깥에 존재하지 않는다는 것을 헤겔이 전제함으로써 얻어진 것이다.”

요컨대 저자는 변증법적 논리학에 특유한 범주들의 유동성과 발전성이란 인식론(인식사)을 전제로 하여 비로소 가능하며 여기에서 둘의 결합이 나타난다고 한다. 그렇다면 유물론자도 헤겔식의 결합을 그대로 섭취해도 된다는 것일까. 물론 아닐 것이다. 헤겔이 관념론자라는 사실을 차치하더라도 여전히 헤겔의 결합 방식에는 중대한 결함이 있다. 그것은 무엇인가.

“그러나 다시 생각해보면 정신현상학의 의식이 발전을 끝낸 곳에서 논리학의 사유가 발전을 시작한다는 것은 인식론과 논리학을 결합하는 게 아니라 오히려 구별하며, 둘에게 별도의 영역을 준 것 혹은 기껏해야 둘을 외면적으로 관련지은 것에 불과하다. 둘은 서로 작용하거나 침투하는 것이 아니라 배척한다.”

헤겔에게 논리학은 정신현상학의 완성된 성과로부터 시작하는 것처럼 단계적으로 결합되어 있다. 그러나 저자에 따르면 단계적인 결합 방식은 외면적인 관련짓기일 뿐이며 오히려 둘을 단계적으로 다른 영역에 배분하여 분리하는 결과를 얻을 뿐이다. 결국 단계적으로 결합하는 것은 단계적으로 분리하는 것이다. 이러면 둘은 결코 ‘서로 작용하는 것'이 될 수 없다. 그 결과는 논리학에 특별한 지위를 부여하고 인식론에서 분리된 신적인 형이상학으로 논리학을 떠받들게 되는 것이었다. 이렇게 성립한 논리학은 자연계와 정신계를 창조하는 신적인 계획이 되었고, 이로써 모든 것의 원형이 되는 저 관념론 체계가 세워졌다. 그렇게 되면 논리학은 더이상 인식사의 성과라는 뜻을 갖지 않으며 거꾸로 인식사가 바로 논리학의 결과라는 식으로 전도되기에 이른다.

"따라서 인류의 인식사도 인류의 일반사 및 자연의 발전과 더불어 논리학에서 주어지는 경로를 짚어갈 뿐이다. 그런 뜻의 인식사와 논리학의 결합은 설령 이루어진다고 하더라도 논리학을 풍부하게 하는 것이 아니라 고작해야 (초역사적이기 때문에) 영원히 움직이지 않는 논리적 범주 및 그 계열을 실증하는 수준에 지나지 않을 것이다."

사실 헤겔 철학 체계의 구성 방식을 보면 처음에는 정신현상학이 체계의 제1부인 것처럼 보였으나 나중에는 명확히 논리학이 체계의 제1부가 되어 논리학 중심주의 체계가 구성되고 모든 것이 논리학을 따르는 형태를 취한다. 정말 저 단계적인 결합 방식이 이런 논리학 중심주의를 낳았던 것일까. 만약 그렇다면 유물론에서 저 단계적인 결합 방식은 완전히 부인되어야 하는 것일까. 이에 대한 저자의 견해는 명확하지 않으며 매우 애매하다고 생각된다.

"헤겔이 논리학을 인식사적인 인식론 뒤에 두었다는 것은 논리학을 인식사의 필연적인 귀결로, 인식사를 논리학의 필연적인 전제로 보았다는 것이며 중요한 의미가 있는 일이었다. 그러나 논리학을 인식사 앞에 두고 이를 인식사 및 인류의 일반적 역사에 대한 원형이라고 한다면 논리학은 인식사에서 완전히 분리된다. 논리학은 그 자체로 자신의 필연성에 따라 자존하게 되는 것이다."

이 문장만 보면 저자는 논리학을 정신현상학의 성과로 설명하는 헤겔의 단계적인 결합 방식을 긍정하는 것처럼 보인다. 그러나 저자가 부정하는 것은 오히려 논리학 중심주의 체계이다. 논리학이 모든 것의 원형이 되는 경우에는 인식사도 거기에 의존하게 되므로 인식론에 독립적인 의의를 부여할 수 없다. "따라서 그의 관념론적 전제를 엄밀히 따르면 인식론과 논리학의 동일이라는 것도 동어반복이며 난센스이다"라고까지 말하는 것이다.

이 조금 알기 어려운 저자의 설명 배후에는 당시 유물론연구회에서 논쟁을 주도했던 후나야마 신이치船山信一에게 받은 강한 영향이 엿보인다. 사실 후나야마는 「변증법, 인식론, 논리학의 동일성에 대하여」(『유이켄』, 1933년 9월호)라는 논문을 발표하여 헤겔의 논리학 중심주의를 비판하고 이를 극복하기 위해 다음과 같이 제안했다.

"이에 더해 유물론에서는 사유가 물질적 원천 및 기원을 가지며, 인간의 현실적인 인식—인식사—인 한 인식론과 논리학의 동일성은 유물론적 기초 속에서 현실의 인식사라는 시점으로 인식론에 중점을 두어 수행된다."

여기에는 명확히 헤겔의 논리학 중심주의에 대치하는 후나야마의 인식론 중심주의 입장이 언명되어 있다. 그리고 이 책의 저자인 미타도 후나야마의 입장에 동조했다. 따라서 이 책에서 저자는 다음과 같이 말한다.

“앞으로 나타날 새로운 논리학의 구성은 헤겔 논리학이 갖는 구성을 현상학적·인식사적으로 개조한 것이어야 한다.”

그렇다면 헤겔 논리학은 인식론적으로 구성되지 않았던 것일까. 이미 저자는 헤겔 논리학에서 각 범주의 유동성과 발전성 안에 인식론이 침투해 있음을 보았을 것이다. 사실 저자가 인식론의 침투를 지적하는 여러 문장을 꼽을 수 있다. 그리고 이 지적은 매우 중요하다.

“그러나 이런 특색 또한 헤겔 논리학이 인식론(정신현상학)을 필연적으로 전제하며 동시에 논리학 안에도 인식론과 인식사가 침투해 있다는 근본적인 사태에서 파생한 것이다.”

“더욱이 헤겔은 정신현상학이라는 인식론을 논리학의 전제로 삼을 뿐 아니라, 전면적으로는 아닐지라도 논리학 안에도 인식론과 인식사를 침투시켰다.”

“논리학은 정신현상학이라는 인식론을 필연적인 전제로 삼을 뿐 아니라 그 안에도 인식론이 스며들어 있다. 헤겔 논리학의 기본 구성은 인식이 심화하는 단계를 나타내고, 논리학에서 가장 높은 개념인 이념은 실로 실천을 포함하는 인식 활동 그 자체이며 인식 과정으로서 논리학의 모든 범주를 계기로 삼아 자기 안에 담는다. 이 점에서도 헤겔의 논리학은 하나의 인식론인 것이다.”

위 인용문이 보여주듯 저자는 헤겔 논리학에 인식론이 침투해 있음을 이미 명확히 확인했다. 사실 레닌이 『철학 노트』에서 문제를 제기한 근본적인 지점도 그 점에 있었다고 할 수 있다. 레닌이 제기한 논리학과 인식론의 동일성이라는 문제는 결코 논리학과 정신현상학의 관계에 대한 것이 아니었다. 오히려 레닌은 논리학의 체계적 구성인 '존재→본질→개념'에 착안하여 이것이 인간 인식 일반의 행보를 나타내는 인식 법칙이라고 해석하고 변증법에서 논리학은 본질적으로 인식론과 동일하다고 지적했다. 따라서 레닌의 동일성 문제를 전개하기 위해서는 논리학 그 자체의 인식론적 성격을 한층 구체화할 필요가 있었을 것이다. 그런데 당시 유물론연구회의 논자들은 레닌의 동일성 문제를 정신현상학과 논리학의 관계로 환원하고 어느 쪽에 중점을 둘 것인가라는 논의에 그쳤다. 이 점에서 이 책의 저자가 논리학 내부의 구조 그 자체가 인식론적이라는 사실에 주목한 것은 매우 중요한 공적이었다. 그러나 유감스럽게도 실제로는 미타 자신도 이 점을 적극적으로 제기하지 않고 오히려 애매한 형식으로 얼버무려버린 느낌이 있다.

"논리학 자체 내의 구조가 갖는 역사성을 보면 많은 곳에서 인식론과 인식사의 침투를 볼 수 있긴 하다. 앞서 말했듯 존재에서 본질로의 이행, 범주가 발전하는 순서, 특히 개념론 중 이념(개념과 실재의 동일인 이념이란 바로 인식이다) 장 등이 그렇다. 그러나 그러한 역사적 성격은 논리학의 전체적인 구성을 이루는 것이 아니며 더욱이 구석까지 침투해 있는 것은 아니다. 예를 들어 본질론에서 개념론으로의 이행 혹은 존재론 중 순수존재에서 현존재로의 이행, 개념론 중 주관적 개념에서 개관성으로의 이행 같은 것은 도리어 선험적인 체계의 요구에 따라 마련된 것이다. 일반적으로 그런 곳에서 헤겔 자신이 하는 설명은 극히 애매하다."

위에서 볼 수 있듯 저자 자신도 여전히 헤겔 논리학의 인식론적 성격을 본질적인 것, 전체적인 것이라고는 이해하지 않으며 단지 부분적으로 많이 보일 뿐이라고 하고 있다. 따라서 다시 헤겔의 "존재론·본질론·개념론이라는 구분에 대한 설명은 명료하지 않으며 헤겔이 그들 사이에 억지로 다리를 놓았다고 할 수 있다"라고 서술하는 데 그치며, 나아가 "이에 관한 헤겔의 신비적이며 애매한 표현 안에서 합리적인 의미를 찾아내고 앞뒤를 맞춰서 이해하려는 것은 상당히 무익한 작업이다"라고 단언하는 데까지 이르렀다.

이 책의 논리학 해설이 주로 변증법의 이른바 3법칙(존재론에서의 질과 양의 상호전화 법칙, 본질론에서의 대립물 상호 침투 법칙, 전체적인 구성에서의 부정의 부정 법칙)을 설명하는 데 그치고 논리학에 대한 인식론적 해설이 거의 이뤄지지 않은 것도 앞에서의 이유 때문일 것이다. 이 점이 이 책의 한계, 아니 당시 유물론연구회의 논쟁 수준 그 자체의 한계였다고 생각되는데 독자 여러분의 검토를 기대하는 바이다.

저자의 형식논리학관

마지막으로 나는 저자의 '변증법'관의 뒷면을 이루는 저자의 '형식논리학'관에 대해서도 확실히 다루고자 한다. 왜냐하면 이 시기 저자의 '형식논리학'관은 만년의 사상과 정반대의 견해를 나타내고 있으며 독자 여러분이 함께 검토해주길 바라기 때문이다.

주의해야 할 점은 저자가 이 책에서 형식논리학에 대해 완전히 부정적인 태도를 취하고 있으며 형식논리학을 쓸데없다고까지 보았다는 점이다. 왜 그러했을까. 이를 밝혀내기 위해 형식논리학의 결함으로 지적된 점을 보도록 하겠다. 이는 다음 세 가지 점으로 정리할 수 있다.

첫째로 형식논리학은 변증법적 논리학과는 반대로 인식론(인식사)과 결합되지 않으며 인식론에서 유리되어 있다는 데 중대한 결함이 있다.

"형식논리학은 논리적 범주를 그 역사에서 떼어내어 이를 영원히 움직이지 않는 형식으로 생각했기 때문에 한편으로는 단순히 추상적인 사유형식이 되었고, 다른 한편으로는 논리학 교과서에서 볼 수 있듯 각 범주들이 이리저리 나열되는 결과를 낳았다."

둘째로 형식논리학은 자기 타당한 영역을 갖지 않는다는 점이 지적된다. 일반적으로 형식논리학의 타당성을 옹호하는 견해로는 다음 두 가지가 존재하는데, 저자에 따르면 둘 모두 잘못된 것이다. 첫 번째 견해는 변증법이 전체의 논리인 데 반해 형식 논리를 부분의 논리로 자리매김하려는 것이며, 두 번째 견해는 변증법이 운동의 논리인 데 반해 형식 논리를 정지의 논리로 자리매김하려는 것이다.

그런데 저자에 따르면 형식논리학은 부분의 논리로도, 정지의 논리로도 성립할 수 없는 것이다. 먼저 부분과 전체라는 구별 그 자체가 상대적인 것이며 "전체는 하나의 부분이며 부분 또한 하나의 전체이다". 따라서 만약 "형식논리학이 부분에 적용될 수 있는 것이라면 형식논리학은 모든 것의 논리가 될 것이다". 다음으로 정지의 논리에 관해서도 특별히 절대적으로 정지된 것이 있을 리 없으며, 만약 우리가 정지로서 파악하는 방법을 취하는 경우에도 이는 운동을 파악하기 위한 사유의 한 방식일 뿐이며 형식논리에 특유한 분야가 될 수는 없다. "이는 형식논리학과 변증법 모두가 행하는 일이다."

그런 까닭에 저자는 "형식논리는 원래 어떤 범위에서도 타당성을 갖지 않는다"라고 말하는 것이다. 그리고 형식논리학이 "오성적 계기만을 절대화하여 역시 전면적이라고 주장하는 논리"인 한, 변증법과 형식논리학은 "융화하기 어려운 대립물이며 변증법은 형식논리학을 계기나 부분으로 포함하는 것이 결코 아니다"라고 단정한다.

마지막으로 셋째는 형식논리학의 법칙에 대한 문제이다. 형식논리학의 법칙으로는 동일률·모순율·배중률 등을 꼽을 수 있다. 그러나 "세 가지 법칙은 모두 사유에서 모순을 제거하는 것이다". 그러므로 결국 "형식논리학과 변증법의 차이는 모든 모순을 피하려 하는 것과 모든 것 속에서 모순을 적발하고 굳이 지적하려 하는 것 사이의 차이라고 해도 좋을 것이다". 그러나 저자에 따르면 일반적으로 모순은 제거할 수 없는 것이다. 왜냐하면 "사실 모순이야말로 모든 사물의 본성이기 때문이다". 이 점에서 봐도 형식논리학은 "그토록 무용할 뿐더러 진리에 대해 유해"하다고 단죄된다.

이 세 가지가 이 시기 저자의 '형식논리학'관이라고 볼 수 있다. 요컨대 형식논리학은 변증법과 융화하기 어려운 대립물이며 어떠한 타당성도 갖지 않고 진리 파악에 유해하다. 그러므로 변증법은 형식논리학을 "계기나 부분으로 포함하는 것이 결코 아니다"라고 하는 것이다. 그런데 왜 같은 저자가 만년에는 반대로 "마르크스의 변증법적 방법은 따라서 형식논리학에 변증법을 더한 것"(『미타 세키스케 저작집見田石介著作集』 4권, 263쪽)이라고 했을까. 이 책을 읽는 독자들에게는 큰 의문이 아닐 수 없을 것이다.

확실히 40여 년이라는 세월의 흐름 속에서 시대의 변화와 더불어 저자의 생각에도 변화가 생겼다고 해도 이상할 게 없다. 저자가 급선회한 까닭으로는 여러 배경을 생각할 수 있다. 스탈린주의 아래 이뤄진 형식논리학 논쟁의 영향, 전후 일본에서 유물론 학계의 리더 역할을 수행한 마츠무라 가즈토松村一人의 변증법관이 미친 영향, 우노 경제학 방법론과 대결을 해야 할 필요성 등이 그것이다.

그러나 어떤 외적 변화도 이론적 정합성 문제를 변호하는 이유로는 쓸모없다. 저만큼 정반대 견해를 내놓는다면 이전의 자기 설과의 관계를 명시해야 할 것이다. 또한 저 시대에는 저게 맞고 이 시대에는 이게 맞다는 시대적 상대주의도 이론의 차이를 정당화할 수 없다. 시대적 상대주의라는 생각은 이론 연구에 극히 유해하며 위험한 생각이다. 이러한 시대적 상대주의가 마르크스 시대에는 마르크스가 맞고, 레닌 시대에는 레닌이 맞으며, 스탈린 시대에는 스탈린주의가 맞았다라는 사상을 낳는 결과가 되기도 했다.

어쨌든 "형식논리학에 변증법을 더한 것"이라는 관점이 저자 후기의 방법론을 특징짓고 있다. 그렇다면 그만큼 융화하기 어려운 대립물이라고 했던 둘이 왜 더해질 수 있다고 한 것일까. 답은 간단하다. 그것은 오직 형식논리학과 변증법 양자의 타당성 범위를 제한함으로써 가능했다.

사실 저자에 따르면 변증법이란 객관적인 실재 과정에 적용되는 논리인 데 반해, 형식논리학은 주관적 사고 과정에 적용되는 논리이다. 존재와 사고는 엄정하게 구별되어야 한다는 것이다. 객관적인 존재는 처음부터 모순물이며 모순물이란 대립물이 동시적으로 통일을 이루고 있는 전체이다. 따라서 객관적인 존재 과정은 철저히 모순에서 모순, 전체에서 전체와 같이 종합적으로 나아갈 뿐이다. 그러나 주관적 사고 과정은 이에 반해 항상 분석적으로, 한 극에서 다른 극으로 나아갈 뿐이다. 이처럼 사고와 존재는 원래 다른 논리로 진행하는 것이며 둘을 결코 혼동해서는 안 된다. 만약 둘을 혼동해서 사고 과정에 변증법을 적용하는 사람이 있다면 이는 사고와 존재를 구별하지 못하는 "나쁜 헤겔주의"라고 단죄된다.

그러나 주의해야 할 점은 사고 과정과 존재 과정을 엄격하게 구별하는 이러한 견해가 이미 1930년대 유물론연구회의 논쟁에서 부정된 견해였다는 사실이다. 예를 들어 후나야마 신이치는 『유이켄』지(1933년 9월호)에서 다음처럼 지적했다.

"그러나 변증법이란 존재의 법칙이지 사유의 법칙은 아닌 것일까. 절대로 그렇지 않다. 그러한 주장은 오직 기계론자 및 이원론자만 할 수 있다. 사유 그 자체를 부인하지 않는 한 물질 과정을 취급하기 때문에 유물변증법이 성립한다고 하면서 사유의 변증법을 부정하고 사유의 올바른 법칙은 형식논리학이라고 생각하는 자는, 이를 통해 사유를 존재에서 분리하여 사유를 거꾸로 독립적인 것으로 전화하고 존재는 변증법, 사유는 형식논리학이라는 이원론에 빠져 있는 것이다."

사고와 존재가 각기 다른 법칙으로 진행한다는 후기 미타 세키스케의 이원론적 견해에 대해 앞서 비판한 것을 여기서도 볼 수 있지 않은가. 게다가 1930년대 논쟁을 직접 체험했으며 그 논쟁에서 많이 배웠을 저자가 대체 어찌된 일일까. 높은 사람이 말하면 납득할 수 있다는 것도 아닐 텐데 말이다. 앞의 문제와 관련하여 우리의 의문은 더욱 넓어질 뿐이다. 이 책에서는 "역사와 이론의 통일"이 변증법의 중요한 핵심으로 설파되고 있는데 왜 만년에는 다시 사고와 존재를 혼동하는 "나쁜 헤겔주의"로 단죄되는가. 또한 이 책에서 칸트의 이원론에 대해 그만큼 훈계해놓고서 왜 만년에는 논리와 방법이 "우리 머릿속의 주관적 과정에 지나지 않는다"라든지 "이 이해 과정은 현실과 일치하든 말든 전혀 상관없는 일이다"라고 말하는 것인가 등.

생각건대 형식논리학과 변증법의 관계에 대해서는, 양자의 인식론적 차원의 차이를 무시하고 양자를 같은 차원에 늘어놓고 둘이 양립할 수 있는 타당성 범위를 설정하려 한 데에 무리가 있지 않았을까. 같은 차원에 두고 둘의 양립을 시도한다면 아무래도 변증법의 타당성 범위가 제한될 수밖에 없다. 그러나 변증법의 타당성 범위를 제한하는 것은 변증법의 보편성을 부인하는 것으로 이어질 것이다. 변증법의 타당성 범위를 제한하려는 기도가 지금까지 다양한 형태로 진행되어온 것처럼 말이다. 변증법을 전체와 운동의 논리로 제한하려는 자, 루카치와 프랑크푸르트학파처럼 사회와 역사의 영역으로만 제한하려는 자 등이 그랬다. 만년의 미타는 변증법을 존재 과정으로 제한하려 했던 것일까. 그러나 사고 과정이라고 할지라도 존재론적으로는 그 자체 역시 하나의 존재 과정에 속할 텐데 말이다. 아무튼 후기 미타의 사상을 아는 독자도 이 책과 더불어 1930년대의 논쟁을 함께 검토한다면 필히 흥미로운 성과를 얻을 것이라 믿는다. 여러분의 검토를 기대한다.

옮긴이 후기

우리는 오늘날이 최고로 진보한 시대이며 그 어느 때보다 명민한 힘이 넘치는 사회에 산다고 생각하기 쉬울 것이다. 그러나 어떤 측면에서는 반드시 그렇다고 볼 수 없다. 이 책과 그 배경이 된 시대는 오늘날의 사회가 기술의 발전과 동요하는 자본에 발맞추려 허덕일 뿐이지 그 정신의 측면에서는 멈춘 듯이 느린 시간을 보내고 있다는 것을 실감하게 한다.

일본에 헤겔이 처음 알려진 것은 메이지 유신이 시작되고 몇 년 후인 1870년 즈음이다. 네덜란드에 유학을 다녀온 니시 아마네西周(1829~1898. 메이지 시대의 계몽 관료학자. 관념·이상 등의 번역어를 낳았다)는 사숙私塾에서 독일 형이상학을 소개하며 헤겔의 절대지와 절대정신 등을 설명했다. 1905년에는 『엔치클로페디』 일부가 헤겔 철학으로는 처음 번역되어 잡지에 연재되었다.

한편 사회운동에서는 1886년 아마미야 실공장雨宮製糸場에서 여성 노동자들이 최초의 '스트라이크'를 벌였고, 1897년에 첫 노동조합이 탄생했다. 그리고 1893년에는 마르크스를 소개하는 전기가 출간되었으며, 1904년에는 『공산당 선언』이, 1909년에는 『자본론』 일부가, 1919년에는 『자본론』 완역본 1권이 출간되었다.

이러한 사상적 흐름과 일본 제국 및 세계사의 행보 속에서 1934년 미타 세키스케는 28세의 나이로 첫 저서인 헤겔 철학 입문서를 출간했다. 당시 일본은 헤겔의 주요 저작들에 대한 번역서가 출간되어 사상적 재료로서 보급된 상황이었고, 개론서나 해설서도 어느 정도 나와 있었다. 그중에는 헤겔의 관념론적 변증법을 불교의 무상론과 결합하여 불교의 근대화에 논리적 수단을 제공하고 동양 사상과의 결합을 시도하는 국수주의적 경향이 있었고, 다른 한편에서는 헤겔을 생의 철학자로 해석하면서 그의 세계사에 대한 관점이나 국가관을 소개하는 움직임이 있었다. 특히 후자의 경향은 니시다西田幾多郎를 시작으로 하는 교토학파에서 뚜렷했는데, 이는 1920년대 유럽에서 파시즘의 부흥과 함께 신헤겔주의가 유포되었던 것과 궤를 같이 한다.

앞서 언급한 두 경향은 모두 헤겔에게서 가장 합리적이지 않은 측면을 추출한 것이며, 이는 원래 일본 문화가 가지는 비합리주의와 잘 어울려 근대적 비합리주의로 나아가게 되었다. 애당초 국가와 민족정신 등을 주체로 삼는 헤겔 철학이 개인의 자유를 강조하는 영미철학에 비해 받아들이기 좋다는 면에서 선호되었고, 일본 철학계는 절대주의적인 독일 철학을 국가 철학으로 삼으려 했다. 가파르게 움직이는 세계정세와 국가의 명운을 두고 논쟁이 끊이지 않던 당시 일본의 상황에서 헤겔은 작지 않은 자리를 차지하고 있었던 것이다. 그러나 저자의 말처럼 헤겔보다 맹신과 숭배, 논쟁과 논란 그리고 오해와 왜곡의 대상이 된 철학자는 없었고, 1934년의 일본에서도 마찬가지였다.

왜곡된 헤겔을 바로 잡으려면 우선 헤겔을 그 자체로 읽고 이해해야 하겠지만, 그 특유의 개념 사용과 난해한 문장으로 인해 헤겔의 저작, 특히 그의 철학을 이해하는 데 있어 무엇보다 중요한 저서인 『논리학』과 『정신현상학』을 읽는 데는 많은 용기와 노고, 끈기가 필요하다. 그래서 저자는 헤겔에 대한 논문이나 연구서를 내놓기보다 헤겔 철학에 대한 올바른 길라잡이를 펴내는 것을 급박한 과업으로 삼았다. 그러나 이미 왜곡된 헤겔과 그 설파자들이 널리 퍼져 있던 상황에서 저자는 단순히 헤겔 철학을 해설하는 데에만 그칠 수 없었다. 따라서 이 책은 헤겔 철학의 입문서이자 해설서이면서 동시에 헤겔 왜곡에 대한 비판서로서 논쟁의 성격을 강하게 띠고 있다.

저자는 이 책에서 시대에 기반해 헤겔을 읽고 시대의 한계를 넘기 위해 헤겔을 넘어서려는 문제의식을 한껏 드러냈다. 이미 출판된 지 80년도 더 된 이 헤겔 철학 입문서를 오늘날 한국에서 출판하는 이유가 여기에 있다.

서문에서 저자가 "현실에 대한 무비판적 긍정은 헤겔이 갖는 가장 변증법적이지 않은 측면이며, 현실에 대한 비판과 부정을 핵심으로 삼는 참된 헤겔 변증법의 반대점에 있다"라고 한 것처럼 헤겔 변증법에 대한 이해는 헤겔을 변증법적으로 이해함으로써만 얻을 수 있다. 다시 말해 헤겔은 근거인 동시에 과제로 받아들여야 하며 넘어섬을 통해서만 성취된다. 그런 점에서 이 책은 헤겔을 알게 된 지 약 60년, 헤겔 철학이 번역되기 시작한 지 약 30년 만에 한 사회가 내놓은 헤겔에 대한 최초의 학적인 응답이며, 이 책으로 인해 비로소 헤겔에 대한 변증법이 시작되었다고 할 수 있다. 따라서 이 책에서 지나치게 강해 보이는 헤겔에 대한 긍정과 부정이라는 한계는 오히려 헤겔을 공부하고자 하는 사람들이 기본으로 삼아야 할 헤겔 연구의 출발점이라고 봐야 한다.

'철학을 완전히 처음 배우는 사람'을 위한 책이라고 하기에는 해설이 부족하다는 단점이 있지만 이 책은 꽤 괜찮은 헤겔 철학 입문서라고 할 수 있다. 무엇보다 이 책의 가치는 헤겔을 단순히 소개하거나 설명하는 데 그치지 않고 적극적인 섭취를 목적으로 삼고 있다는 점에 있다. 또한 하나에 치중하지 않고 헤겔 철학 전체 및 시대적 배경과 생애를 두루 조망한 균형 감각은 이 책의 묘미이다. 한편 그런 균형 속에서 모난 돌처럼 투박하게 느껴지는 단언적인 서술과 비판은 내용의 음미 속에서 철저히 합리적 관점으로 수행된 객관적인 비판임이 확인된다. 이만큼의 논의와 비판이 오래전 근방의 나라에서 나왔다는 것은 어떤 책무처럼 읽히기도 한다. 저자는 이 책의 독자들에게 '이 단계에 머무르지 않고 참으로 헤겔을 극복하여 다시 비판적 견지로까지 한층 더 전진해주기'를 당부했다. 그리고 나 역시 이 책이 한국에서 헤겔을 공부하는 독자들의 전진에 조금이라도 도움이 되기를 바란다.

불성실하게나마 20년 가까이 헤겔을 읽어왔지만 여전히 가장 큰 소망 중 하나는 헤겔을 더 잘 읽고 싶다는 것이다. 개인의 삶부터 세상일에 이르는 모든 문제를 가죽에서 뼈대까지 남김없이 이해할 수 있는 변증법을 터득하기 위해서는 헤겔을 읽는 것만큼 합리적인 방법은 없다. 그런 관점에서 이 책을 번역할 수 있던 것은 큰 행복이었다. 마지막으로 연구모임 아래에서 함께 한 『정신현상학』과 『논리학』 강독이 헤겔을 읽고 이 책을 번역하는 데 큰 도움이 되었다는 것을 덧붙이고 싶다. 연구모임 아래가 없었다면 이 방대한 분량의 난해한 저작들을 수차례 통독하지도, 지금까지 공부를 계속하지도 못했을 것이다. 이 책을 번역하면서 헤겔 읽기를 중단한 것이 아쉽지만 다시 곧 시작할 것이다. 저자의 말처럼 우리 역시 '책임은 시대 그 자체가 져야 한다는 것을 잊어서는 안 될 것'이기 때문이다.

주

1장 초기 종교 연구

1 당시 뷔르템베르크의 학교 제도가 종교적 색채를 갖지 않았던 이유는 두 가지였다. 첫째는 16세기 종교개혁 시대에 신교 측이었던 뷔르템베르크 공Christoph, Duke of Württemberg이 구교 수도원을 몰수하여 그 건물과 재산으로 자신의 세속적 권위에 속하는 새로운 학교인 이른바 후작 학교를 세웠다. 이 학교의 교육 방침은 당연한 결과로 가톨릭의 극단적인 종교 교육에 반대하는 비종교적, 이른바 인문주의적이었는데 이 방침이 얼마 지나지 않아 뷔르템베르크의 다른 학교에도 파급되어 김나지움도 고전어 습득을 바탕으로 하게 된 것이다. 이 교육 방침이 유지되었던 다른 한 가지 이유는 헤겔 시대에 뷔르템베르크의 카를 오이겐Karl Eugen 공이 '계몽적'이었던 까닭이다. 이 카를 오이겐 공이 '계몽적'이게 된 것은 하임Rudolf Haym이 오해하듯 주군의 변덕 같은 게 물론 아니며, 자국 내 영주와의 투쟁에 따른 필요 때문이었다. 즉 오이겐 공은 공에 대한 영주의 다양한 봉건적 특권을 박탈하고 새로운 중앙집권적인 국가를 만든다는 필요에 따라 영주의 이해에 반하는 계몽사상을 채택한 것이다. 그런 사정 때문에 뷔르템베르크에는 계몽사상이 매우 쉽게 보급될 수 있었다.

2 레싱의 『에밀리아 갈로티』는 1772년, 『현자 나탄』은 1779년에 나왔다.

3 Kuno Fischer, 『Hegel, Leben, Werke und Lehre. I』.

4 같은 책.

5 프랑스 혁명과 독일 지식계급의 관계에 대해 『괴테 비판ゲーテ批判』, 隆章閣에 실려 있는 실러의 논문(「괴테와 그 역사적 의의ゲーテとその歷史的意義」—옮긴이)은 이바지하는 바가 대단히 크다.

6 Kuno Fischer, 『Hegel, Leben, Werke und Lehre. I』.

7 Briefe von und an Hegel 1794. Dec. 16. Hegel an Schelling.

8 『Phänomenologie des Geistes』, 「die absolute Freiheit und der Schrecken」.

9 Briefe von und an Hegel.

10 1907년에 놀Herman Nohl은 청년기 헤겔의 종교 연구와 관련해 베를린 국립도서관에 있는 유고를 한 권으로 편집해 『Hegels theologische Jugendschriften』라는 제목으로 출간했다.

11 같은 책, S. 75, s402.

12 『딜타이 논문집ディルタイ論文集』, 구리바야시 시게루栗林茂 옮김, 34~37쪽 참조.

13 Herman Nohl의 앞의 책, 39쪽 이하.

14 『딜타이 논문집』, 51쪽.

15 같은 책, 57~58쪽.

16 Kuno Fischer, 앞의 책.

17 『Phänomenologie des Geistes』, 「die Aufklärung」.

18 『역사철학』, 스즈키 곤자부로鈴木権三郎 옮김.

2장 정신현상학

1 『정신현상학』의 일본어 번역본에는 Lasson 제3판을 번역한 가네코 다케조金子武蔵의 『정신현상학』 상권이 있다. 몇 가지를 제외하면 뛰어나며 친절한 번역이다. 최근 중권이 나왔다.

2 같은 책, 22쪽.

3 같은 책, 21쪽.

4 같은 책, 23쪽.

5 같은 책, 107쪽부터.

6 『헤겔 논리학』, 하야미 게지速水敬二 옮김, 18쪽부터.

7 『정신현상학 상』, 80쪽.

8 『헤겔 변증법 비판』, 白揚社에 있는 마르크스의 논문 「헤겔 변증법 및 철학 일반의 비판」(『1844년 경제학 철학 초고』 노트3-옮긴이) 참조.

9 다음 장 '인식론과 결합된 논리학'을 참조하라. 또한 후나야마 신이치船山信一의 뛰어난 논문 「변증법·인식론·논리학의 동일성弁証法·認識論·論理学の同一性」(같은 저자의 『인식론으로의 변증법認識論としての弁証法』)이 있다.

10 『정신현상학 상』, 132쪽부터. 이후의 서술에서 헤겔 용어의 번역은 가네코 다케조를 다소 답습했다.

11 같은 책, 179~181쪽.

12 같은 책, 210쪽.

13 같은 책, 233쪽.

14 같은 책, 234쪽.

15 같은 책, 233쪽.

16 같은 책, 242쪽부터 참조할 것.

17 이 단계는 역사적으로는 그리스의 노예 사회 및 동양 사회를 가리키며, 다음 자기의식의 자유 단계는 게르만적 사회를 가리켰을 것이다. 이에 대해서는 이 책 안의 '역사철학' 장, 자세하게는 스즈키 곤자부로가 번역한 『역사철학』과 오니가시라 에이치鬼頭英一가 번역한 『역사철학』의 각 장을 참조하라.

18 『정신현상학 상』, 294쪽.

19 『Phänomenologie des Geistes』 Lasson 2판, S. 155 ff. [일본어판 편집자 주] 원본에서는 이 주석 표기가 누락되어 있었지만 다른 장과의 통일성으로 보아 소제목 '5. 이성'에 붙였다.

20 같은 책, S. 256.

21 같은 책, S. 283.

22 같은 책, S. 284 ff.

23 『정신현상학』, 가네코 다케조 옮김, 258쪽.

24 『Phänomenologie des Geistes』 Lasson 2판, S. 333.

25 같은 책, S. 425.

26 같은 책, S. 435 ff.

27 같은 책, S. 443.

28 절대지에 대한 상세한 비판에는 프롤레타리아과학연구소 소비에트동맹연구회プロレタリア科学研究所ソヴエート同盟研究会에서 번역한 『헤겔 변증법 비판ヘーゲル弁証法批判』에 마르크스가 쓴 메모(『1844년 경제학 철학 초고』 중 「헤겔 변증법과 철학 일반의 비판」-옮긴이)가 있다.

3장 논리학

1 『논리학』의 일본어 번역본은 여러 개가 있다.
『대논리학 상·중·하』, 스즈키 곤자부로 옮김, 岩波書店.(이상 『대논리학』)
『논리학』, 하야미 게지速水敬二 옮김, 鉄塔書院 및 증정판.
『소논리학』, 마시타 신이치真下信一·와키자카 코지脇坂光次 옮김, 鉄塔書院.

『논리학』, 이와자키 츠토무岩崎勉 옮김, 春秋文庫 및 「세계 대사상전집 제40권」 春秋社.

『소논리학』, 마츠무라 가즈토松村一人 옮김, 北隆館.(이상 『소논리학』)

이 책에서 『대논리학』은 스즈키를 인용했다. 『소논리학』은 주로 Lasson 3판을 사용했고 인용은 절로 표기했으므로 독자는 그에 해당하는 곳을 역서나 원문에서 참조할 것. 헤겔 논리학 참고서로는 레닌의 『철학 노트』를 봐야 한다.

2 Kuno Fischer, 앞의 책, S. 94.

3 Briefe von und an Hegel, 1. Teil, S.133.

4 Kuno Fischer, 앞의 책, S. 78.

5 『대논리학 상』, 스즈키 곤자부로 옮김, 14쪽.

6 같은 책, 71쪽.

7 같은 책, 45쪽.

8 『헤겔 논리학』, 하야미 게지 옮김, 61쪽.

9 『대논리학 상』, 46쪽.

10 이 절에 대한 참고도서로는 후나야마 신이치船山信一의 『인식론으로의 변증법認識論としての弁証法』과 마츠무라 가즈토松村一人의 『헤겔 논리학 연구ヘーゲル論理学研究』를 읽을 것.

11 『엔치클로페디』, 79~82절 참조.

12 같은 책, 82절.

13 『대논리학 상』, 7쪽.

14 『엔치클로페디』, 115절.

15 같은 책 119절.

16 이 책 xxx쪽.

17 『대논리학 상』, 107쪽.

18 같은 책, 329쪽.

19 같은 책, 3편 2장 B. 도량의 비례의 결절선 및 그 주석(623쪽부터) 참조.

20 같은 책, 329쪽.

21 같은 책, 3편 2장 B. 도량의 비례의 결절선 및 그 주석(623쪽부터) 참조.

22 『엔치클로페디』, 143절.

23 Glockner판 『대논리학』 2부, 232쪽.

24 『엔치클로페디』, 154절.

25 『엔치클로페디』, 215절.

26 같은 책, 225절 참조.

4장 자연철학

1 『자연철학』 번역서는 아직 출간되지 않았다. [일본어판 편집자 주] 이후 『자연철학』은 1949년에 하야미 게지가 번역하여 筑摩書房에서 간행되었다.

2 『엔치클로페디』, 251절.

3 같은 책, 249절.

4 같은 책, 334절 주해.

5 같은 책, 334절 주해.

6 이 책 "헤겔이 여기에서 뉴턴적인 물리학이~"쪽부터 참조할 것.

7 『엔치클로페디』, 254절.

8 같은 책, 257, 258절.

9 같은 책, 261절.

10 『엔치클로페디』, 249절.

11 같은 책, 246절.

5장 법철학

1 『법철학』의 번역에는 하야미 게지·오카다 류헤이岡田隆平가 번역한 『법철학』, 鉄塔書院이 있다.

2 세기 다케시瀬木健가 번역한 『포이에르바하론フォイエルバッハ論』 24쪽에서 프리드리히 엥겔스는 다음처럼 말한다. "철두철미 혁명적 방법을 따르면서 그렇게 미지근한 정치적 결론을 짓는 데 이른 까닭은, 오직 체계가 갖는 내적 필연성으로만 설명할 수 있다. 또는 이 결론 특유의 형식은 확실히 헤겔이 독일인이며 그 동시대인인 괴테와 마찬가지로 그에게도 속인 기질이 얼마간 남아 있었던 데 기인한다. 괴테도 헤겔도 각자의 세계에서는 올림피아의 제우스였지만 독일식 속인이라는 점에서는 둘 다 이를 벗어나지 않았던 것이다."

3 Kuno Fischer: Hegels Leben, Werk und Lehre S. 129.

4 같은 책, S. 104.

5 『법철학』, 하야미 게지·오카다 류헤이 옮김, 鉄塔書院, 10쪽.

6 같은 책, 438쪽.

7 『마르크스 엥겔스 전집 1』, 改造社, 295쪽부터 참조할 것. 마르크스의 『헤겔 법철학 비판』은 헤겔 『법철학』을 비판적으로 읽기 위한 참고서이기도 하다.

8 『법철학』, 481쪽.

9 같은 책, 481~482쪽.

10 같은 책, 476쪽.

11 같은 책, 475쪽.

12 같은 책, 477쪽.

13 같은 책, 474쪽.

14 『역사철학 개론』, 고노 마사미치河野正通 옮김, 白揚社, 152쪽.

15 『법철학』, 349쪽. [일본어판 편집자 주: 아래 주석은 원본에 빠져 있었기 때문에 보충했다.]

16 같은 책, 243절.

17 같은 책, 244절.

18 같은 책, 245~246절.

6장 역사철학

1 『역사철학』은 스즈키 곤자부로가 번역한 『역사철학』, 岩波書店, 기토 에이치가 번역한 『역사철학』, 春秋社, 고노 마사미치가 번역한 『역사철학 개론』, 白揚社이 있는데 앞의 두 권은 Glockner판 전체를, 마지막은 Lasson판 서론만 번역한 것이다. Lasson판 서론에는 헤겔 강의 필기가 많이 포함되어 있어 Glockner판에 비해 상세하다. 따라서 서론 부분이 중심인 이 장에서는 『역사철학 개론』을 주로 이용했다.

2 『역사철학 개론』, 고노 마사미치 옮김, 白揚社, 291쪽.

3 게오르기 플레하노프의 『사적 일원론』, 南宋書院, 455쪽과 프리드리히 엥겔스의 『포이에르바하론フォイエルバッハ論』, 希望閣, 41쪽 참조. 거기에서 엥겔스는 당시 역사에 대한 비역사적 견해에 대해 논하고 있다. "따라서 큰 역사적 관련을 합리적으로 통찰하는 것은 불가능해져 역사는 기껏해야 실례와 예증의 집적으로 철학자에게 이용되는 데 그쳤다."

4 『역사철학 개론』, 211쪽.

5 같은 책, 221쪽.

6 같은 책, 256쪽

7 같은 책, 189쪽.

8 같은 책, 249쪽. 예를 들어 일본에서도 불교의 소박한 인식론을 칸트 인식론과 비교하거나 선종의 무를 플로티노스Plotinos의 무와 동일시하는, 더욱 극단적으로는 헤겔에 대한 유일한 이해자라고 자처하는 기히라 다다요시紀平正美 박사가 정신현상학을 일본 고지키古事記에 나오는 우마시아시카비히코지노 신ウマシアシカビヒコジノカミ(일본 고대 설화에 네 번째로 등장하는 신으로, 대지가 물에 뜬 기름처럼 흘러다닐 때 갈대처럼 솟아난 신이다. 이 신 다음에 '하늘의 기초'인 아메노토코타치天常立神 신이 등장하는 것으로 보아, 땅의 일부가 생성 속에서 하늘로 분리하여 하늘의 기초를 이루는 것이라고 보기도 한다-옮긴이)과 비교하거나 하는 것은 모두 이 본질적인 역사성을 말살한 형식적 비교의 예이다. 이들은 단순한 순간적 발상에서 이뤄지기도 하지만 각각의 맥락 속에서 의도에 따라 이뤄지기도 한다.

9 Hegel, 『Vorlesungen über die Philosophie der Geschichte』, Reclam Ausgabe; S. 107.

10 플레하노프, 앞의 책, 460쪽 참조.

11 『역사철학 개론』, 176쪽.

12 같은 책, 189쪽부터. 여기서 헤겔이 개인의 자유가 곧 사유재산의 자유라고 한 것에는 주의해야 한다.

13 같은 책, 295쪽.

14 같은 책, 98쪽.

15 같은 책, 101쪽부터.

16 같은 책, 67쪽.

17 같은 책, 79~80쪽.

18 "헤겔이 한 민족에서 다른 민족으로 역사적 운동의 중점을 이동하거나 주어진 민족 내부의 상태 변화를 문제 삼을 때 특히 관념론의 약점이 우리 앞에 나타난다." 플레하노프, 앞의 책, 467쪽.

19 『역사철학 개론』, 74, 267쪽 참조.

20 같은 책, 79, 83, 85, 264쪽 등.

21 『역사철학』, 스즈키 곤자부로 옮김, 486쪽, 『역사철학』, 기토 에이치 옮김, 262쪽.

22 플레하노프의 앞의 책, 470쪽부터. 또한 여기 거론된 헤겔의 기술은 스즈키 곤자부로가 번역한 『역사철학』 644쪽부터와 720쪽부터, 기토 에이치가 번역한 『역사철학』 345쪽부터와 388쪽부터를 참조할 것.

23 플레하노프, 앞의 책, 479쪽.

7장 미학

1 『미학』의 번역에는 필자가 번역한 『미학의 변증법美学の弁証法』, 春陽堂이 있다. 이는 헤겔 『미학』의 서론만 번역한 것이다.

2 『미학강의1』, Glockner판, 367쪽.

3 같은 책, 390쪽.

4 같은 책, 344쪽부터.

5 같은 책, 330쪽.

6 헤겔과 낭만주의의 연관성에 대해 관심이 있는 사람은 『시소思想』145호(1934년 6월)에 실린 필자의 「헤겔과 낭만주의ヘーゲルと浪漫主義」를 참조할 것.

7 『미학강의1』, Glockner판, 244쪽부터 참조할 것.

8 같은 책 2권, 231쪽.

9 이 절에 대해 특히 흥미를 갖는 사람은 『사회철학 사회과학 평론哲学社会科学評論』 제1집에 있는 필자의 「헤겔의 예술과 사회ヘーゲルに於ける芸術と社会」를 참조할 것.

10 저자가 번역한 『헤겔 미학의 변증법ヘーゲル美学の弁証法』, 137쪽부터 참조할 것.

11 「낭만주의浪漫主義」, 『世界思潮』, 다니가와 데츠조谷川徹三 옮김, 岩波를 참조할 것.

8장 한 사람으로서의 헤겔

1 이 절은 Rosenkranz, Kuno Fischer, Glockner 등을 참고했다.

2 다니가와 데츠조谷川徹三, 「괴테와 헤겔ゲーテとヘーゲル」, 『改造』(1월호, 1932년) 참조.

3 같은 책.

4 Johann Peter Eckermann, 가타야마 마사오片山正雄 옮김, 『괴테와의 담화』, 隆章閣, 260쪽부터.

5 Briefe, II, S. 278-281.

6 다니가와 데츠조의 앞 논문 참조.

7 위와 같음.

8 위와 같음.

9 Briefe, II, S. 32.

10 Briefe, II, S. 135.

11 『괴테 비판』 중 실러의 논문 참조.

12 같은 논문 참조.

13 Kuno Fischer: Hegel, I, S. 70-71. 참조.

14 같은 책, I, S. 77.

15 Briefe, I, S. 158-159.

16 같은 책, I, S. 371.

17 Briefe, Glockner "Hegel", Max Paul Eugen Bekker, 『Beethoven』 등을 따름.

18 『미학강의1』, Glockner판, 382쪽.

참고문헌

헤겔 전기

빌헬름 딜타이Wilhelm Dilthey, 「청년 시절의 헤겔青年時代のヘーゲル」, 『딜타이 논문집ディルタイ論文集』, 구리바야시 시게루栗林茂 옮김, 丸善書店, 1929.

빌헬름 딜타이Wilhelm Dilthey, 『청년 시절의 헤겔青年時代のヘーゲル』, 미카 세키스케甘粕石介 옮김, 三笠書房, 1938.

요한 카를 프리드리히 로젠크란츠Johan Karl Friedrich Rosenkranz, 「Hegels Leben」(첫 전집 부록).

쿠노 피셔Kuno Fischer, 『Hegels Leben, Werke und Lehre I』(이 중에서 전기 부분).

빌헬름 딜타이Wilhelm Dilthey, 『Jugendgeschichte Hegels』.

헤겔 철학 해설서

요한 카를 프리드리히 로젠크란츠Johan Karl Friedrich Rosenkranz, 『헤겔 철학 체계 해설ヘーゲル哲学体系解説』, 와다 지헤이和田治平 옮김, 白揚社, 1931.

쿠노 피셔Kuno Fischer, 『헤겔 철학 해설ヘーゲル哲学解説』, 사카우에 준이치로坂上絢一郎 옮김, 白揚社, 1929.

리처드 크로너Richard Kroner, 『헤겔 철학ヘーゲル哲学』, 이와자키 츠토무岩崎勉 · 오에 세시로大江精志郎 옮김, 理想社, 1931.

게오르크 빌헬름 프리드리히 헤겔Georg Wilhelm Friedrich Hegel, 『철학개론哲学概論』, 다카하시 사토미高橋里美 · 다케치 다테히토武市健人 옮김, 岩波書店, 1932.

국제 헤겔 연맹Internationale Hegel-Vereinigung, 『헤겔 철학 해설ヘーゲル哲学解説』, 岩波書店, 1931.

「헤겔 용어법ヘーゲル用語法」,『理想』32호. 1932 및 51호, 1935.

헤겔 논리학

사이구사 히로토三枝博音,『헤겔 변증법 원문대역ヘーゲル弁証法 原文対訳』, 人文書房, 1930.

사이구사 히로토三枝博音,『헤겔 논리의 과학, 그 파악을 위해ヘーゲル・論理の科学 其把握の為めに』, 刀江書院, 1931.

블라디미르 일리치 레닌Vladimir Ilyich Lenin,『레닌 철학노트レーニン哲學ノート』, 히로시마 사다키치広島定吉・나오이 다케오直井武夫 옮김, 白揚社, 1932.

마츠무라 히토시松村一人,『헤겔 논리학 연구ヘーゲル論理学研究』, 北隆館, 1945.

헤겔의 의의

후나야마 신이치船山信一,『인식론으로의 변증법認識論としての弁証法』, 政経書院, 1934.

후나야마 신이치船山信一,『관념론에서 유물론으로観念論から唯物論へ』, 大畑書店, 1934.

마크 보리소비치 미틴Mark Borisovich Mitin・블라디미르 비크토로비치 아도라츠키Vladimir Viktorovich Adoratskiĭ,『헤겔 변증법 비판ヘーゲル弁証法批判』, 나가타 히로시永田広志 옮김, 白揚社, 1936.

프리드리히 엥겔스Friedrich Engels,『포이에르바하론フォイエルバッハ論』, 사노 후미오佐野文夫 옮김, 岩波文庫, 1929 및 세기 다케시 옮김, 希望閣, 1931.

헤겔 철학의 현실적 배경

테오발트 지글러Theobald Ziegler,『독일 사상사独逸思潮史』, 이토 기치노스케伊藤吉之助 옮김, 国民図書, 1927.

루돌프 하임Rudolf Haym,『헤겔과 그 시대ヘーゲルとその時代』, 마츠모토 고케이松本弘景 옮김, 白揚社.

Ts. 프리드리안드Ts. Fridliand,『근대 서양사近世西洋史』, 하시모토 고키橋本弘毅 옮김, 叢文閣, 1933~1934.

헤겔 저작 번역서

『정신철학精神哲学』 후나야마 신이치船山信一 옮김, 岩波書店, 1935.

『종교철학 상권宗教哲学 上巻』, 도리이 히로 옮김, モナス, 1933.

기타

게오르크 빌헬름 프리드리히 헤겔Georg Wilhelm Friedrich Hegel, 『Briefe von und an Hegel』.

루돌프 하임Rudolf Haym, 『Hegel und seine Zeit』. (마츠모토의 『헤겔과 그 시대』는 이 책의 일부를 번역한 것이다.)

쿠노 피셔Kuno Fischer, 『Hegels Leben, Werke und Lehre I · II』. (사카우에의 『헤겔 철학 해설』은 이 책의 정신현상학과 논리학 해설 부분을 번역한 것이다.)

알프레드 브런스위그Alfred Brunswig, 『Hegel』.

헤르만 글로크너Hermann Glockner, 「Hegel」, 『Georg Wilhelm Friedrich Hegel: Sämtliche Werke』 21권.

테오도르 하링Theodor Haering, 『Hegel; sein Wollen und sein Werk』.

찾아보기

ㅇ

부록

헤겔 철학을 위한 연표

	헤겔의 개인사	유럽 사상계	유럽 정치·경제·산업
1762		피히테 출생.	
1769			영국 아크라이트 수력 방적기 발명.
1770	헤겔 출생.	휠덜린 사망.	
1772		레싱 「에밀리아 갈로티」 출간.	
1774		괴테 「젊은 베르테르의 슬픔」 출간.	
1775		셸링 출생.	
1776			미국 독립 선언.
1778		볼테르, 루소 사망.	영국 제임스 쿡 하와이제도 발견.
1779		레싱 「현자 나탄」 출간.	
1781		칸트 「순수이성비판」 출간. 쉴러 「군도」 출간. 레싱 사망.	
1785			영국 카트라이트 방직기 발명.
1787		칸트 「순수이성비판」 제2판 출간. 괴테 「이피게니에」 출간. 쉴러 「돈 카를로스」 출간.	
1788	튀빙겐 신학연구실 입학.	칸트 「실천이성비판」 출간.	
1789	프랑스 혁명에 감격. 정치클럽에 가입.		프랑스 혁명.
1790		칸트 「판단력 비판」 출간. 아담 스미스 사망.	
1793	튀빙겐 신학연구실 졸업. 슈투트가르트 복귀.	칸트 「이성의 한계 내에서의 종교」 출간.	자코뱅 당 독재.
1794	베른 슈타이겔 가의 가정교사가 됨.	피히테 예나 대학 교수 취임. '지식학' 강의.	테르미도르의 반동. 자코뱅 당의 패배.
1795	「예수의 생애」, 「이성 종교와 기성 종교」 출간.	셸링 「철학의 원리로서의 자아」 출간.	영국 희망봉 식민지 지배.

1796	알프스 여행.		나폴레옹 이탈리아 침입.
1797	프랑크푸르트 코겔 가의 가정교사가 됨.	셸링 『자연철학의 이념』 출간. 괴테 『헤르만과 도로테아』 출간.	캄포포르미오 조약. 프로이센에서 프리드리히 빌헬름 3세 즉위(1840년까지 재임).
1798	『뷔르템베르크 최근 내정』 출간	맬서스 『인구론』 출간.	나폴레옹 이집트 원정.
1799		슐라이마허 『종교론』 출간. 셸링 『자연철학의 체계에 대한 첫 번째 기획』 출간.	영국 노동자 단결 금지령.
1800		셸링 『선험적 관념론의 체계』 출간.	
1801	1월 예나 이주. 7월 『피히테와 셸링 철학 체계의 차이』 출간. 8월 예나 대학 교수자격 취득 논문 『행성궤도론』 발표.	셸링 『나의 철학 체계의 서술』 출간.	
1802	셸링과 함께 잡지 『철학 비판』 간행.		
1803	1801~1803 『신성로마제국 비판』 출간. 『자연법의 학문적 취급에 대하여』 출간.	셸링 파울스뷔르츠부르크로 떠남.	나폴레옹 법전 완성.
1804		칸트 사망. 루드비히 포이에르바하 출생.	나폴레옹 황제 즉위.
1805	예나 대학 강사에서 원외교수가 됨.	쉴러 사망.	제3차 대프랑스 동맹.
1806		셸링 뮌헨으로 감.	바이에른·뷔르템베르크·바덴 등의 라인동맹 성립. 프랑시스 1세 퇴위. 신성로마제국 멸망. 예나 전쟁.
1807	『정신현상학』 출간. 함베르크 신문 편집을 위해 함베르크로 이주.		틸지트 조약. 미국 풀턴 증기선 완성.
1808	뉘른베르크 김나지움 교장 취임.	괴테 『파우스트』 제1부 출간. 슈트라우스 출생. 피히테 『독일 국민에게 고함』 출간.	에르푸르트 회의.
1809		브루노 바우어 출생.	
1811	결혼.		
1812	『논리학』 제1부 출간.		나폴레옹 러시아 원정.
1813			제4차 대프랑스 동맹.

1814		피히테 사망.	나폴레옹 몰락. 빈회의.
1815			워털루 전투. 예나학생동맹 성립.
1816	『논리학』 제2부 출간. 하이델베르크 대학 교수 취임.		
1817	『엔치클로페디』 탈고. 『뷔르템베르크 왕국 국회 토의 비판』 출간.		바이에른 몬트겔라스 내각 파면.
1818	베를린 대학 교수 취임.	마르크스 출생.	전독일학생동맹 성립.
1819		코체부 암살.	
1920		엥겔스 출생.	
1821	『법철학』 출간.		
1822	네덜란드 여행.		
1823		리카도 사망.	
1824	빈 여행.		영국 노동자 단결 금지령 철폐.
1825		생시몽 사망.	영국 스티븐슨 기관차 발명.
1826	과학비판협회 창립.		
1827	『엔치클로페디』 제2판 출간. 파리 여행.		
1829	베를린 대학 총장 취임.	라마르크 사망.	
1830	『엔치클로페디』 제3판 출간.	콩트 『실증철학체계』(1842년까지) 출간.	프랑스 7월 혁명. 리버풀-맨체스터 간 철도 개통.
1831	사망.		영국 개정 선거법안 제출. 영국 비글호 2차 항해 시작.
1832		장 바티스트 세이 사망.	
1834		맬서스 사망.	
1835		슈트라우스 『예수전』 출간.	
1838		루게 편집 『할레 연보』 창간.	
1840		브루노 바우어 기독교 비판 시작.	영국 철도 투자광 시대 시작.
1841		포이에르바하 『기독교의 본질』 출간.	
1842		라인 신문 창간.	
1843		마르크스 『헤겔 법철학 비판』 출간.	
1848			프랑스 2월 혁명.

미타 세키스케 연보

1906년	4월 23일		요네자와 시의 명가 아마카스 다츠조甘粕達蔵의 3남으로 시마네 현 츠와노 정에서 태어남.
1923년	17세	3월	현립 후야마 중학교 4학년 졸업.
1927년	21세	3월	제4고등학교 이과 졸업.
1930년	24세	3월	교토 대학 문학부 철학과 졸업.
		4월	교토 대학 대학원 입학(1931년 3월 퇴학).
			헤이안 여학원 강사(1931년 4월 퇴직).
1932년	26세	11월	유물론연구회 회원.
1933년	27세	6월	미타 기미코見田公子와 결혼. 성을 미타로 고침.
1940년	34세	1월	유물론연구회 활동으로 검거(같은 해 11월 석방).
1941년	35세	4월	니혼 대학 예과 교수(1947년 퇴직).
1944년	38세	6월	아내 기미코, 장티푸스로 사망.
1945년	39세	4월	하야카와 기요早川キヨ와 결혼.
1947년	41세	4월	민주주의과학자협회 철학부회 기관지 『리론理論』 편집자.
1951년	45세	4월	아이치 대학 교수(1952년 퇴직).
1952년	46세	5월	오사카 시립대학 강사.
1953년	47세	2월	간사이근로자교육협회関西勤労者教育協会 강사회원.
1961년	55세	10월	오사카 시립대학 교수.
1970년	64세	3월	오사카 시립대학 교수 퇴직.
1971년	65세	9월	일본 복지대학 교수.
1973년	67세	7월	간사이근로자교육협회 상임이사.
1975년			8월 9일 서거. 향년 69세.

저자 주요 저서 및 번역서

저서

『헤겔 철학으로의 길ヘーゲル哲学への道』, 清和書店, 1934.

『예술론 – 유물론 전서芸術論-唯物論全書』, 三笠書房, 1935.

『현대철학 비판現代哲学批判』, 三笠書房, 1947.

『예술학의 문제들芸術学の諸問題』, 北隆館, 1948.

『변증법을 배우는 사람을 위해弁証法を学ぶ人のために』, 槁書房, 1948.

『새로운 인간의 탄생 – 유물론적 인간 파악新しい人間の誕生—唯物論的人間の把握』, 史学社, 1948.

『헤겔 – 변증법 철학자ヘーゲル—弁証法哲学者としての』, 解放社, 1948.

『헤겔ヘーゲル』, 弘文堂, 1952.

『과학론科学論』, 青木書店, 1958.

『자본론의 방법資本論の方法』, 弘文堂, 1963.

『우노 이론과 마르크스주의 경제학宇野理論とマルクス主義経済学』, 青木書店, 1968.

『마르크스주의 경제학 강좌 상·하マルクス主義経済学講 上·下』, 新日本出版社, 1971.

『마르크스주의 경제학 옹호 – 우노고조 학설 검토マルクス主義経済学の擁護-宇野弘蔵氏の学説の検討』, 新日本出版社, 1971.

『가치 및 생산가격 연구価値および生産価格の研究』, 新日本出版社, 1972.

『경제학의 기초経済学の基礎』, 日本福祉大生協, 1975.

『미타 세키스케 저작집見田石介著作集』(전6권, 보충1권), 大月書店, 1976~1977.

『헤겔 대논리학 연구ヘーゲル大論理学研究』(전3권), 大月書店, 1979~1980.

번역서

쿠노 피셔Kuno Fischer, 『헤겔 전기ヘーゲル伝』, 三笠書房, 1935.

프랜시스 골턴Francis Galton, 『천재와 유전天才と遺伝』, 岩波書店, 1935.

빌헬름 딜타이Wilhelm Dilthey, 『헤겔의 청년시대ヘーゲルの青年時代』, 三笠書房, 1938.

게오르크 빌헬름 프리드리히 헤겔Georg Wilhelm Friedrich Hegel, 『헤겔 미학강의 1ヘーゲル美学講義 I』, 北隆館, 1949.

게오르크 빌헬름 프리드리히 헤겔Georg Wilhelm Friedrich Hegel, 『헤겔 미학강의 2ヘーゲル美学講義 II』, 北隆館, 1949.

헤겔에 이르는 길

지은이 미타 세키스케
옮긴이 권융

펴낸이 강지영
디자인 스튜디오243
펴낸곳 (주)회화나무

출판신고번호 제2016-000248호 **신고일자** 2016년 8월 24일
주소 04072 서울시 마포구 합정동 독막로 8길 16 302호
전화 02-334-9266 **팩스** 02-2179-8442 **이메일** hoewhanamoo@gmail.com

1판 1쇄 발행 2020년 08월 17일
1판 2쇄 발행 2023년 06월 27일

ISBN 979-11-960556-5-3 03100

책값은 뒤표지에 있습니다.
잘못 만들어진 책은 구입하신 서점에서 교환해드립니다.

이 도서의 국립중앙도서관 출판예정도서목록(CIP)은 서지정보유통지원시스템 홈페이지(http://seoji.nl.go.kr)와 국가자료종합목록 구축시스템(http://kolis-net.nl.go.kr)에서 이용하실 수 있습니다. (CIP제어번호 : CIP2020029231)